Rolf Steinhilper

Depression – Herausforderung an die Seelsorge

ctb calwer taschenbibliothek 14

Rolf Steinhilper

Depression – Herausforderung an die Seelsorge

Calwer Verlag Stuttgart

CIP-Titelaufnahme der Deutschen Bibliothek

Steinhilper, Rolf:
Depression – Herausforderung an die Seelsorge / Rolf Steinhilper. – Stuttgart : Calwer Verl., 1990
(Calwer Taschenbibliothek ; 14)
ISBN 3-7668-3059-7
NE: GT

ISBN 3-7668-3059-7

Umschlag: Ottmar Frick, Reutlingen
Titelbild aus: Der Psalter mit vierzig Grisaillen von Max Hunziker. Württembergische Bibelanstalt, Stuttgart 1966
Satz: Typobauer Filmsatz GmbH, Ostfildern
Druck: Gutmann + Co., Heilbronn
Verarbeitung: Verlagsbuchbinderei W. Weber, Plüderhausen

Inhalt

Dritter Teil

Vorwort

Unter dem Krankheitsbegriff Depression wissen sich heute junge wie alte Menschen etwas vorzustellen, weil sie ahnen oder erfahren, wie es Menschen in ihrer Nähe damit zumute ist, oder auch – weil sie selbst etwas davon am eigenen Leib verspürt haben. Aber wer kennt nicht die depressive Verstimmung, die angesichts lähmender Zukunftsaussichten, einer um sich greifenden Vereinsamung und einer drohenden Sinnleere uns erfassen will, so daß man sich aus bindenden Verantwortungen herauslösen möchte? Dennoch: Es ist ein Unterschied, ob man zu ohnmächtiger Passivität verurteilt ist oder ob man sich dem Sog entgegenstellen und die Herausforderung annehmen kann und so zu einer neuen Sinnerfüllung findet. Man kann in unterschiedlichen Verarbeitungsweisen sich der Depression stellen. Die Kunst hat gewiß eine tiefgreifende Möglichkeit dazu geschaffen. Die Musik ebenso wie die Malerei. Man denke nur an die Komponisten Grieg, Tschaikowsky, Debussy, Sibelius oder auch Franz Schubert. Oder man denke an das Werk eines E. Munch oder auch an Dürers Melancholia. In der Lyrik hat man gerade in den letzten Jahren wieder neu die Gedichte der Bettina von Arnim und der Karoline von Günderode schätzen gelernt. Auffallend ist, daß gerade Schriftsteller unserer Zeit wie Hermann Burger oder Graham Greene ihre eigene Krankheitsgeschichte in ihrem Werk durchgearbeitet haben. Als man sechs Jahre vor seinem krankheitsbedingten Tod Hermann Burger die Frage vorlegte: »Was ist für Sie das größte Unglück?«, da gab er zur Antwort: »Eine moderne Zivilisationskrankheit: die Depression.«

Burger hat in seiner schriftstellerischen Arbeit seiner Krankheit Zeit abgerungen, um das, was in seinem Leben verloren schien, aufzuspüren, um nachzufragen und nachzutragen, was ihm fehlte. In seinem Roman »Die künstliche Mutter« gelangte am Ende der Intellektuelle zu der Einsicht, daß es im Leben nur darauf ankäme, »die Erde zu umarmen, bis wir die schwierige Wissenschaft erlernt haben, einfach da zu sein«. Burger hatte sich wohl danach gesehnt, dieses Ziel zu erreichen, das er für viele zutreffend formuliert hat. Doch er selbst, der wie Sisyphus vor allem in seiner Tetralogie »Brenner« die schwere Last der Depression zu bewegen suchte, ist daran gescheitert. Er hatte wie Sisyphus immer wieder von neuem die Last vor sich her bewegt, sich ihr entgegengestemmt und wurde am Ende dennoch von ihr überrollt.

Graham Greene, der in seinem großen, in millionenfacher Auflage erschienenen Werk auch zwei Autobiographien vorgelegt hat, »Eine Art Leben« und »Wege der Flucht«, berichtete über sich selbst: »In den fünfziger Jahren machte ich eine schwere Depression durch. Ich hatte einen Freund, einen Psychiater, den suchte ich auf und bat ihn, mich einer Elektroschock-Behandlung zu unterziehen. Er fragte mich, wie lange die Depression schon andauere. Als ich ihm sagte: ›Ungefähr zwei Wochen‹, meinte er: ›Warten Sie weitere zwei, und versuchen Sie während dieser Zeit, über ihre Kindheit zu schreiben.‹ Als die beiden Wochen vorüber waren, hatte ich einiges geschrieben, und die Depression war vorbei.« Was die beiden Schriftsteller nie verlassen hatte, sondern ihr Werk bestimmte, war ein unermüdliches Aufspüren von Ungerechtigkeit und ein Eintreten für die an ihrem Unglück Gestrandeten. In den grauen Farben der Hoffnungslosigkeit suchten sie dennoch nach den Tönungen, die hoffen ließen. Graham Greene vor allem hat aus dem harten Stein schwerer und schwerster Erfahrungen wenn auch nur in Tropfen frisches Wasser des Glaubens herausgeschlagen und darin ein Wesenselement gerade der depressiven Erkrankung für sich gesucht.

»Aber wenn wir an einen liebenden Gott glauben sollen und wenn es diesen liebenden Gott gibt, kann ich nicht an ewige Verdammnis glauben. Sicherlich hingegen an eine Periode des Fegefeuers. Ich fürchte, einiges davon muß man schon auf dieser Welt durchmachen. So kann man sagen, ich bin nicht wirklich gläubig, doch ist mein Glaube mitunter stark genug, mich fühlen zu lassen, daß ich Unrecht haben könnte.«

Die Krankheit ist begleitet von einem dunklen Schatten, an dem man zugrunde gehen kann. Man kann aber auch auf eine andere Weise zu Grunde gehen, daß man sich auf den Grund begibt, auf dem man ein Lebenshaus aufs neue errichten kann, das trägt, weil es getragen ist, das hält, weil es gehalten ist, das steht, weil es verstanden ist.

Der depressive Mensch fördert auf diesem Weg etwas zutage, was in der kurzatmigen Zeit oft verlorengeht. Es kommt einer Verarmung gleich, wenn es nicht mehr gelingt, die Schätze dieser Menschen zu heben und zu bergen. Tragen, ja halten sie nicht etwas aus, das viele nicht wahrhaben wollen? Umgekehrt werden gerade die Depressiven sich die Frage stellen müssen, ob sie das Leben nicht auf ihre Weise reduzieren, indem sie aus dem vielfarbigen Spektrum nur die eine schwarze Farbe sich wählen, die sie isoliert und vom Leben fernhält.

Denn so gewiß es nach einer schweren Nacht Tag wird und die Sonne scheint, so gewiß umgeben auch den depressiven Menschen die hellen lichten Farben, die an die andere Grenze der Farbskala reichen, bis hin zum Weiß des Lichts und der Helligkeit. Es lohnt sich jedenfalls, mit »zugrunde zu gehen«, um wie die beiden Osterwanderer auf dem Weg nach Emmaus das neue Leben zu begreifen.

»Es ist lachhaft, ohne Glaube zu leben. Daher sind wir voreinander die lachhaftesten Kreaturen geworden und unser höchstes Wissen hat nicht verhindert, daß wir uns selbst für den Auswurf eines schallenden Gottesgelächters halten. Gott ist von allem, was wir sind, wir ewig Anfangende, der verletzte Schluß, das offene Ende, durch das wir denken und atmen können.« (Botho Strauß)

Einleitung

Daß in den letzten 20 Jahren eine deutliche, jedoch in exakten Zahlen kaum faßbare Zunahme von Depressionen zu verzeichnen war, geht aus den unübersehbar gewordenen Darstellungen der psychiatrischen und psychotherapeutischen Literatur ebenso hervor wie aus den vielfältigen Veröffentlichungen der Medien jeder Art. Vor allem aber sind es die unmittelbaren Erfahrungen der praktischen Ärzte und Therapeuten, die eine vermehrte Häufigkeit depressiver Erkrankungen festgestellt haben.[1] Der Baseler Depressionsforscher P. Kielholz sah die deutliche Zunahme in den veränderten Lebensbedingungen der modernen Welt begründet: »Zunehmender Lärm, ein bis zur Hetze gesteigertes Tempo, Entpersönlichung der Arbeit durch Automation, Materialismus und Mißachtung der Gemütskräfte charakterisieren u.a. das moderne Leben. Alle diese Zeiterscheinungen wirken besonders beim sensitiven, gemütsbetonten Menschen pathogen. Es ist deshalb wohl kaum erstaunlich, daß in allen zivilisierten Staaten, vor allem im städtischen Milieu, immer häufiger Depressionen beobachtet werden.«[2]

H. Häfner, der Leiter des Zentralinstituts für Seelische Gesundheit in Mannheim, vermutete hinter der erhöhten Anzahl behandelter Erkrankungen noch eine weitere Anzahl unbenannter und unerkannter depressiver Zustände, die, weil sie sich »sozial unauffällig« vollziehen, von einer auf Wohlstand ausgerichteten Gesellschaft überhaupt noch nicht bemerkt worden sind.[3]

Stehen so weitreichende Diagnosen noch in der wissenschaftlichen Diskussion, so gilt die Zunahme der Altersdepressionen als gesichert, denn diese haben u.a. in der erhöhten allgemeinen Lebenserwartung eine wesentliche Voraussetzung.[4]

Wenn, von Hippokrates ausgehend, über die Jahrhunderte hin die Depression als eine somatische Krankheit aufgefaßt worden war, so hat vor allem K. Abraham und in dessen Übernahme und Weiterführung S. Freud eine psychodynamische Beschreibung der Depression vorgelegt. Danach hat eine bedeutende psychoanalytische Forschungsarbeit stattgefunden, die bis zum Jahre 1933 im deutschen und danach im angelsächsischen Sprachraum durchgeführt worden ist. Sie war geprägt von S. Radó, P. Schilder, F. Alexander, R.A. Spitz, E.H. Erikson, A. Freud, R. Eissler, F. Bibring, M. Klein, J. Bowlby, H. Rosenfeld u.a. Die Forschung wurde aber auch auf dem psychiatrischen Feld intensiviert und hat in den letzten Jahrzehnten durch die Arbeiten von H.-J. Haase, G. Hole, G. Irle, P. Kielholz, H. Kranz, W. Schulte, H. Tellenbach, D. Wyss u.a. eine große Beachtung gefunden.

Was verschaffte der Depression diese allgemeine wissenschaftliche und öffentliche Aufmerksamkeit, die wohl auch einer sozialen Aufwertung gleichkommt, wie M. Pflanz vermutet hat?[5] Betrifft das Thema nicht deshalb so viele Menschen, weil sie selber darin ihren eigenen Anteil erkennen? Ist die Einfühlungsbereitschaft in einen depressiven Zustand nicht eine in jedem Menschen angelegte Grundhaltung,[6] gehört die traurige, niedergedrückte Stimmung nicht zu jedem Leben, und hat sie nicht eine ebenso wichtige Aussagekraft wie die freudige Stimmung? Wenn die erste durch Verlust und Abschied verursacht worden ist, so wird Freude ausgelöst durch ein aufnahmebereites Annehmen des überraschend Gewährten und Geschenkten. Was aber ist es, daß jene zum Leben gehörende Befindlichkeit einer niedergedrückten Stimmung anhält und einen Menschen nicht mehr aus ihrem Bann entläßt, so daß er sein Selbstwertgefühl und seine Hoffnung, seine Entschluß- und seine Antriebskraft, seine Ausdrucksfähigkeit und sein Interesse, seine vertrauensvolle Zuversicht und seine Freudefähigkeit verloren hat? Die »Kraft zum Menschsein« (K. Barth) ist dem depressiven Menschen abhanden gekommen.[7] Darüber hinaus droht, was seither getragen und gehalten hat, völlig zu zerbrechen, so daß der Mensch sich auch von seinem Glauben in Zweifel, Anfechtung und innere Leere verstoßen sieht.

Im schweren Zustand der Melancholie ist es, um ein Bild zu gebrauchen, das schon Johannes vom Kreuz[8], dann auch E. Kretschmer benützte[9], wie wenn eine Trockenzeit ausgebrochen ist und aus einem lebendig dahinströmenden Fluß ein Rinnsal von langsam dahinsikkerndem Wasser hat werden lassen. Aus dem Flußbett ragen nun groß und unübersehbar die vom Flußwasser einst überdeckten Brocken von Komplexgestein heraus: Angst, Sorge, Schuld. Das Belebende und Lebendige hat sich zurückgezogen; es ist vertrocknet und in Bewegungslosigkeit erstarrt. Weder Frische noch Tiefe, weder Lebensspende noch Lebenswachstum scheinen möglich. Der Raum ist geschrumpft, und das Gefälle ist aufgehoben. Das Leben gleicht einem stehenden, stumpfen Gewässer. Freud beschrieb diesen Zustand in »Trauer und Melancholie«: »Die Melancholie ist seelisch ausgezeichnet durch eine tief schmerzliche Verstimmung, eine Aufhebung des Interesses für die Außenwelt, durch den Verlust der Liebesfähigkeit, durch die Hemmung jeder Leistung und die Herabsetzung des Selbstgefühls, die sich in Selbstvorwürfen und Selbstbeschimpfungen äußert und bis zur wahnhaften Erwartung von Strafe steigert.«[10] Die Melancholie ist also die Reaktion auf den Verlust eines geliebten Objektes, das nicht real verstorben sein muß, sondern als Liebesobjekt verlorengegangen ist. Es geht um einen inneren Vorgang. Die vorgebrachten Selbstanklagen sind in Wahrheit Anklagen gegen dieses Objekt, das in der Identifizierung zum Selbst gehört, und enthalten eine tiefe Kränkung, die durch Schuldvorwürfe und ein ausgesetztes Hassen sich gegen die eigene Person richtet. »Die unzweifelhaft genußreiche Selbstquälerei der Melancholie bedeutet ganz wie das entsprechende Phänomen der Zwangsneurose die Befriedigung von sadistischen und Haßtendenzen, die einem Objekt gelten und auf diesem Wege eine Wendung gegen die eigene Person erfahren haben.«[11]

Daß sich in der depressiven Erkrankung auch ein körperliches Spannungsgeschehen ausdrückt, hat H. Schultz-Henke beschrieben, der die Ursache in der Hemmung des Motorischen und Expansiven sah: »Wenn sich im Seelischen ein Impuls gegen den anderen richtet, kann die gleiche Spannung entstehen. Spielt sich so etwas im Schattenbereich der Seele ab, so erlebt der Betreffende diese Spannung oft als Depression; nämlich dann, wenn der innere Druck von Haltungen gerade eben aufgehoben wird. Das geschieht aber nicht so glatt, daß gar nichts gespürt wird, sondern so, daß ein leises Wogen als innerer Druck, als Gedrücktheit zum Bewußtsein kommt. Denn der Ausdruck Gedrücktheit meint ja nur, der Betreffende erlebe sich als gedrückt. Irgend etwas quillt in ihm, aber doch auch gewissermaßen von außen gegen ihn. Es drückt ihn ›etwas‹, es drückt gegen ihn, der sich als irgendwie expansiv erlebt. Er ist de-(herab)primiert (gedrückt).«[12] Es sind weithin aggressive Impulse, die auf einen Widerstand stoßen und den Spannungszustand verschärfen. Genauso treffen die kaptativen und retentiven Impulse auf eine Verhinderung, die die ursprüngliche Bewegung nicht mehr zustande kommen lassen.

Wie immer das depressive Spannungsgeschehen interpretiert wird – für den betroffenen Menschen selbst bedeutet es Leiden. Dieses Leiden schließt ihn aus der lebensvollen Beziehung zu Gott und zu den Menschen aus. In diesem Leiden gibt er sich selbst verloren und lebt in Hoffnungslosigkeit und Selbstwidersprochenheit dahin. In allem aber ist ein erstickter und unterdrückter Aufschrei nach Liebe zu hören. Er kommt von einem Leben, das in seinem Verlauf immer wieder zu entbehren hatte, was zum äußeren und inneren Wachstum notwendig war. Darum fällt es dem depressiven Menschen auch schwer, Vertrauen zu fassen und sich vom Vertrauen erfassen zu lassen. Er wurde zwar gehalten, doch er erlebte immer wieder die Haltlosigkeit des Lebens. Ungehalten hat er sich erfahren, und ungehalten ist er darüber geworden. Denn oft mußte er in untragbaren und unerträglichen, feindseligen und versagenden Beziehungen sich behaupten.

Wenn vor einem halben Jahrhundert in Krankengeschichten frühkindliche Störungen, Armut, Überarbeitung und Krankheit der Eltern eine große Rolle spielten – also ein unverschuldetes Schicksal –, so treten heute ganz andere Störungen in den Vordergrund: Gleichgültigkeit der Eltern, die Abwesenheit der Eltern, Trennung und Scheidung, Verwöhnung und unbedachte Wunscherfüllung und ein neues Unbehaustsein. Damit ist sowohl an die inter-psychische als auch an die intra-psychische Realität gedacht. Denn nicht nur, daß Menschen dem Depressiven diese feste Basis verwehrt hatten – er selbst war außerstande zu entscheiden, was ihm guttat und was er brauchte. Das Dürfen, Wünschen, Können und auch Hoffen hat sich dem Sollen und Müssen untergeordnet. Wenn es mit dem depressiven Menschen in der kirchlichen Seelsorge zur Begegnung kommt, dann geschieht es in der Haltung des μετριοπαθεῖν (Hebr 5,2), ausgehend von dem Auftraggebenden, in dessen Dienst die Seelsorge geschieht, und in der Hinwendung zu den »unwissenden und irrenden Menschen«, denen er selbst in seiner eigenen Schwachheit sich zurechnet.

Mit dieser Arbeit wird der Versuch unternommen, einen Dialog über die Grenzen der Fakultäten hinweg zu führen und gleichzeitig den Dialog mit erkrankten Menschen für andere wiederzugeben, in der Hoffnung, daß auch darin ein Ausdrucksgeschehen erkannt werden möge, das dem »Eindrucks«- und Depressionsverhalten entgegensteht.

Das Ziel dieser Arbeit soll sein, den depressiven Menschen aus psychiatrischer und psychotherapeutischer Sicht zu verstehen, um seinem Menschsein gerade in der Zeit der Erkrankung besser zu entsprechen und die vielfältigen Ausformungen deutlicher wahrzunehmen. Dabei soll ebenso nach dem biblischen Zeugnis gefragt werden, das dem gleichen Menschen gilt und in der seelsorgerlichen Umfassung von Leib und Seele eine Dimension erschließt, die darzustellen auch in der schweren Depression, der Melancholie, W. Schulte gefordert hat.[13] Es kann nicht darum gehen, den von Hole zu Recht behaupteten »klinischen Erfahrungsvorsprung«[14] an rein theoretischen und empirisch-religionspsychologischen Ergebnissen aufzuholen, wohl aber ist es geboten, den depressiven Menschen auch außerhalb der Hospitalisierung in seiner Not wahrzunehmen und ihm beizustehen. Es sollen Verlauf und Gestaltkreis einer seelsorgerlichen Begleitung festgehalten werden und dabei die vom erkrankten Menschen aufgeworfenen Fragen bedacht werden. Das führt über die Erhebung des Krankheitszustandes hinaus. Denn in der Seelsorge geht es um die Bezeugung des in Christus Mensch gewordenen Gottes, der den Menschen barmherziger begegnet, als sie selbst anzunehmen in der Lage sind. Das gilt vor allem dem depressiven Menschen. Dieses Zeugnis hat immer wieder Kraft genug, Menschen zu heilen und zu ändern. Gerade depressive Menschen suchen mehr als andere das seelsorgerliche Gespräch, weil sie so ihr Leben aus dem Glauben bestehen wollen.

Das allein schon ist ein Akt besonderen Vertrauens, daß Menschen, die in ihrem »Antriebsverhalten« (Schultz-Henke) und in ihrer »basalen Lebensbewegung« (V.E. v. Gebsattel) erschüttert wurden, zu jenem Anlauf fähig sind, der eine Begegnung zustande bringt. Damit ist nicht nur gemeint, daß ein Gespräch nur eine Abfolge von Signalen enthält, die oftmals unter dem Kontrast erscheinen: unter Lachen, wo Traurigkeit wohnt, unter Klagen, die die Selbstanklagen verbergen, unter Freundlichkeit, die den Ärger zurückhält, oder unter Schmerzen des Leibes, die die Not der Seele enthalten. Diese Menschen sind auch in Gang gesetzt worden, weil sie Gottes Wort vernommen haben, das an Kranke wie an Gesunde ergeht, und gerade sie, die Kranken, in besonderer Weise angesprochen hat. Sie haben damit bei all ihrer Gehemmtheit und Unlust, bei ihrer Klage der »Losigkeiten« sich ausgedrückt und zu verstehen gegeben, daß sie verstanden sein wollen.[15]

Damit gaben sie sich zu erkennen. Sie sprachen ihre Sprache und drückten sich aus in ihrer Depression. Was immer dabei auch als Rückgang, als Regression genannt werden mag – es bleibt ein Vorgang, der nicht nur im Fortschreiten der Zeit und im Weiterleben oder Weitergehen des Lebens, sondern auch in der Haltung und im Ausdruck des Gesichtes und der Gestalt sich zeigt. In der Begegnung mit dem kranken Menschen gilt, was V. v. Weizsäcker sagte: »Diesem Gesicht hier, mir gegenüber, soll ich ablesen, was es verbirgt«, um dann seine These zu formulieren, der sich diese Arbeit anschließt: »Man kann nicht lesen, bevor man das Alphabet nicht gelernt hat.«[16]

Es geht darum, die Ausdruckszeichen eines depressiven Menschen verstehen zu lernen. Es kann nicht darum gehen, Verständnis zu fordern, sondern zu bringen. »Allgemein könnte man sagen, daß es im Wesen jeder Anforderung, auch der im Amt bekräftigten, liegt, daß sie, indem sie fordert, Gehorsam empfängt. Also etwas nimmt, statt etwas zu geben; daß sie Kraft entzieht, statt etwas zu spenden. Indem sie aber Gehorsam nimmt, drängt sie den Kranken in Abhängigkeit und Unfreiheit zurück und damit in jene Lage, die dem kleinen Kinde natürlich und in der der neurotische Mensch zwanghaft und infantil verharrt.«[17]

Die 179 Patienten, die in der Zeit von 1973 bis 1982 zu mir in die kirchliche Seelsorge gekommen sind, standen gleichzeitig in ärztlicher Behandlung. Sie hatten teilweise einen Klinikaufenthalt hinter sich oder auch vor sich. Die Wiedergabe der Tagebucheintragungen (Tb), der kurzen Stenogramme (Stg), des Gesprächsprotokolls und der biographischen Zusammenhänge ist mit ihrer ausdrücklichen Genehmigung möglich. Dennoch wurden die Daten zusätzlich verschlüsselt.

Die Depression – Ausdruck einer besonderen Not der Zeit – Beispiele aus der biographischen Literatur –

Wie im wissenschaftlichen Bereich der Forschung, so ist in den letzten Jahren auch im biographischen Bereich der Literatur eine deutliche Zunahme an Schilderungen und Erfahrungen depressiver Erkrankungen festzustellen. Sie geben die authentischen Nöte betroffener Patienten wieder, die durch begriffliche und diagnostische Bezeichnungen allein noch nicht zu erfassen sind. Deshalb sollen gerade sie in der Achtung vor dem Subjekt-Sein des leidenden Menschen gehört werden. In Anbetracht der großen Zahl dieser Berichte kann dies nur in einer exemplarischen Auswahl erfolgen. Sie stellen Antwortversuche auf die oftmals von ihrer Umwelt unverstandenen Fragen dar, die sie am wirklichen Krankheitsgeschehen auf diese Weise teilnehmen lassen.

1. Dies machte schon R. Guardini mit seinem 1928 erstmals erschienenen kleinen Buch vom »Sinn der Schwermut« deutlich. Er sprach dabei der Psychoanalyse nicht das Recht ihrer Erklärungen ab; dennoch hielt er die »sinnlosen Übertreibungen und Verallgemeinerungen« für unzureichend. »Die eigentlichen Wurzeln liegen im Geistigen.«[18]

Wenn ein Mensch in die Gegnerschaft zum Leben gerät, weil er es nicht mehr meistert und sich einem verborgenen Zerstörungswillen ausgesetzt sieht und gleichzeitig voller Sehnsucht nach Liebe ist, dann kann es nur um eine neue Sinnfindung gehen. Der Schwermütige »hat das Verlangen nach Vereinigung; nach Kontakt von Wesen zu Wesen; nach einem Eintauchen und Trinken und Gesättigt-Werden. Ein Verlangen nach seiender Einheit«[19]. So ist die Schwermut ein Zeichen für die Begrenztheit des Lebens, das von der Nachbarschaft zum Ewigen sowohl beunruhigt als auch beseligt wird. Am Ende steht die Bejahung des Menschen als eines Ebenbildes Gottes, die auch bedeutet, wieder Grenze sein zu können. Die letzte Sinnhaftigkeit der Schwermut beantwortet das »Mysterium von Gethsemane und hinter ihm das dunkle Mysterium der Sünde, mit allem, was sie gebracht hat –«[20].

2. Man wird die »Untersuchung zur geistlichen Dimension der Schwermut: die dunkle Nacht der Seele, Depression?« von E. Ott als einen neuerlichen ähnlichen Deutungsversuch in der Reihe Guardinis sehen können. Der Verfasserin ging es dabei nicht nur um die Beschreibung vielfältiger Verlusterfahrungen in der Depression, sondern vor allem um die neuen Erfahrungen des Glaubens und der Liebe. Sie sah mit Johannes vom Kreuz in der »Dunklen Nacht« die heimsuchende Anrufung Gottes. Als Variationen derselben Heimsuchung nannte sie Lebens- und Leidenserfahrungen von Hiob, Martin Luther, Marie de l'Incarnation, Therese von Lissieux, Marie Noël, Reinhold Schneider und Simone Weil. Ihre Stimmen sollten wieder Gehör finden, um die heutigen Heimsuchungen zu erkennen und sich dem Geiste zu öffnen. Mit der dunklen Nacht der Seele ist ein »ganzheitlicher Prozeß« zu durchschreiten, der durch Finsternis, geistliche Verarmung und Verzweiflung zur Teilnahme am Schmerz Gottes führt. Dadurch entsteht aber auch eine Bewußtseinserweiterung, aus der eine neue Gemeinschaft und eine neue Sendung in die Welt hervorgeht. Ott verstand ihre Arbeit als ein bewußtes »Korrektiv zu allem Reduktionismus unseres wissenschaftlichen Menschenbildes«[21], geprägt von der eschatologischen Sehnsucht nach Gott, nach vollkommener Liebe.
3. Eine besondere Form biographischer Verarbeitung zeigt der Bericht »Weil du nicht geflohen bist vor meiner Angst« von I. Weber-Gast, weil darin nicht nur die im Glauben widerfahrene Anfechtung beschrieben wurde, sondern auch die innere Beteiligung des Ehepartners und seine Einstellung. Als die Depression seiner Frau nachließ, war der Ehemann selbst fast am Ende seiner Kraft. Er hatte sich in vielen Gesprächen und liebevollen Diensten an die Seite seiner kranken Frau begeben. Sie mußte erfahren, daß weniger ihr eigener Glaube, als die Fürbitte anderer sie in der schweren Zeit getragen hatte. Sie hielt es für schwierig und einfach zugleich, von der Verkündigung her auf das depressive Lebensgefühl einzugehen. Sie hatte das Bedürfnis, sowohl in ihrer Tiefe verstanden und ernst genommen zu werden, als auch in ihrem Verlangen nach Hoffnung, Trost und Verheißung eine Antwort zu finden.

Sie war allen Buß- und Drohworten der Bibel aus dem Weg gegangen und hatte Zuflucht gesucht bei den Krankenheilungen und Totenerweckungen, bei der Versuchung Jesu und bei seiner Klage über Jerusalem sowie bei seiner Anfechtung in Gethsemane. Als Glaubenserfahrung mußte sich die Autorin eingestehen: »Mein Glaube hat seinen Glanz verloren. Er hat das Strahlende und Begeisternde, das Begeisterte eingebüßt.«[22] Ihre Kraft zur Hoffnung wurde ausgehöhlt. Doch sie empfand keine Schuld-Ursache in ihrer Krankheit und keine Sündenangst. Der Schwerpunkt lag in ihrer Heimatlosigkeit und vor allem in der Lösung von toten Beziehungen und gleichzeitig in der Hinwendung zum realen und nahen Menschen, der ihr Liebe gewährte. »Ich möchte versuchen, im nachhinein Heilung für mich so zu umschreiben, daß sie vor allem Trauerarbeit war... Ich sehe meine Krankheit als den hoffnungslosen Versuch, mit Leiden zu leben, zuzugeben, daß Totes tot ist, und daß die Toten auch zu begraben sind.«[23]

4. Im Jahre 1978 erschien zum ersten Mal unter dem Pseudonym Caroline Muhr das Tagebuch einer Patientin: »Depressionen«. Obwohl die Thematik des Glaubens eher am Rande erwähnt ist und hinter den Erfahrungen mit Therapeuten, Ärzten und Patienten weit zurücktritt, steht am Anfang in Form einer ironischen Klage die Sinnverkehrung in der Depression mit dem Psalmwort: »›Wo der Herr die Stadt behütet, so wacht der Wächter umsonst.‹ Es stellte sich dann heraus, daß niemand staunte, jedenfalls beschwerte sich niemand, während sonst Beschwerden über irgendwelche Fehler nichts Ungewohntes sind.«[24] »Das Glück auf Erden ist Nicht-geboren-Werden« (aaO, S. 13). Von diesem Satz kam sie nicht mehr los. Überhaupt – beschwerte sie nicht das Denken, zu dem sie auch in der Krankheit sehr wohl fähig war, wohl aber das Fühlen. »Es betrifft mich alles. Aber ich bin nicht fähig, diesem Betroffensein mit irgendeiner Form des Handelns zu begegnen« (aaO, S. 39). Es ist die Situation absoluter Hilflosigkeit, die sie bei sich selbst, bei dem Pflegepersonal und auch bei ihren Angehörigen vorgefunden hatte. Als Fazit ihrer Krankheit stellte sie fest: »Ich habe nicht gewußt, daß eine solche Hölle möglich ist, ich habe aber auch nicht für möglich gehalten, daß man aus einer solchen Hölle wieder herauskommen kann.«[25]

Was diese Berichte miteinander verbindet, ist – bei aller sichtbaren Einschränkung des Willens und der Antriebe – der Versuch, der schrecklichen Situation noch Herr zu werden und ihr einen Sinn zu verleihen, trotz aller Lähmung und Aussichtslosigkeit. Die Erwartung und Hoffnung nach einem verständnisvollen Beistand und nach einem wirklichen Halt hat sich darin ausgedrückt.

Die Depression in der Sicht der Seelsorge

Nachdem die depressive Erkrankung in der Psychiatrie und Psychotherapie immer weiter in den Vordergrund getreten ist, muß man sich der Frage stellen, ob diese Entwicklung auch in der Arbeit der Praktischen Theologie und darin besonders in der Poimenik beachtet worden ist. Die von E. Thurneysen[26] empfohlene Praxis der grundsätzlichen Überweisung in die psychotherapeutische Behandlung kann noch nicht zufriedenstellen, weil vor allem im klinischen Bereich der depressive Mensch der Seelsorge begegnet und ihrer bedarf. Vor allem ist es für die Poimenik von Belang, ob sie den wirklichen Menschen wahrzunehmen vermag oder ob sie ihn, bei bester Absicht, eher belastet als aufrichtet und das heißt ja eher isoliert und richtet, als daß sie ihn aufsucht und aufrichtet. So hat es nicht an Warnungen gefehlt, einem Depressiven die Bibel in die Hand zu geben, weil er mit »Sicherheit die Stellen herausfindet, die seine krankhaften Schuldgefühle und Verwerfungsängste nur noch verstärken«[27]. Allenfalls sei die Seelsorge für Depressionen »religiösen Inhaltes« zuständig.[28] Eine Zunahme depressiver Menschen, die in die kirchliche Seelsorge kommen, wurde zwar registriert, ebenso auf Situationen hingewiesen, die den seelsorgerlichen Dienst mit einer depressiven Erscheinung konfrontieren, aber eine inhaltliche Aufnahme und auch Auseinandersetzung mit dem, was einen depressiven Menschen wirklich bewegt, ist nicht erfolgt. Am ehesten ist noch die Empfehlung von A. Allwohn als ein Hinweis zu verstehen, der die besondere Aufgabe der evangelischen Seelsorge darin sieht, zur Überwindung der Anfechtung beizutragen.[29] Man kann also sehen, daß es weder in der allgemeinen Seelsorgelehre noch im besonderen interdisziplinären Dialog zu einer ernsthaften Begegnung mit dem depressiven Menschen gekommen ist. Dagegen hat eine intensive monographische Beschreibung und Bearbeitung der Trauer und ihrer besonderen Verlaufsformen stattge-

funden.[30] Das ist eine bedeutende Erweiterung und Durchdringung einer Grundsituation des Lebens, doch sie liegt noch im Bereich einfühlbarer und einsehbarer Lebensabläufe, auch wenn sie »Trauerarbeit« genannt wird.
Dennoch gab es zwei poimenische Entwürfe, die sich auch des depressiven Menschen angenommen haben und deshalb hier gewürdigt werden sollen. H. Tacke und J. Adams taten dies in gleichzeitiger Auseinandersetzung mit der pastoral-psychologischen Seelsorgeliteratur und in besonderer Konzentrierung auf die biblische Botschaft. Lag beim einen das Gewicht in der Rückbesinnung auf die Lehre von der Rechtfertigung, so hat der andere in der »nuthetischen« Zurechtweisung die Heiligung in den Mittelpunkt gestellt.
1. Tacke sah die kirchliche Seelsorge sich bewegen zwischen einer »kirchenkritischen Zeitansage«, die das weithin in einer »Binnenstruktur« gefangene Gemeindebewußtsein provoziert, und dem Mut zum Festhalten an »ihrem im Evangelium begründeten Auftrag«.[31] Er beobachtete in der beratenden Seelsorgebewegung die Gefahr, daß das verbale Zeugnis des Evangeliums oftmals ausbleibt. Das aber ist für ihn das konstitutive Element, zumindest dann, wenn Seelsorge Glaubenshilfe sein oder werden will. »Seelsorge ist praxisbezogene Vermittlung des Evangeliums in Form eines freien Gesprächs, in dem die Seelsorge Gottes zur Sprache kommt. Das seelsorgerliche Ziel besteht in der Hilfe zum Glauben, so daß der Glaube sich als Lebenshilfe erweisen kann.«[32] Um diesen Auftrag erfüllen zu können, sollte sie sich gewiß in lernbereiter Nachbarschaft der humanwissenschaftlichen Angebote von Psychologie und Soziologie bedienen. Das Instrumentarium der Seelsorge wäre sonst veraltet oder unzureichend. Allein, es muß im Dienst des Glaubens stehen. Die Seelsorge darf den anderen aber nicht zu ihrem Objekt machen, sondern muß mit ihrem Gegenüber nach der gemäßen Form suchen. Sie lebt aus Improvisation und Offenheit im Vertrauen »auf die im *Namen* beschlossene Verheißung«. Tacke nannte es »die Meisterschaft des Heiligen Geistes, die die Seelsorge des Menschen mit der Seelsorge Gottes verbindet, so daß sie dialogisch miteinander kommunizieren«[33]. Das bedeutet für den Vollzug der Seelsorge:
a) Das Lesen eines Bibelwortes hat dabei einen festen Platz, wenn es nicht aus Verlegenheit oder aus Unwilligkeit des Seelsorgers

geschieht. Damit wird der Perspektive Gottes der vorrangige Platz eingeräumt, von dem aus das menschliche Verstehen relativiert wird.

b) Die dialogische Situation verlangt ein Umsprechen biblischer Inhalte in eine *erzählende* Sprache.

c) Verbale Vermittlungsformen, wie sie das Neue Testament zeigt, sollen im Gespräch übernommen werden: Die Paraklese als Zuspruch in der Bedeutung von Trost und Mahnung (vgl. Röm 12,1f.; 1. Kor 10). Paraklese der Herzen bedeutet Einung in Liebe und Erkenntnis der Geheimnisse Gottes. παρακαλεῖν = ursprünglich herbeirufen. Alle Initiative liegt beim Rufenden. »Er provoziert die Hilfe. Wenn das etwas mit Seelsorge zu tun hat, so müßte sie heute an solcher Spontaneität gewinnen und sich daran erinnern lassen, daß die Not des Nächsten den Ausschlag gibt, daß ihre *Provokation* zugleich die *Motivation* ihrer Seelsorge ist.«[34]

Im Ermahnen kommt der Alltag zur Sprache. Nach Röm 12,1ff. geht es um ganz praktische Anweisungen. »Es wird dazu ›ermahnt‹, daß jeder sein darf, wer er in Wirklichkeit ist.«[35] Die Lebenshilfe geschieht also durch das Ermahnen, weil dadurch der konkrete Anlaß, der die Seelsorge herbeigerufen hat, ernst genommen wird. Somit umreißt das parakletische Reden im seelsorgerlichen Gespräch drei unterschiedliche, aber einander ergänzende Aspekte.

Das Moment des Herbeirufens führt zu einem partnerzentrierten Ansatz und verpflichtet die Seelsorge zur situationsbezogenen Bezeugung des Evangeliums. (Vgl. die Seelsorge Jesu: Joh 4,5ff. und 8,1ff.; Lk 19.) Das parakletische Ermahnen erfordert konkretes Ansprechen der Probleme und weist zugleich auf die evangelische Motivation der Lebenshilfe hin.

Das parakletische Trösten aber ist die zentrale Aufgabe der Seelsorge. »Es geht um den ›Trost Gottes‹ in seiner Korrelation zum trost-losen Menschen.«[36] Weil der Apostel selbst als ein Getrösteter den »Gott allen Trostes« und den »Vater des Erbarmens« bezeugt, hat der trostbedürftige und trosterfahrene Seelsorger das Trösten anvertraut bekommen. Tacke lag alles daran, den qualitativen Unterschied zwischen der Menschlichkeit des Menschen und der Menschlichkeit Gottes hervorzuheben. Denn was im Kreuz zur Vollendung kam, ist ohne Analogie. »Die seelsorgerliche Konsequenz aus dem kreuzestheologischen Ansatz tritt hervor, wenn die Leidensfähigkeit Gottes, die alle

Leiden der Menschheit unterwandert, als Geborgenheit erkannt wird, in der die ›Ruhe‹ (Hebr 4) zu finden ist.«[37]
Was immer an Protest und Kampf gegen Krankheit und Leid theologisch begründet und gefordert sein mag – es geht in der Seelsorge nicht um »Vermittlung der Gesundheit«, sondern die »Vermittlung der Christusgemeinschaft ist der seelsorgerliche Dienst des Glaubens. Es ist kein Glauben an die Heilung, sondern es ist personal ausgerichteter Glaube an den, der den Mühseligen und Beladenen nahe ist«[38]. In diesem Glauben erfährt er, daß »Jesus Christus herrscht, indem er dient«[39], daß der Mensch ein empfangender und nehmender wird und gerade so einen Zuwachs an Freiheit erfährt. Gerade der Raumbedarf seiner Sorgen und Reflexionen hat ihn an diesem Zuwachs gehindert. Gleichzeitig gibt der Glaube, der Lebenshilfe ist, Impulse, um die eigenen Lebensgrenzen zu erweitern. Eigenes Leid und Selbstmitleid werden relativiert. Fremdes Leid wird angenommen, so daß ein verantwortlich weiter Raum politischer und gesellschaftlicher Bezüge zu entdecken ist, wenn die Not der Hungernden und Unterdrückten im Blickfeld des freigewordenen Menschen wieder Platz bekommt.
Bei der Suche nach der Sprache, die über die Sprachlosigkeit des Melancholikers trägt, fand Tacke die Klagepsalmen des AT, die den Prozeß der Selbstentfremdung zu beschreiben vermögen und in völliger Schwäche die »existentielle Leere« (v. Gebsattel) der Krankheit vor Gott zulassen. Vor allem in den Psalmen 22, 31, 55, 88, 102 hörte er die »unverfügbare Sprache des Leidenden«[40]. Doch er warnte davor, gerade aus der nach Erlösung schreienden Situation des Kranken evangelistische oder resignierende Impulse zu vernehmen. »Der depressive Partner muß mitsamt seinen übergroßen selbstkritischen Empfindungen angenommen werden. Es muß ihm zugleich gesagt werden, daß Gott sein Leben barmherziger ansieht, als er es selber vermag.«[41]
Es bleibt zu fragen, warum Tacke so viel Wert darauf legte, die Situation des Patienten in Formulierungen der Psalmen wiederfinden zu können, die sein Elend (Ps 88,9), den Zustand der Todesbedrohung (Ps 102,4 + 5; 88,4) oder die Todesangst (55,5) bezeichnen. Gerade das Gefühl einer »existentiellen Leere« (v. Gebsattel) und das »Gefühl der Gefühllosigkeit« (H. v. Ditfurth) machen den Patienten unfähig, den wiedergegebenen Zustand nachzuvollziehen. Könnte es nicht

sein, daß die angebotene sprachliche Bewältigung der Angst erneut die Heillosigkeit aufreißt, weil sie als bewältigte Situation nicht verstanden werden kann? Was aber – und darauf hat Tacke mit Schulte hingewiesen – gefordert ist, ist das Zeugnis von der bergenden Kraft und der schützenden Gnade Gottes, die bedingungslos und voraussetzungslos zur Sprache kommen soll. So kämen von den Psalmen vor allem solche wie: Ps 72,7-14; 31,2-6; 46,2; 73,23ff.; 103,8ff.; 139,1ff. in Frage.

Wenn Tacke der Lehre der Rechtfertigung folgend den depressiven Menschen in seiner Armut annehmen gelehrt hat, so hat Adams im Vollzug seiner nuthetischen Seelsorge sich darauf konzentriert, diesen Menschen gerade zur Umkehr und zur Änderung zu bewegen.[42]

2. Adams wollte in einer Gegenbewegung zur klientenzentrierten Methode, wie sie vor allem durch C. Rogers entwickelt und umfangreich dargestellt worden ist und danach in die kirchliche Poimenik Eingang gefunden hat, die Seelsorgepraxis wieder eng an die biblische Seelsorge heranführen. In seiner Einführung für die »Befreiende Seelsorge« forderte er: »Alle Entwürfe, Begriffe und Methoden, die wir in der Seelsorge verwenden, müssen von der Bibel her neu überprüft werden.«[43] Gegen alle anthropologischen Entwürfe, die nach Adams als subjektivistische Grundvoraussetzungen zu verwerfen seien, weil sie »das grundlegende Verhältnis des Menschen zu Gott durch Christus« außer acht lassen und die Kraft des Heiligen Geistes in Wiedergeburt und Heiligung nicht kennen, setzte er die Bibel als »vertrauenswürdigen Maßstab für Glauben und Handeln« dagegen.[44]

Nach einer kritisch und polemisch geführten Auseinandersetzung mit der Freudschen Psychoanalyse, die er eine »Ethik der Unverantwortlichkeit« nannte,[45] die auch die christliche Seelsorge immer wieder zu beherrschen drohe, setzte er als Leitsatz über sein Buch: »Qualifizierte Seelsorger mit einer hinreichend biblischen Ausbildung sind kompetente Berater – kompetenter als Psychiater oder sonst irgend jemand.«[46] Für Adams gibt es überhaupt kein »Fachgebiet..., auf das die Psychiatrie ein exklusives Recht hätte«[47].

In »Ausnahmefällen... sollen schwierige Fälle an den Fachmann überwiesen werden, und auch dann nur an einen kompetenten Christen«[48]. Die »Aufgabe der christlichen Seelsorge ist nicht überweisen, sondern unterweisen«[49]. Das ist nun gleichzeitig der die poimenische

Auffassung tragende Grundbegriff. Die »nuthetische Zurechtweisung« aus Kol 3,16 wird als Aufgabe der ganzen Gemeinde gesehen. Was immer sonst im Neuen Testament als seelsorgerliches Handeln bezeichnet werden kann – allein um dieses Tun kann es sich in der Seelsorge handeln. Adams stellte drei Aspekte dieses Begriffes heraus:

a) Das Zurechtbringen
Daß νουθετεῖν im Zusammenhang mit διδάσκειν gebraucht wird, deutet darauf hin, daß »der Ratsuchende sich in einem Zustand befindet, den Gott geändert haben will. Es gilt, Änderungen im Charakter und im Verhalten herbeizuführen«[50].

b) Die konkrete Wegweisung
Dieser zweite Aspekt meint den Gesprächscharakter, der jedoch nicht in erster Linie im Dialog besteht, sondern Veränderungen schaffen soll, damit »eine größere Übereinstimmung mit biblischen Grundsätzen und Verhaltensweisen« erreicht werden kann. Während sich die »psychologischen Beratungsmethoden« oft lange mit der Ursache befassen, soll sich die nuthetische Beratung weitgehend auf das Was beziehen. »*Was* wurde getan? *Was* muß getan werden, um es in Ordnung zu bringen? *Was* sollte in ähnlichen Fällen in der Zukunft getan werden?«[51]

c) Die liebende Verantwortung
Der dritte Aspekt meint den Beweggrund der nuthetischen Seelsorge, die einer »gütigen Besorgtheit« entspringen soll, so wie es Paulus in 1. Kor 4,14 zum Ausdruck gebracht hat. Es geht darum, dem Ratsuchenden zu helfen und nicht, ihn zu bestrafen. »Der Gedanke der Strafe (auch der Strafe als Erziehungsmittel) ist dem Begriff der nuthetischen Zurechtweisung fremd.«[52]

In den Pastoralbriefen steht νουθετεῖν besonders im Zusammenhang mit ἐλέγχειν und weist auf Gemeindeleitung und Gemeindezucht hin (1. Thess 5,12 + 14; 2. Thess 3,15; 1. Tim 5,20; 2. Tim 4,2; Tit 2,15). Die biblische Anleitung zur Änderung entnahm Adams neben den parenetischen Texten den paulinischen und nachpaulinischen Briefen vor allem der Spruchweisheit. Sie geht davon aus, »daß man göttliche Weisheit braucht, die (wie in der nuthetischen Beratung) in persönlichem Gespräch mitgeteilt wird: Durch Unterweisung, Zurechtwei-

sung, Korrektur und indem man die Gebote nimmt mit dem Ziel, das Verhalten eines Menschen zu seinem Nutzen zu verändern«[53]. Dies gelingt allein durch das Bekenntnis seiner Sünde. Unter Hinweis auf Jak 5,14 soll die »hamartiogene Krankheit« behandelt werden. Zwar hat nicht jede Krankheit ihre Ursache in der Sünde, doch letztlich resultiert jede aus der Ursünde des Adam.
Es bleibt also die explizite Aufgabe des Seelsorgers, bei einem Krankenbesuch die Frage zu stellen, ob nicht »möglicherweise Sünde der Krankheit zugrunde liegen könnte«[54]. An einem der wenigen Evangeliumstexte, auf die Adams zurückgreift, am Gleichnis vom verlorenen Sohn, will er zeigen, wie wichtig es ist, »einzustudieren«, was man als Sündenbekenntnis sagen soll. Gerade weil dies große Mühe macht, sollte in einem vorangehenden Rollenspiel dazu verholfen werden.
Der Seelsorger freilich muß sich zuerst versichern, ob der Geist der Versöhnungsbereitschaft bei dem Ratsuchenden vorhanden ist. In diesem Zusammenhang machte Adams darauf aufmerksam, daß durch das Rollenspiel eine der verharmlosenden Möglichkeiten des anderen ans Licht kommt, während er als Schuldiger zu lernen hat, die ganze Tragweite seiner Sünde vor Gott und den Menschen zu erkennen. Gerade Ps 32 weiß etwas von den psychosomatischen Zusammenhängen, wenn dort »vom Zerfallen des Gebeins« bei nicht eingestandener Sünde die Rede ist. An dieser Stelle nun erfolgte bei Adams die Darstellung der Depression. Aus Ps 32,4 »Tag und Nacht lag deine Hand schwer auf mir« leitete er das Gefühl des Deprimiert- und Niedergedrücktseins ab. Die Depression gilt »als gnädige Strafe Gottes, als eine Warnung, die zur Umkehr führen sollte«[55]. Der trokkene Mund gilt als bekannter Angstzustand. In Ps 51 liegt die Sünde (51,5) offen zutage. Das Gewissen klagt unablässig an. In einer Anmerkung gab Adams seiner Überzeugung aus seiner seelsorgerlichen Erfahrung Ausdruck, daß die »meisten Menschen wissen, weshalb sie sich in Schwierigkeiten befinden, auch wenn sie zuerst Unwissenheit vorgeben«.
Die hohe Verletzlichkeit und Kränkbarkeit des Depressiven hat für Adams ihre eindeutige Ursache in einer uneingestandenen, unvergebenen Schuld. Sie ist zu sehen und als die entscheidende Depressionsursache zu verstehen. In Ps 38 sah er den Weg aufgezeigt, den ein depressiver Mensch auch über seine Widerstände hinweg bis zu sei-

nem Sündenbekenntnis zu gehen hat. Die Stationen dieses Weges sind Krankheit, Missetat, ein Gekrümmt- und Gebeugtsein, Trauer, Herzklopfen und Angst, die schreiende Klage, die Isolierung von den Fremden, die Kränkung durch den Hohn der Feinde. Adams führte gerade diese drei Psalmen (32, 51, 38) an, weil sie alle vom gleichen sprechen: »Von Angst, von Depressionen, von körperlichen Qualen und von den durch Gefühle ausgelösten Reaktionen der inneren Organe.«[56]

In seinem »Handbuch für Seelsorge« widmete Adams der Depression ebenfalls ein Kapitel. Wodurch sie auch ausgelöst sein mag – durch Krankheit, hormonale Veränderungen, Schicksalswendung, Folge von Faulheit und Nachlässigkeit, Schuldgefühle, Selbstmitleid, negative Gefühle aus Sorge –, sie resultiere aus der falschen Handhabung eines Problems.[57]

Daraus entstehen Folgen, die in einen Teufelskreis führen, der »in Hoffnungslosigkeit und Schuld versklavt, bis hin zu der Perversität, die man Depression nennt!«[58] Dieser Teufelskreis kann freilich »an einem Punkt durch biblische Handlungsweise und mit der Kraft des Heiligen Geistes durchbrochen werden. Es gibt Hoffnung für die Depressiven; denn die Depression ist Folge der Sünde, und Jesus Christus hat die Sünde und ihre Folgen überwunden«[59]. Darum hat der Seelsorger zuerst die komplizierenden Faktoren anzugehen, das heißt, zu den unerledigten, unangenehmen Pflichten wieder hinzuführen. Dann soll er alle Ereignisse und Lebensgewohnheiten des Ratsuchenden überprüfen, die ihn zu einer sündhaften Reaktion auf anfängliche Probleme geführt haben könnten.[60] In einem zu entwickelnden Plan wird die Depression bekämpft. Es sind konkrete Aufgaben, die zu lösen sind: Konzentration auf eine bestimmte Arbeit, Vermeidung von Tagträumen und Selbstmitleid, Kontaktaufnahmen und das Fragen nach Gottes Willen in der Bibel.

Die Zyklothymie bezeichnete Adams als Täuschungsmanöver. Die Hochstimmung dient als Überkorrektur, um »sich aus der Niedergeschlagenheit zu befreien« oder durch eine »hochgepeitschte Euphorie« aus der Depression zu lösen.[61] Sie ist der Versuch, der wirklichen Problematik zu entfliehen, deren Lösung allein in der Buße besteht und nach einer biblischen Grundlage für alle Lebensgebiete als Änderungsaufgabe zu erarbeiten ist.

Auch für die endogene Depression hielt Adams es für richtig, den Patienten in seinem Schuldgefühl ernst zu nehmen. Denn »wenn der Seelsorger das Problem bagatellisiert, versteht der Ratsuchende: er kann mir nicht helfen. Er versteht meine Probleme nicht.« Dadurch wird ihm die Hoffnung genommen. »Wenn man aber die Größe seines Problems erkennt und dabei auf Gott weist, der die Macht hat, mit den schwierigsten Problemen fertig zu werden, legt man einen zuverlässigen Grund für die Hoffnung.«[62]
Man wird an dem von Adams global gezeigten depressiven Krankheitsbild sehr viel zu vermissen haben. Wie betroffen das Gefühl der Gefühllosigkeit erlebt und die Erstarrung und Leblosigkeit erlitten wird und wie die Komplexe von Schuld und Angst in einer großen Verzerrung zur wirklichen Ursache stehen, das ist für die Zeit der Erkrankung offensichtlich. Für Adams aber blieb das alles ohne Relevanz. Dennoch soll in einer kritischen Würdigung an diesem Beitrag zuerst positiv festgehalten werden, daß es sich in der Seelsorge auch um konkrete Lebensanweisungen und um ein Tat-Werden des Glaubens handelt. Mit diesem Einsatz zur Konkretion ist immer auch ein Sich-Aussetzen verbunden, das unschwer zu kritisieren wäre, weil es in der Gefahr gesetzlicher Auflagen steht. Allein, es fällt auf, daß vom Ansatz der nuthetischen Seelsorge her zwar zwangsläufig fast lediglich die Spruchweisheit sowie Texte der paulinischen und nachpaulinischen Briefe in ihrem parenetischen Teil zur Verwendung kommen. Die Rechtfertigungslehre tritt in den Hintergrund und ist ersetzt durch eine Lehre von der Heiligung. Gerade das Sollen und Gehorchen steht an erster Stelle und hat das Dürfen und Annehmen verdeckt. Das aber gehört wohl zum Kernsyndrom der Depression, daß ein Mensch, in ein Überforderungsgefüge gezwängt, sich den Ansprüchen seines unbefriedeten Gewissens nicht mehr zu stellen vermag, sondern ihnen ständig unterliegt. Wird dann nicht gerade gefördert, was den Patienten noch mehr belastet und bedroht? Gewiß wird es ernsthaft zu prüfen sein, was dem Patienten geschuldet bleibt, wenn dessen Schuld oder Schuldgefühl bagatellisiert wird. Die Frage ist zu klären, was die erste und übergeordnete Aufgabe der Seelsorge überhaupt sei. Sie läßt sich wohl nicht besser als mit CA 4,11 und 12 durch den Zuspruch des Evangeliums beantworten, der vor der nuthetischen die thetische Seelsorge nennt.[63] Sie heißt: Gott wartet, er ist da,

er versteht, er kennt, er begleitet, er vergibt. Es ist jene Botschaft, die vor das menschliche Handeln das Annehmen und Akzeptieren Gottes gesetzt hat, wie es im Evangelium ausgeführt wird.

Es bleibt zu fragen, ob hier nicht als Reaktion dem in der Psychologie dominierenden verhaltenstherapeutischen Konzept eine seelsorgerliche Anweisung unter anderen Vorzeichen gegenübergestellt und dem depressiven Menschen, entgegen der eigenen Absicht, eine neue Forderung auferlegt worden ist?

Da beide Entwürfe ein ungenaues und undifferenziertes Bild der Depression vermitteln, wird der erste Arbeitsgang darin bestehen, die medizinische und psychotherapeutische Beschreibung der Depression nachzuzeichnen, um die seelsorgerliche Aufgabe besser erkennen zu können.

Die von Kielholz vorgenommene Unterscheidung von somatischer, endogener und psychogener Depression wurde als Unterscheidungshilfe übernommen. Deshalb sollen nach einer kurzen Übersicht über die somatischen Depressionen vor allem die endogenen Depressionen einen breiten Raum einnehmen, weil sie durch H. Tellenbach eine zeitgemäße Darstellung und Interpretation erfuhren, die innerhalb der Psychiatrie eine beherrschende Stellung eingenommen hat. Danach sollen die psychogenen Depressionen und in diesem Zusammenhang vor allem auch die tiefenpsychologischen Interpretationen referiert werden. Bei aller gebotenen Einsicht in Krankheitsbeschreibungen und in Interpretationsmodelle soll am Schluß des ersten Teils daran erinnert werden, daß der an einer Depression leidende Mensch selbst Subjekt seiner Krankheit ist. Dies soll im Rückgriff auf einen an die Theologie gerichteten, aber von ihr unbeachtet gebliebenen Beitrag V. v. Weizsäckers geschehen. Er hat mit den Begriffen »Wahrnehmung« und »Gestaltkreis« zwei Wesenselemente der Begegnung auch für das seelsorgerliche Gespräch zu beachten gelehrt, die der Freisetzung des Subjekts gerecht werden wollen.

Im zweiten Teil geht es um die besondere Wahrnehmung des depressiven Menschen in der kirchlichen Seelsorge, die im Sich-Kümmern Gottes ihren Anfang hat. Damit wird das besondere Thema des Glaubens, das von der Psychiatrie und Psychoanalyse fast ausgeklammert war, aber durch die eingehende Arbeit G. Holes wieder ernst genommen worden ist, in die Mitte gerückt. Der angefochtene Glaube ist

aber von M. Luther zum Wesen des Glaubens selbst gezählter Lebensvollzug. Die Anfechtung ist zwar allein zu erfahren. Doch sie macht nicht einsam, sondern schafft eine gemeinsame Basis in der Gemeinschaft des Glaubens und fordert zur heilenden Auseinandersetzung heraus. Hinter den verschiedenen Themen aber steht wiederum der depressive Mensch selbst, der ausführlich in Beschreibungen seiner Krankheitsgeschichte zu Wort kommen soll.
Der dritte Teil will den biblisch-theologischen Hintergrund aufzeigen, wie er im praktischen Vollzug der Seelsorge dem ganzen Menschen gerecht zu werden sucht. Dessen eigene Fragen nach Sinn und Halt in der Depression haben schließlich zur Beantwortung seiner »Losigkeiten« herausgefordert. Sein Aussein auf Glaube, Liebe und Hoffnung ist nicht nur als zurückliegende pathologische Verletzung, wie in der Psychoanalyse, sondern als ausstehende, im Glauben zu ergreifende Lebensmöglichkeit zu entdecken und anzugehen.

Erster Teil

Die depressive Erkrankung in psychiatrischer und psychotherapeutischer Sicht

Zur Krankheitsgeschichte der Depression

Wohl keine andere Krankheit kann in ihrer Geschichte über die Jahrhunderte hin so nachgezeichnet werden wie gerade die Depression, die zuerst unter dem Namen Melancholie bekanntgeworden ist. Sie hat nicht nur in der Medizin, sondern auch in der Theologie, der Literatur und in der Kunstgeschichte ihren eigenen Platz eingenommen.

Die Melancholie als somatische Krankheit

Von Anfang an galt sie als eine somatische Erkrankung. Diese Deutung hat sich trotz vieler Abweichungen bis in die Neuzeit hinein durchgehalten. Hippokrates bezeichnete in seiner Beschreibung klinischer Fälle die Depression als Melancholie (= schwarze Galle). Diese löste mit dem Übertritt ins Blut die Depression aus. Bestimmte Dyskrasien von Blut und Säften konvergieren zur Melancholie. »Das Blut birgt den Geist, der durch abnorme Säftebeimengung (zum Blut) getrübt werden kann.«[64]

Damit war der Melancholiker konstituiert. Die Krankheit trat durch Benommenheit, Appetitlosigkeit, Mutlosigkeit, Schlaflosigkeit, durch Anfälle von Zorn und Unbehagen in Erscheinung. Alle Äußerungen des Gemüts waren melancholisch. In den Aphorismenbüchern wurde ergänzt: »Wenn Furchtgefühl und Traurigkeit lange Zeit anhält, ist das Leiden Melancholie.«[65] Im Corpus Hippocraticum fand bereits eine Typisierung statt, nach der eine bestimmte Disposition für eine Krankheit angelegt ist: der Typus melancholicus mit einer Inklination zur Melancholie.

Ebenso wurde die besondere Affinität dieses Typus zu Frühling und

Herbst schon erwähnt. Platon hat die hippokratische Säftelehre rezipiert. In seinem Timäus beschrieb er die Krankheit der Seele als ἄνοια, das Unverständige. Sie erschien in der μανια (= Raserei) und in der αμαθία (= Unbelehrbarkeit). Ein Übermaß an Lust oder Schmerz vermag die Seele in den Zustand der Krankheit zu versetzen. Der Mensch verlor sein Gleichmaß und erfuhr eine Störung zwischen Körper und Seele. Danach war die Krankheit immer αμετρια. Bei Platon geriet die Melancholie ganz in den Hintergrund, während er sich von der Mania »geradezu fasziniert« zeigte.[66] Der μελαγχολικός war der Unbelehrbare, während der Maniker zur Genialität emporgehoben wurde, um dort zu einer neuen Symmetrie zu finden. Bei Aristoteles aber fand sich die Unterscheidung des Hippokrates von dem Galletypus und der von der schwarzen Galle ausgehenden Krankheit wieder. Für ihn war sie die göttlich gewirkte Krankheit. Er führte sie auf den Zustand der Galle zurück, die, wenn sie das rechte Maß überschritten hatte, Lähmungen, Erstarrungen, Depressionen oder Angstzustände hervorrufen konnte. Von dieser Krankheit konnte jeder befallen werden. Es brauchte dazu keiner besonderen Disposition. Diese Konzeption von Melancholie und Genialität wertete Tellenbach als epochal. Sie kann als Vorläuferin der Typologie der Zyklothymie bei Kretschmer angesehen werden. Die Erscheinungsweisen waren verschieden und bestanden nebeneinanderher. Sie galten als eine immanente Begabung. Dadurch wurde eine naturwissenschaftliche Betrachtung überhaupt erst möglich.

Die Melancholie als seelische Krankheit

Zu der somatogenen hat sich später auch eine psychogene Erklärung hinzugesellt. Sie wurde vor allem im Mittelalter die herausragende Interpretation. Wie die Geisteskrankheiten hat die Melancholie eine weithin dämonologische Interpretation erfahren. Bei Hildegard von Bingen kann man sehen, wie diese Erklärung in die Lehre von der Erbsünde aufgenommen worden ist und dennoch im Hintergrund die alte Säftelehre noch zu erkennen blieb. (»Im Augenblick, da Adam sich der göttlichen Ordnung widersetzte ..., gerann in seinem Blut die Melancholie, aus der in ihm die Traurigkeit und die Verzweiflung sich erhoben; in der Tat hauchte dem Adam beim Sündenfall der Teufel die Melancholie ein, die den Menschen lau und ungläubig macht.«)[67] Diese Auffassung hatte vor allem eine exorzistische Behandlungsweise zur Folge, die sich gegen den Teufel richtete und dadurch schonend mit dem Patienten umgegangen ist. Es trat aber eine deutliche Gewichtsverschiebung auf die Schuldthematik hinzu, die durch die Bezeichnung acedia, als die »Mönchskrankheit«, gegeben war. Diese stand ganz im Gegensatz zur vita activa und zählte bei Thomas von Aquin als »tristitia saeculi« zu den acht Todsünden. Damit war die Frage gestellt, inwieweit der Kranke selbst die Verantwortung trägt (acedia–Deutung) oder ob er passiv von einem Dämon getroffen und heimgesucht wurde. Beide Auffassungen konnten nebeneinanderher bestehen.

In der romantischen Psychiatrie führten die beiden Linien deutlich auseinander und standen sich in den Positionen der »Psychiker« und der »Somatiker« kontrovers gegenüber. F.C.A. Heinroth hielt in seinem »Lehrbuch der Störungen des Seelenlebens oder der Seelenstörungen«[68] von 1818 eine psychische Ursache für ausschlaggebend und machte die völlige Gebundenheit an das böse Prinzip als Krankheitsursache dafür verantwortlich. Die Somatiker freilich hielten es für undenkbar, daß die unsterbliche Seele überhaupt erkranken könnte und sahen die Ursache in der somatischen Veränderung. Parallel zu dieser Auseinandersetzung gab es den Versuch, die Melancholie in ihrer religiösen Thematik zu erfassen und sie von dorther auch als »melancholia religiosa« zu definieren. Sie hatte im 19. Jahrhundert ein besonderes Interesse erfahren und wurde als eine bestimmte Ausprägung der Melancholie gewertet. Auch die klinische Psychiatrie hat diesem Begriff seinen Platz zugestanden und dabei die besonderen religiösen Inhalte berücksichtigt: das Verworfensein von Gott, schwere Versündigungsideen und die Angst vor Höllenstrafen.

Um die Jahrhundertwende aber trat der Begriff dann völlig zurück. Er wurde von E. Kraepelin in seinem Lehrbuch der Psychiatrie nicht mehr verwendet.[69] Ganz allgemeine Formulierungen wie die, daß »Selbstanklagen« in das »religiöse Gebiet« hineinragen könnten, waren jetzt vorherrschend. Die klinische Sichtweise bestimmte die Forschung, während der Patient in seiner differenzierten Erlebnisweise und in seiner eigenen Glaubenserfahrung keine Beachtung mehr fand. Viel später setzten die Untersuchungen Schultes und vor allem Holes ein, der die psychodynamischen Zusammenhänge im Dreieck Depression, Religiosität und Primärpersönlichkeit mit standardisierten Methoden auf einer größeren Basis als der Einzelfalldarstellung zu erheben suchte. Schulte hatte es bedauert, daß die psychiatrische Wissenschaft vielfach der religiösen Frage ausgewichen war.

Die Melancholie als endogene Krankheit

Zu den beiden über die Jahrhunderte hin bekannten Ursachenfeldern, der Somatogenese und der Psychogenese, ist seit der Jahrhundertwende in der Psychiatrie das »Endon« hinzugekommen. Die endogene Depression gehört zu den körperlich nicht begründbaren Psychosen und ist neben der Schizophrenie als Geisteskrankheit, als die Erkrankung des Gemütes bekannt. Im Unterschied zu einer exogenen Erkrankung liegen die Bedingungen für die Erkrankung im Menschen selbst. Sie ist »umweltstabil« und also unabhängig von dem sie sonst prägenden Umkreis von Beruf, Familie oder soziologischer Zuordnung. Diese Krankheit kann in einer depressiv-gehemmten oder in einer manisch-erregten Form verlaufen oder im phasenhaften Wechsel beider Zustände (Zyklothymie) vorkommen. Weil keine einsehbarverständliche Reaktion auf einen bedrängten Zustand hin vorliegt, aber doch eine in diesem Menschen selber liegende Schicht elementarer »überindividueller, übercharakterlicher Ängste« durch die Psychose aufgedeckt worden ist, sah K. Schneider darin die menschlichen Urängste zum Vorschein kommen. »Die Angst um die Seele, um den Leib, um die Notdurft des Lebens sind *die* Sorgen des Menschen.«[70] Nach einer Untersuchung Holes standen dabei hypochondrische Ängste an erster Stelle vor Schuld- und Versündigungsinhalten und den Verarmungsideen.[71] »Die Cyclothymie ist eine relativ häufige Krankheit. Die Krankheitserwartung liegt für die Durchschnittsbevölkerung bei 0,4%. Melancholische Phasen sind häufiger als manische. Bemerkenswert ist ferner eine Geschlechtsdifferenz: Frauen erkranken an depressiven Phasen häufiger als Männer. Das Verhältnis beträgt etwa 7 : 3. Bei manischen Phasen ist hingegen die Geschlechtsdifferenz weniger deutlich ausgeprägt.«[72] In den Mittelmeerländern und in Skandinavien sind die Zyklothymien häufiger, in den asiatischen und afrikanischen Ländern dagegen geringer. Für Afrika haben Collomb (Senegal) und Lambo (Nigeria) ein häufigeres Vorkommen der endogenen Depressionen festgestellt. Dort sind sie aber weniger durch depressive Verstimmungen, Selbstanklagen und Versündigungsideen geprägt als durch Störungen vegetativer Funktionen, Schlaf-, Appetit- und Libido-Störungen.[73]

Die psychiatrische Beschreibung

Wyss beschrieb die Depression und die Manie als »fundamentale Dekompensation in Zuwendung und Abwendung«[74]. Damit hat er unter Beachtung des Gestaltkreises den Kranken nicht in individualistischer Isolierung gesehen, sondern ihn in seiner Fähigkeit oder in seinem Mangel, Beziehungen zu anderen und zur Welt zu gestalten, verstanden. Die depressive Erkrankung tritt vor allem auch als eine tiefgreifende Beziehungsstörung auf.

Die depressive Symptomatik als Abwendung von der Welt

1. Von der Seite des Leibes

Druck in der Magen- und Herzgegend, allgemeines Gefühl der Schwäche und Krankheit, hochgradige Erschöpfung, Reizbarkeit, »Fliegen und Zittern« der Glieder, subjektives Gefühl der »Lähmung« oder Gelähmtheit, Schwindel, Ohrensausen, Nachlassen des Wachens und der Weltzuwendung, Verschwimmen der Wahrnehmung aufgrund zunehmender Gleichgültigkeit, Nachlassen in der Intensität der Bewegung, insbesondere gezielter Bewegungsabläufe, Schlafstörung, die entweder durch »maßloses« Schlafbedürfnis oder Einschlaf- und Aufwachstörungen sich auszeichnen.

2. Von seiten der Antriebe, der Befindlichkeit, des Fühlens, Wünschens, Wollens und Denkens

Durch unruhige Antriebsgestimmtheit ohne eigentliches Ziel, oft mit Angst und Ängstlichkeit verbunden (agitierte Depression), Nachlassen des gesamten Antriebserlebens, sowohl der Antriebe der Ein- wie der Entkörperung wie auch der sozialen Antriebe. Abstumpfung, Apathie, Lustlosigkeit werden als Leere bemerkt und erlitten. Die Befindlichkeit ist traurig, extrem niedergedrückt, alles erscheint dem Kranken hoffnungslos. Wünsche, selbst die nach Besserung, werden kaum oder nicht mehr geäußert, das Wollen ist erlahmt, die Denktätigkeit wird zunehmend undeutlich, verschwommen, das Präzisierungsvermögen der Begriffe läßt nach, der Denkablauf ist verlangsamt. In der überwiegenden Mehrzahl von Depressionen stehen Schuldgefühle, Selbstanklage und Selbstvorwürfe, oft mit hochgradig irrationalem Inhalt, im Vordergrund. Angst vor Verarmung, vor Verlust, vor Tod, hypochondrische Befürchtungen, Aussichtslosigkeit gegenüber der Zukunft werden oft im Verein mit wahnhaften Befürchtungen des unmittelbar bevorstehenden Todes zum Ausdruck gebracht.

3.
Die mentalen Vorgänge des aufmerkenden Wachens, Festhaltens oder Loslassens von Welt- und Selbstinhalten weichen einem stumpfen, gleichgültigen Dahin-Dämmern, mit zunehmend auch monoton-stereotyp sich verändernden Gedankenabläufen. In den Denkinhalten überwiegen Negativismus, Welt- und Selbstabwertung in Verbindung mit Suizidabsichten. Die Selbstbewegtheit des Innen kommt zum fast völligen Stillstand. Mit ihr erlischt weitgehend die Kommunikation mit der Außenwelt, die sich häufig auf stereotype Klagen oder ein ängstliches Sich-an-den-Arzt-oder-Verwandten-Anklammern beschränkt.

4. Formen der Abwendung
Die Abwendung vom In-der-Welt-Sein bedeutet einen Rückzug, der einem »partiellen Tod« gleichkommt. »Die Abwendung ist nicht Folge der Depression, sondern die Depression selbst ist – in der Skala möglicher Formen von Abwendung – die über die Antwort auf Enttäuschung oder Widerstand hinausgehende Abwendung, *sie ist leibhaft-globale Abwendung von In-der-Welt-Sein*, die ihren sinngemäßen Abschluß im Suizid findet. Die Abwendung vollzieht sich von den Empfindungen leibhafter Erschöpfung und subjektiver Ermüdung bis

zu dem Sistieren jeder Weise von Zuwendung auf die Welt hin. Sie ist *dekompensierte* Abwendung.«[75]

In dieser innerweltlichen Beschreibung freilich fehlt, daß der Mensch in seiner Haltung Gott gegenüber sich durch die Erkrankung verändert, ja verlassen findet. Dieses wesenhafte Existential menschlichen Lebens hat Wyss ebenso wie auch die Psychiatrie und Psychoanalyse dieses Jahrhunderts – mit Ausnahme von Schulte und Hole – außer acht gelassen. Deshalb wird ergänzt, wie depressive Menschen sich in ihrem Glauben erfahren: An erster Stelle steht die Skotomisierung, das Weglassen der tragenden Glaubensinhalte und das Hervorholen der Gerichtsaussagen: der Verlust des Glaubenszusammenhanges und der Zweifel an Gottes Beistand; die Entleerung des Glaubenslebens, der Verlust des Gebetes, der Zweifel an Gottes Wort und die Unlust zum Gebet; der Rückzug aus der Gemeinschaft und das Versagen in den täglichen Pflichten; die Selbstanklagen und das Sich-entfernen-Wollen.

5. Inhalte der Abwendung

Den Zustand von Trauer und Angst in der Depression führte Wyss, wie schon Abraham und Freud, auf ein Verlusterlebnis zurück. Dabei kann es sich um einen geliebten Menschen, eine Arbeit, um Besitz oder Heimat handeln. Weil ihm die Welt etwas genommen und sich von ihm abgewendet hat, wendet sich der Mensch jetzt seinerseits von ihr ab. Während sich der »Gesunde« mit einer solchen Situation abzufinden weiß, wirkt sie bei Depressiven fort. Seine Warum- und Wozu-Fragen bleiben zurück. *»Der miteinander verschränkte, sich aufspiralende Prozeß zwischen fragender Reflexion, ausbleibender Antwort, Erschöpfung, ›Leerlauf des Geistes‹ und Schuld beginnt das Subjekt in seinen Sog zu ziehen.«*[76] Die Zeit wird ausschließlich als vergehend erlebt. Der Depressive »hat nicht mehr die Möglichkeit, *auch* zu trauern«, sondern er *muß* trauern.[77] Auch die Angst hat multikonditionalen Geschehenscharakter. Sie kann auf Wahninhalte angstvoll reagieren, z.B. als Angst vor Sterben oder Hingerichtetwerden, vor Hunger, vor unheilbarer Krankheit, aber auch als primäre »freie Angst«. Sie ist wohl als Antwort auf die »Entbergung und Entsicherung« zu verstehen und beschleunigt gleichzeitig diesen Vorgang.

6. »Die Lochwelt«
Die Zeit- und Raumproblematik (vgl. E. Minkowski, v. Gebsattel, E. Straus und L. Binswanger) mit der besonderen Affinität der Vergänglichkeit besteht auch in der Abwendung von der vergehenden Zeit. »Die Gleichzeitigkeit beider Vorgänge ist beachtenswert, denn der Depressive leidet nicht nur unter dem Vergehen und dem Wandel der sichtbaren Welt, *sondern er vergeht selbst in auffallender Weise.*«[78] Schon der Tagesbeginn wird von einer erheblichen Anzahl Depressiver mit dem Gefühl einer bevorstehenden, sie erdrückenden Last erlebt, dem gegenüber sie sich entziehen, »immer kleiner machen möchten, um in einem Loch aus der Welt zu schlüpfen«[79].

7. Die Schrumpfung des Gestaltkreises
Der Depressive erlebt eine Schrumpfung und Punktualisierung seines Lebensraumes, der weithin von Normen und Ordnungen beherrscht war und jetzt nur noch formal und stereotyp als »Du sollst« und »Hättest du« ihn anklagt.
Dabei ist zu beachten, daß er nichts dafür kann, daß er krank ist, eine Erkrankung also weder einen Willkürakt noch zweckbetonte Planung darstellt, sondern »sie ist pathisch erfahrener Leidensweg«.[80] Wyss legte Wert auf die Feststellung, daß die krankhaft erlittene Weltabwendung im Gegensatz zur bewußt vollzogenen von Anfang an zur anthropologischen Grundsituation gehört. »Jeder Mensch kann depressiv werden – wenige Menschen, zumindest in den Großstädten industrialisierter Länder, haben nicht Phasen von depressiven Verstimmungen erfahren.«[81] Mit einer vererbten Disposition neigt der Patient dazu, eine »krankhafte Abwendung« zu vollziehen. Dazu kann es kommen, wenn durch einen alltäglichen Konflikt in Beruf und Familie, durch einen Zustand der Langeweile, nach Erschöpfung, durch eine Krankheit oder durch eine übermäßige Strapaze die Grunddiskrepanz bewußt wird, die als Aufgabe angenommen werden muß. Es kann aber auch dazu führen, wenn das in selbstverständlichen und geordneten Bahnen sich bewegende Leben – ein »über Identifikationen und weltanschauliche Konzepte kompensiertes Leben« eine plötzliche Unterbrechung erfährt und »das an der Wurzel der Existenz liegende anthropologische Mißverhältnis in Form einer unheilbaren, lebenslänglichen Dekompensation die ›Führung‹

übernimmt«[82]. Die Abwendung kann kompensiert werden, solange Wille und Reflexion die Verbindung zu »Mythos, Glauben, Ideologie« oder »menschlichem Miteinander und sozialer Position« halten. In der dekompensierten Abwendung aber, die »die Tiefe der Dysregulation des Antriebslebens trifft«, manifestieren die Symptome von Erschöpfung, irrationaler Schuld, Riesenverantwortung, Kommunikationsverlust und Veränderung des Raum-Zeit-Erlebens eine chronisch periodische Gestaltschrumpfung. Damit meinte Wyss »dem Streit um die ›endogene‹ oder ›reaktive‹ Depression ein Ende gesetzt« zu haben.[83] Der Unterschied bestand für ihn allein in der kompensierten und in der dekompensierten Abwendung.

Die krankhafte Zuwendung in der Zyklothymie

Wyss beschrieb getreu seinem Ansatz der Verhältnisbestimmung die Zyklothymie »als krankhafte Weltzuwendung«[84].

1. In der stillen Manie ist die Symptomatik gekennzeichnet durch »extremes Glücksgefühl, grenzenloses Selbstvertrauen, starke Kommunikationsfreudigkeit in der Sphäre der emotionalaffektiven Weise der Zuwendung,... Ideenflucht, häufig assoziative Wortverbindungen...«.
2. In der starken Manieform herrscht die Zukunftsplanung und Gestaltung mit einem übergroßen Vertrauen in die eigene Willensanstrengung vor und ist verbunden mit der Bevorzugung großer, monumentaler Projekte bei gleichzeitiger Unfähigkeit zur Ausführung. Es fehlt jede Selbstkritik.
3. »In der agitierten Manie bietet sich das Bild enthemmter, losgelassener, kaum zu bändigender affektiver Gewalt dar.« Der Patient ist von stürmischer Motorik umgetrieben. (Beobachtung vor der Klinikeinweisung: überhöhtes, höchst gefährliches Autofahren, die Nacht wird zum Tage gemacht, plötzliches Reisen, Einkäufe, Unternehmungen, Organisieren von Besuchen, Festen und Ausflügen, unangemessene große Geschenke und gleichzeitig ein ängstliches, gespanntes, mißtrauisches Verhalten.) Größenideen und Größenwahn sind ungebunden freigesetzt, doch die stürmische Kommunikationsfreiheit erfaßt den anderen nicht, sie »geht daneben« (Binswanger). Die Affekte

sind wie Strohfeuer, die Emotionen ohne Tiefe, der Redeschwall voller Banalität und die Sexualität völlig wahllos und aufdringlich. Wie in der Depression, so findet auch in der Manie der Mensch nicht zu jenem Maß, das im Ausgleich steht zwischen Subjekt und Welt. Auch hierfür ist die Diskrepanz zwischen Antriebsleben und Reflexion verantwortlich. Wyss ergänzte hier seine These: »Das Gewahr-Werden dieser Diskrepanzen schließt die Möglichkeit zur Abwendung nicht weniger als krankhaft gesteigerte Welt-Zuwendung mit ein.«[85] Die Manie wie die Depression entwickelt sich aus Antriebsüberschuß, Langeweile, Erschöpfung, Konflikten, Widerfahrnissen, Pubertät, Geburt, Menopause und Senium. Da das Subjekt gleichsam zum Spielball einer »entgleisten Rhythmik« von Zu- und Abwendungen bestimmt ist, kann seine Intentionalität auch nicht mehr zielgerichtet sein.

Die Unmöglichkeit der Konfliktbearbeitung während der akuten Phase

Die zunehmende Häufigkeit und Länge der Phasen beim Depressiven, die Monotonie in seinem Innen lassen ihn die Welt zusehends verschwommen erscheinen. Wahrnehmen und Bewegen werden krankhaft verändert. (»Zunehmende Skotomisierung der Wahrnehmung, Einschränkung der Motorik bis zur weitgehenden Bewegungslosigkeit.«[86]) Daneben ist die Motorik des Manischen diskoordiniert, seine Wahrnehmung unstet, scheinbar allem geöffnet, doch er vermag nur weniges exakt und genau zu registrieren ... Für den Depressiven wird die Welt zu einem Universum der Schuld, das ihn erdrückt, klein macht »bis zur Auslöschung seiner selbst«. Wyss sah in der Depression fast keine Bereitschaft, einen Konflikt zu verarbeiten und Versäumtes zu verändern. Auch für den Manischen besteht keine Möglichkeit, einen Konflikt auszutragen. »Die Wirklichkeit ist die Uferlosigkeit totaler Wunscherfüllung: Ideal und Realität fallen zusammen, wie sie in der Depression auseinandergehen ... Dem sich vergehend erlebenden Depressiven gegenüber fühlt sich der Manische ›unsterblich‹, dem punktuellen Raumerleben und der Entfremdung des ersteren gegenüber ist der Manische von ›Ozeanen von Raum und Zeit‹ umgeben.«[87]

Wurde bisher eine allgemeine Verwendung des Begriffes der Depression oder auch der Melancholie beansprucht, so soll jetzt die heute weithin übliche Differenzierung des depressiven Zustandsbildes als eines Syndroms, das sich aus psychischen, psychomotorischen und somatischen Symptomen zusammensetzt, dargestellt werden. Zwar sind sichere Abgrenzungen nicht möglich, doch die Einteilung wird hier übernommen, weil man dabei der seelsorgerlichen Grenzen und Möglichkeiten besser ansichtig wird.[88]

Die somatogenen Depressionen

In den letzten Jahren haben organisch bedingte Depressionszustände aufgrund der höheren Lebenserwartung und der Zunahme von Hirnläsionen durch Schädeltraumen zugenommen. Die häufigsten Formen sind:

Hirnläsionen (mit oder ohne Demenz),
arteriosklerotische Depressionen,
apathisch-depressive posttraumatische Depressionen,
depressive Symptome bei Hirntumoren,
depressive Prodromi bei progressiver Paralyse,
disphorische Verstimmung bei Oligophrenie und Epilepsie.

Ausgelöst werden diese organischen Depressionen oft durch psychoreaktive Komponenten infolge der Abnahme der psychischen Kräfte und der mangelnden Bestätigung durch andere. Wo sie als Teil- oder Begleiterscheinungen infolge körperlicher Erkrankungen auftreten, hat man sie als *symptomatische Depressionen* bezeichnet. Sie sind zwar durch eine Krankheit ausgelöst, doch die Voraussetzung für ihre Entstehung liegt in der depressiven Reaktionsweise, die das Leben des Patienten schon immer ausgezeichnet hat. Kielholz teilte die symptomatischen Depressionen in vier Gruppen ein, die auf verschiedene Entstehungsursachen zurückzuführen sind.
1. Postinfektiöse apathische Versagungszustände in der Rekonvaleszenz nach Infektionen, nach forcierter Remission, infolge verfrühter

Klinikentlassung und Arbeitsaufnahme. Nach grippösen Infekten, Pneumonien, Thrombophlebitiden und Hepatitiden.
2. Ängstlich-depressive Zustandsbilder bei chronischen Kreislaufkrankheiten, besonders bei beginnender kardialer Insuffizienz, z.B. nach schweren Asthmaanfällen, bei schweren Nierenerkrankungen.
3. Dysphorisch-(mißgestimmt-) oder apathisch-depressive Syndrome bei endokrinen Umstellungen in biologischen Krisenzeiten: Pubertät, Prämenstrum, während der Schwangerschaft, im Wochenbett, im Klimakterium, bei endokrinen Erkrankungen, z.B. Hypothyreosen, Diabetes, Cushingscher (Nebennierenrinden-Überfunktion) oder Addisonscher (primäre chronische Nebennierenrindeninsuffizienz) Krankheit. »Etwa 40% aller Frauen leiden an mehr oder weniger deutlichen prämenstruellen, reizbar-depressiven Verstimmungen, oft verbunden mit Spannungsgefühlen, Rückenschmerzen, Kopfdruck, verstärktem Durst und Wasserretention.«[89]
4. Mürrisch-ängstliche depressive Verstimmungen bei Dauermedikation von Reserpin, Steroiden und Sexualhormonen, auch fortgesetzter Applikation von Ovulationshemmern. Diese symptomatischen Depressionen sind in erster Linie zur Behandlung des Grundleidens durch den Arzt angezeigt und erwarten von der Seelsorge eine verständnisvolle, mitgehende Begleitung.

Die endogenen Depressionen

In diesem Formenkreis werden genannt:
Schizophrenie, Depressionen, zyklische Depressionen, periodische Depressionen und Spätdepressionen. Diese Gruppe ist also weder durch somatische noch durch einsehbar psychogene Auslösungsfaktoren bestimmt, sondern eine Gruppe sui generis, die vor allem durch das Forschungswerk von H. Tellenbach eine eingehende Würdigung gefunden hat, das hier im wesentlichen nun wiedergegeben werden soll.

Die Melancholie oder endogene Depression nach H. Tellenbach

Seit der Jahrhundertwende ist in der Depressionsforschung die Beschreibung des »Endon« aufgekommen und vor allem von Tellenbach als melancholische Erkrankung zu einer grundlegenden Darstellung gebracht worden.

Im Vordergrund der Krankheit steht die Abwandlung des Rhythmischen. Die Inklination zur Melancholie nimmt in dem Maße zu, als »das Rhythmische aus der geistig-seelischen Bestimmtheit des Lebens an den Takt der Maschine verlorengeht«[90].

Zur rhythmischen Grundgestalt des Lebens gehört das Schlafen und Wachen, Arbeiten und Ruhen, Essen und Trinken, vor allem aber die rhythmische Impulsfolge des Nervensystems oder der Hirnaktionströme. Ebenso hat das Seelisch-Geistige seine zeitliche Ordnung (vgl. Koh 3,1ff.). Ebenso ist der Lebensrhythmus im Jahreskreis der Feste, auf den G. v. Rad aufmerksam gemacht hat, hier zu erwähnen.[91]

Aber auch im Tanz und im Lied, im Versmaß des dichterischen Wortes »geschieht immer ein Hineingenommenwerden, ein Einswerden mit einem Geschehen«[92]. Die moderne Welt konnte sich von diesen rhythmischen Ordnungen nur weniges erhalten. Tellenbach nannte das Kirchenjahr und das Stundengebet der Mönche sowie den profanen Bereich der Neujahrs- und Karnevalsbräuche, der Geburtstage und politischen Gedenktage als Einheiten, die dem Lebensablauf einen Grundrhythmus verleihen.

Gerade bei der endogenen Depression ist der Schlaf-Wach-Rhythmus gestört. Typisch dabei sind die Hyposomnien mit Früherwachen, Grübelsucht, digestiver und sexueller Appetenz. Sie bilden auch im transkulturellen Vergleich ein Grundsymptom. Gelegentlich begegnet man auch dem Gegenteil in Hypersomnie, in sexueller und digestiver Überappetenz.

Die »vitale Grundstörung« äußert sich in einer verlangsamten bzw. beschleunigten Kinesis während extremer Tagesschwankungen, vor allem aber auch dort, wo das Rhythmische fast aufgehoben scheint, in permanenter Schlaflosigkeit, Traurigkeit, Angst, in der Monotonie einer Agitiertheit, einer »ängstlichen Erregung im monatelangen

Leerlauf« (W. Janzarik). Der Melancholiker kommt in seiner »stereotypen Bewegungswiederkehr« nicht von der Stelle. Sein Sprechen ist ein eintöniges Murmeln, seine Handlungen sind ein gequältes Händereiben. Die leibliche Bewegung folgt hier nur einem vorlaufenden Entwurf. Man wird sie zutreffend mit v. Gebsattel als »Hemmung der basalen Lebensbewegung« bezeichnen können.[93] Sie nimmt dem Kranken seine Zukunft und hält ihn vom Werden zurück. Diese Hemmung involviert den Tod, der sich jetzt an den Menschen heranschiebt. Tellenbach nennt es »das Transsubjektive« dieser Situation und des melancholischen Leidens, wenn das »Ich gleichsam neben seiner Trauer steht«. Während sonst die Trauer eine Bewegung hat, ist sie hier bewegungslos da. Diesen Zustand nannte Schulte das »Nicht-traurig-sein-Können«[94].

»Dieses Leiden ist ein endogen abgewandeltes, fremdes, unverständliches, monströses, deformiertes, ja nachgerade pervertiertes Leiden, gleichsam eine pathische Apathie.«[95] Es ist fraglich, ob die Sprache das Erleben überhaupt zu erfassen vermag, da es im allgemeinen keine adäquaten biographischen Spuren hinterläßt. Der Melancholiker empfindet deshalb seinen eigenen Krankheitsinhalten gegenüber eine große Fremdheit. Je tiefer die Endogenität, um so mehr ist der Patient seines »Selbst-sein-Könnens« beraubt und wird depersonalisiert. Natürlich sind Überlagerungen, Umschichtungen und Akzentverteilungen möglich. Auch der »Feldwechsel in psychosomatische Bilder« (Asthma, Ulcus, Allergosen) findet statt. Begriffe mit der Vorsilbe ver- und zer- wie: verschroben, verstiegen, verrückt, zerfahren, zerfallen drücken nach Tellenbach am besten das Erscheinende aus.

Das Globale als Abwandlung

Die Wirklichkeit der Abwandlung der ganzen Daseinsgestalt ist an dem Verlust der Frische und der Kraft zu spüren. So sind also nicht die Symptome der Melancholie endogen, sondern »jener Impuls, der ein Melancholiesyndrom in der globalen Spezifität seiner Konstellation entfaltet«[96].

Die endogene Abwandlung zeigt sich oft an einer kritischen Reifungsmarke, besonders aber an der Schwelle zum Alter. Gerade die »Eugerasie«[97] glückt nicht. Der Mensch vermag sich nicht von den vielen

Dingen zu lösen, um sich auf das wenige zu konzentrieren... Es gibt ein starres Nicht-los-lassen-Wollen von Menschen und Besitz.
Wird der Kranke aus seiner gewohnten Umgebung in die Klinik aufgenommen, so wird oft eine rasche Besserung erfolgen, weil er eine Welt des »Sympathetischen und des Tätigseins« erlebt. Während der Demente dem Therapeuten nichts geben kann, verweigert sich ihm der Defekte. Dies ist jedoch nur vorübergehend. Die Möglichkeit, daß ein »entordnetes endogenes Geschehen« sich wieder zusammenfügen kann, ist grundsätzlich gegeben.[98]

Der Aspekt der Erblichkeit
In dem weiten Forschungsfeld, das auf der einen Seite als gesichert angesehen hat, daß bestimmte Strukturen gleichsam verfestigte Antworten auf erbliche Dispositionen darstellen (Janzarik), wird auch die andere Seite hervorgehoben, daß das Wertsystem einer Gesellschaft mit ihrer Individualisierung und ihrer einseitigen Betonung von Leistung und Erfolg eine wichtige Rolle spielen.[99] Tellenbach faßt die Situation thesenförmig zusammen:
1. Vom Erbe her ist die Möglichkeit eines spezifischen Phänotyps gegeben.
2. Die besondere Umweltsituation wirkt selektiv auf die spezifischen Möglichkeiten.
3. Diese Mächte können, müssen aber nicht in den Haltungen der Familien, mehr in der der Mutter als in der des Vaters bestehen. Doch es kann auch eine soziale Struktur der Umwelt sein, »die im Sinne der hohen Validierung von Leistung und Ordentlichkeit« die Möglichkeit der Erkrankung begünstigt.
4. Der zum Typus melancholicus strukturierte Mensch beginnt seine Umwelt so zu »situieren«, daß es zur »Selbstwidersprochenheit« der Persönlichkeit kommt. Er schafft sich also seine pathogene Situation selbst. Doch in diesem Schaffen liegt das Endogene.

a) Der Typus melancholicus

»Wir verstehen... unter dem melancholischen Typus die durch eine gewisse Struktur konstituierte, empirisch vorfindliche Wesensart, welche ihrer Möglichkeit nach zum Schwerefeld der Melancholie

inkliniert.«[100] Tellenbach nannte es die »kinetische Typologie«, weil sich im Situativen »das Zur-Wirklichkeit-Kommen des Typischen« zeigt.[101] Er stellte dann die prämorbide Charakterstruktur dar, so wie es schon von Abraham und Freud vorgenommen worden war. Abraham hatte 1912 in »Ansätze zur psychoanalytischen Erforschung und Behandlung des manisch-depressiven Irreseins und verwandter Zustände« schon die Ähnlichkeit des Erscheinungsbildes der manischen Melancholie mit der Zwangsneurose festgestellt. Beide kennen die Haß-Liebe-Ambivalenz. Während der Zwangsneurotiker Haßtendenzen verdrängt, projiziert sie der Melancholiker auf seine Umwelt. Tellenbach zitierte Abraham, der diese Gestalt dargestellt hat: »Ich kann die Menschen nicht lieben, ich muß sie hassen.« Die Projektion lautet: »Die Menschen lieben mich nicht, sie hassen mich... und darum bin ich *unglücklich und deprimiert.*«[102]
Was die zyklothyme Primärpersönlichkeit charakterisiert, ist ihr Leistungsstreben. Weil sie ihre Libido dem eigentlichen Objekt nicht zuführen kann und sich auch den Konflikt nicht eingesteht, der sie depressiv macht, muß sie sich durch Leistung bemerkbar machen. Das introjizierte Liebesobjekt, das Freud dann in den Mittelpunkt gerückt hat, fällt mit dem Gewissen zusammen. Abraham stellte bei dem manischen Melancholiker die von der Zwangsneurose bekannten Charakterzüge fest: Eigenheiten auf Ordnung und Reinlichkeit, Neigung zum Eigensinn und Trotz bei gleichzeitiger abnormer Nachsichtigkeit und Übergüte, anormales Verhältnis zu Geld und Besitz. Sein Charakter ist bestimmt durch einen überbetonten Drang nach Reinlichkeit und einer besonderen Ordnungsliebe. Im Unterschied zur monopolaren Melancholie wird das Ich beim manischen Melancholiker »nicht mehr vom introjizierten Liebesobjekt aufgezehrt«, sondern wendet sich jetzt gierig der Objektwelt zu. Es wird alles »verschlungen«. Der monopolare Melancholiker dagegen bleibt in der Inkludenz und Remanenz zurück. Die Bipolaren, so Abraham, meinen, »alles selbst tun zu müssen, weil kein anderer es so gut machen könne wie sie selbst«[103]. Von hier aus wird ihre sadistische Herrschsucht verständlich, während in der monopolaren Melancholie eine Sensibilität für alles Schulden im Vordergrund steht.
Als gemeinsames Strukturmerkmal findet man bei beiden eine Überidentifikation. Die schwernehmende Art erklärte Abraham aus der

Enttäuschung der oralen Wünsche des ersten Lebensjahres. Von daher rührte eine dauernd sorgenvolle Einstellung zum Leben, die Neigung, »es sich sauer werden zu lassen«. Oft wird auch die Wahl des Berufes und der Neigung dadurch bestimmt (z.B. der neurotische Beamte, der bestimmte Zwänge und Regeln braucht). In diesen Zusammenhang gehört auch der »Pensionierungsbankrott« (K.H. Stauder). Tellenbach stellte 6 konstitutive Wesenszüge des melancholischen Typus zusammen:[104]

Die bipolaren und	die monopolaren Charakterzüge
Eigenwilligkeit des Gebens und Schenkens (lehnt oft Bitten ab).	Will nichts schuldig bleiben, schenkt deshalb zurück.
Wahrung seines Bestimmungsrechts. Die »Sonntagsneurose« (S. Ferenczi), es darf keine Unterbrechung der Arbeit geben.	Ausdauer und Gründlichkeit des Leistens. Stagnation. Leerlauf.
Libidinöse Betrachtung des Besitzes.	Besitzstreben richtet sich auf bescheidenere Ansprüche der Lebenssicherung.
Ambivalentes Verhalten zu Ordnung und Reinlichkeit (gepflegtes Äußeres; unordentlich, unsauber bei sich selbst).	Bescheiden und anspruchslos.
Neigung, Schulden zu vergessen.	Begehren, mit anderen »quitt« zu sein.

1. Die Ordentlichkeit

Damit ist jene Eigenschaft gemeint, die das Alltägliche in Ordnung hält und bringt. Darin ist kein Merkmal von Abnormität enthalten. »Entscheidend ist, daß die melancholische Persönlichkeit auf Ordnung hin festgelegt ist, welche nicht immer in allen, mindestens aber in einem wesentlichen Daseinsbereich besonders sinnfällig ist.«[105] Diese Ordentlichkeit findet ein dankbares Echo in Haus und Beruf. In der

Klinik sind diese Patienten nach begonnener Remission »die wichtigsten und zuverlässigsten Helfer«. In ihrer äußeren Erscheinung sind sie durch »Schlichtheit und Sauberkeit« bestimmt. »Im Umgang mit den alltäglichen Dingen herrscht vorbedachtes Aufräumen und Aufgeräumthalten. Das Arbeitsleben ist durchweg bestimmt von Fleiß und Gewissenhaftigkeit, Pflichtbewußtsein und Solidität.«[106] Der Melancholiker will für die anderen in aufopfernder Fürsorge und fester Verbundenheit dasein. Keine Störungen und Reibungen im zwischenmenschlichen Bereich dürfen das Klima trüben. Aber auch die intrapsychischen Normen und Gewissensstrukturen sind von strengen Ordnungsprinzipien her durchdrungen. Der hohen Ordentlichkeit entspricht ein hoher Anspruch an das eigene Leisten. Dennoch spricht er keine unmöglichen Ziele an. Tellenbach fand die berufliche Zugehörigkeit fast ausschließlich beim »kleinen Mittelstand«.

2. Die Ordnung der Arbeitswelt[107]

Sie geht zurück bis in die frühe Kindheit und Schulzeit, vor allem aber im Berufsleben sticht ein »unerträgliches Maß an Akkuratesse und das Übernehmen eines überdurchschnittlich großen Arbeitspensums« heraus. Das freilich wird gerne relativiert und heruntergespielt. Der Tag ist eine Arbeits- und Ordnungseinheit. Mit der Formel »Der Tag kommt, der Tag bringt« hält sich der Melancholiker stets zur Verfügung. Das gilt auch für den Sonntag, den Gottesdienstbesuch ausgenommen. Es gilt vor allem aber für die unermüdlichen Mütter im Haushalt und im ländlichen Betrieb, die morgens die ersten und am Abend die letzten sind. Beim melancholischen Mann tritt dieser Zug als ein Nicht-abschalten-Können hervor, weder am Feierabend, noch am Feiertag, noch in den Ferien. Es gibt eine »Faszination« an Arbeitsumfang, der nicht groß genug sein kann. Doch gerade Patienten, die aus der Klinik entlassen sind, sind dankbar, wenn ein anderer ihnen das harte Gesetz des alltäglichen Planens oder eines alten Pflichtrahmens abnimmt.

3. Die Bedrohung durch einen perniziösen Zirkel von Umfang und Genauigkeit des Leistens[108]

Der große Arbeitsumfang und die penible Ordentlichkeit sorgen für einen ständigen Spannungszustand, von dem die Gefahr eines Auseinanderbrechens im Zusammenbruch ausgehen kann. »Eine Zunahme oder eine Behinderung der Akkuratesse setzt zwangsläufig das Arbeitsvolumen herab, während dieses doch um keinen Preis herabsinken soll. Ein Anwachsen des Arbeitsquantums zieht andererseits zwangsläufig ein Manko an Akkuratesse nach sich, in der nachzulassen der originären Penibilität zuwiderläuft.«[109] Meist beginnen die Einbrüche von der Seite des vermehrten Arbeitsvolumens her, doch sie können auch von der anderen Seite oder von der Mitte herkommen, wenn »im Alltag eine regelmäßige Planung vorherrscht«, jedoch alle Spontaneität verschüttet wird und dadurch keine Korrektur mehr möglich ist. Der Plan war zu hoch angesetzt.

4. Die Ordnung der mitmenschlichen Bezüge

»Die mitmenschlichen Bezüge des melancholischen Typus erweisen sich als ein Sein-für-andere in der Form des Leistens für andere. Es wird ›immer nur für die Familie gelebt‹.«[109] P. Matussek hat in diesem Fall festgestellt, daß sowohl die personale Partnerschaft als auch die Mutterschaft von der depressiven Frau »vorwiegend im Sinne einer Leistung, der Erfüllung allgemeiner Normen vollzogen« werden. Der Melancholiker braucht einen Halt und fühlt sich im Alleinsein bedroht. Er flieht ständig zum anderen hin, um bei ihm seine Selbstidentität zu finden, und weicht ständig der Selbstbestimmung aus. »Müssen später Kinder hergegeben werden, so kann eine kritische Situation entstehen, wenn dieses Hergeben mit einem Verlust an *Nähe* einhergeht.«[110]

Besonders Frauen fällt es schwer, ihre Töchter loszulassen. Das symbiotische Miteinandersein möchten sie um jeden Preis aufrechterhalten, denn die Beziehung zum Mitmenschen erfolgt über das Leisten. Der Melancholiker muß immerzu geben und kann nichts von einem anderen annehmen. Er will nicht in die Dankesschuld des anderen geraten. Er muß alles ausgeglichen haben. »Peace at any price is the motto.«[111] Er würde es von sich weisen, wenn ihm gesagt würde, daß allein schon seine Gegenwart für andere Menschen genug und beglükkend wäre. Matussek charakterisierte ihn: »Liebe kann von Depressiven nicht gelebt werden als Bejahung einer selbständigen Person mit ihren spezifischen Eigenarten, sondern nur als Vollzug einer Leistung, durch die er einen Anspruch auf die Liebe des anderen gewinnt.«[112]

Das gilt auch für den sexuellen Vollzug, der als eine Liebesleistung, besonders des depressiven Mannes, verstanden wird. Die Ursache dafür liegt in dem Unvermögen, allein sein zu können. Doch gerade das kann in eine Melancholie einmünden, wenn ein Mensch keine Lebensaufgabe mehr zu bewältigen hat. »Man kann sich selbst nicht zum Inhalt werden.«[113]

5. Die Bedrohung des melancholischen Typus durch Störungen der Ordnung mitmenschlicher Bezüge[114]

Die wichtigste Störung, die den fürsorgenden und für den anderen lebenden, ja im anderen aufgehenden Menschen treffen kann, ist der Tod oder eine Krankheit. Doch in der Melancholie kann auch ein kleiner Ordnungsverstoß einer längst zurückliegenden ehelichen Untreue thematisiert werden und als »Versündigungsidee« oder »Schuldsucht« einen Menschen peinigen. Jede Verletzung einer Ordnung, besonders aber die durch eine Liebesbeziehung sanktionierte, bedeutet eine flagrante tiefe Verletzung und eine Bedrohung im Ganzen. »Sicher ist es richtig, daß lieblose Behandlung immer schwer trifft, aber das Bedrohliche liegt in jenem typischen Festgelegtsein und Nichtausweichen-Können, das solchen Stößen in vollem Umfang ausgesetzt ist. Das Bedrohliche liegt in der Weise, wie die Ordnung selbst bejaht und gelebt wird, und daß daran die Selbstverwirklichung gebunden ist.«[115]

6. Die Gewissenhaftigkeit des melancholischen Typus[116]

»Der Melancholiker zeigt eine *überdurchschnittliche Empfindlichkeit* im Gewissen, was die Ordnung personaler und sachlicher Bezüge angeht.«[117] Das Gewissen übt eine mehr »prohibitive Funktion« aus. Es will von vornherein eine auch noch so geringe eigene Schuld vermeiden und ist dazu bereit, eher zuviel als zuwenig um Verzeihung zu bitten. Tellenbach hat bei allen untersuchten Patienten festgestellt, daß eine Tendenz vorherrscht, sich nichts zuschulden kommen zu lassen. Wenn aber etwas versäumt oder verschuldet worden ist, so ist der Melancholiker sehr schnell bereit, die Schuld einzugestehen oder in der Beichte zu bekennen. Neben dieser Empfindlichkeit besteht eine bemerkenswerte »Intoleranz gegen Schuldbeimessung durch andere«[118]. Es ist weniger der Schmerz oder der verletzte Stolz, durch den anderen ungerechtfertigt verdächtigt worden zu sein, als die Unruhe darüber, daß jetzt Schuld vorhanden ist. Das Gewissen ist nicht immer auf Gebot oder Verbot bezogen, sondern kann auch auf Fehlleistungen ausgeweitet werden. Wird der Melancholiker wegen eines begangenen Fehlers, der ihm ohnedies genug zu schaffen gemacht hat, auch noch getadelt oder beschuldigt, so ist es nicht mehr weit bis zur totalen Schuldübernahme, zum »melancholischen Versündigungswahn«. Das melancholische Gewissen ist unerbittlich hart und läßt keine Ausnahme zu. Tellenbach schilderte einen Menschen, der die Pflicht und die Arbeit allem anderen übergeordnet hatte und bei allen Zwischenfällen, wer immer sie auch verursacht hatte, sich selbst die Schuld gab. Gerade aber an ihm wurde deutlich, daß er sich dieses Debet-Gefühl in der Beichte nicht nehmen lassen wollte. »In seinem Leben ist die Schuld ein Konstitutivum geworden – gleichsam ein negativer Druck, kraft dessen das Leben weiterströmt: ein Phänomen der Capillarität im Psychischen.«[119]

7. Die Bedrohung durch Gewissensbelastung und Gewissenskollision[120]

»Da gibt es Dinge, die kann ich nie vergessen, die drücken immer wieder.« Das ist die Rede eines Menschen, der auch lange zurückliegende Schuld immer wieder erinnert und sie bis an eine Melancholie heranführt. Keine Beichte und keine Sündenvergebung kommen dagegen an. Die Beichte kann geradezu wieder verheilte Wunden aufreißen und ein gefährliches Moment in der melancholischen Entwicklung bilden. »Mit dem bloßen, oft mehrmals wiederholten *Sagen* der Schuld war es indessen nicht getan. Das Geschuldete wurde so beherrschend, daß die Bewegung der Reue gar nicht einsetzen konnte.«[121] Gerade weil in der Melancholie das Gewissen »für sich allein erkranken kann«, kommt es nicht zur Aussöhnung. Daraus schloß Tellenbach, daß das Schuldthema sich die Melancholie selbst erarbeitet.

8. Das Bedrohliche des eigenen Krankseins[122]

Was sind nun die somatischen Faktoren, die »das Ordnungsgefüge des Melancholikers in Frage stellen«? Im unmittelbaren Vorfeld der Erkrankung befanden sich in auffallender Weise Krankheiten. Dadurch fühlte sich ja der Patient verhindert, seine alte Ordnung zu verwirklichen. In diesem Verständnis ist Krankheit das »Unordentliche, Ungefügte und Unfügbare, der ›Unfug‹ im Leben; Krankheit ist *Zufall*, der kommt wie der Dieb in der Nacht und lähmt wie der Biß der Natter. Krankheit reaktiviert vor allem auch den schweren Ambivalenzkonflikt in der Beziehung zur Mutter«[123], der sich in Haß und Liebe ausdrückt. Daraus resultiert eine Angst vor erneuter Erkrankung und schafft sich in einer hypochondrischen Vorsorge einen Schutzversuch. Die Hochdruckkranken stellen ein beachtliches Kontingent der Melancholiker dar, aber genauso auch Patienten, die an Grippe oder ganz banalen Infekten erkrankt waren. Das auf eine Melancholie Hinwirkende ist die Gefährdung der Ordnung, einer Ordnung, die in erster Linie dem anderen gegolten hat und daraus ihren Sinn schöpfte.

9. Die bedrohlichen Situationen bei Generationsvorgängen[124]

Das Generative ist genausowenig wie die Krankheit die Ursache für eine Melancholie. Deshalb kann nur gefragt werden, *was* der Generationsvorgang bewirkt.
Da ist besonders das zyklische Geschehen der Frau. Es ist gleichbedeutend mit einem Noch-nicht-in-Hoffnung-Sein. Häufiger aber verkehrt sich das In-Hoffnung-Kommen einer Schwangerschaft in ihr Gegenteil, weil »eine Ohnmacht der Selbstverwirklichung« erlebt wird. Was also mit »Wochenbettpsychose« beschrieben wird, enthält die Angst um ein gesundes Kind, um eine geordnete Besorgung und Versorgung des neuen Lebens. Ein »Intrarollenkonflikt« bzw. »Interrollenkonflikt« bahnt sich an.[125] Ebenso stellt die »klimakterische Melancholie« nicht eine pathologische Erkrankung oder Beeinträchtigung dar, sondern ist »von einer unelastischen Ordnungswelt« her zu verstehen, die sich nicht auf die neue Daseinsweise umstellen kann.

10. Die Verfassung der Ordnung des Typus melancholicus[126]

Tellenbach sieht in der Grundstruktur des Typus melancholicus das formale Prinzip seiner Ordnung. Als Ordnung hat sich eine »prononcierte Ordentlichkeit« feststellen lassen. Die »Melancholischen finden schon als Kind in die Ordentlichkeit hinein. Meistens wird das durch einen gleich veranlagten Elternteil begünstigt ... das Ordentliche wird vorgelegt, im Kinde begünstigt und gepflegt. Das kann schon früh dazu führen, daß das Kind an eine regelhafte Gebundenheit verwiesen wird, wo es eher angezeigt wäre, es auf eine weltweite Offenheit hin zu entwickeln«[127]. Es ist also ein In-die-Grenzen-der Ordnung Eingeschlossen-Sein. Jenseits dieses engen Raumes wirkt alles bedrohlich und grenzenlos. Der Melancholiker hat Angst vor dem Risiko. Das Kleine und Geringfügige bekommt eine viel zu große Wertigkeit. Daraus entsteht das Schwernehmen, das nicht einer gedrückten Stimmungslage entspricht, sondern ein »Genaunehmen« bedeutet, das ihm nicht zukommt. »Das Schwernehmen ist der Ausdruck einer besonderen *Sensibilität für die Last-Seite* an den Dingen.«[128] Jede Veränderung, sei es Krankheit oder Tod, kann deshalb bedrohlich werden. Der Melancholiker steht den Dingen viel zu nahe. Ihm fehlen der Weitblick und die Vogelperspektive. Ja, er benötigt geradezu die Nähe der Dinge, um von ihnen her sich seine Identität zu holen. Während es sonst dem Menschen möglich ist, Ordnung zu überschreiten und dies in seinem Gewissen zu begründen, gelingt gerade dies dem Melancholiker nicht. Er erfährt Ordnungen nicht als Anweisungen zum Leben, sondern als Zurechtweisungen. Allein schon, daß es möglich ist, hinter dem Sollensanspruch zurückzubleiben, ist für ihn Schuld. Weil das Gewissen hier so reduziert erscheint und auf eine Sollensfunktion festgelegt ist, spricht Tellenbach davon, daß »Schuld und Gewissen säkularisiert« werden.[129]

An dieser Stelle will er auch den Schuldwahn mit seiner daseinsimmanenten Thematik formal vom Versündigungswahn mit seiner ethischen Problematik abgrenzen. In der Mehrzahl der untersuchten Patienten war das Gewissen auf die daseinsimmanenten Themen gerichtet. Alle Grenzüberschreitungen oder Verschuldungen entziehen sich der Entschuldung und beharren auf dem Status quo ante. Der Melancholiker ist nicht fähig, in Reue und Vergebung eine neue Ordnung zu errichten. Weil die alte Ordnung bestehenbleibt, muß nach wie vor »viel, und das Viele konstant geleistet werden«[130].

Dazu braucht er ein festes Programm, das ihn wieder zu einer »systolischen Anpassung zwingt«. Es besteht aber nach Abklingen der melancholischen Phase die Möglichkeit, durch psychotherapeutische Erhellung »die Maßlosigkeiten seiner Ordnungswelt« zu korrigieren.

Tellenbach fragte also nicht nach den Ursachen einer Melancholie, sondern nach den Bedingungen, unter denen sich eine melancholische Situation ergab. Aus diesem Grund lehnte er den Begriff der »Situation«, wie ihn K. Jaspers vertreten hat, als ein Reiz–Reaktions-Schema ab, das von außen an den Menschen herangetragen wird und in dem es von ihm selbst abhängt, ob er sich von der Situation beherrschen läßt oder ob er sie beherrscht. Tellenbach verstand Situation »als durchgehende Bezogenheit des einzelnen auf seine Welt«[131]. Es ist »meine Situation«. Er definierte sie als »wechselnde Ausformung der ursprünglichen Bezogenheit von Person und Welt, in denen an der Person Begabungen, Qualitäten, Haltungen, Verfassungen sichtbar werden«[132].

b) Die prämelancholische Situation

Nun gibt es die Konstellation vieler Situationen, die übereinstimmende Wesensmomente erkennen lassen. Wird der melancholische Typus durch einen »bestimmten Modus des Ordnung-habens und In-Ordnung-seins« erkennbar bedroht, so geht seine Ordnung in den Zustand einer Unordnung, in die »prämelancholische Phase« über.[133]

Der Begriff der Ordnung wurde 1953 von J. Zutt in die Psychiatrie eingeführt,[134] und dann von Tellenbach übernommen als eine vom Subjekt zu erfahrende und zu gestaltende Seinsweise.

Als »Daseinsordnung« kommt der Wohnordnung besondere Bedeutung zu. An der Umzugsdepression veranschaulichte er, was solch eine Veränderung für den Melancholiker bedeutet. Daß er, obwohl mit Freude und bewußt, an den neuen Ort wechselte, sich dann aber nicht freut, das geht nicht »als Erlebtes aus dem Erlebten« hervor. Vielmehr ist es nur zu verstehen, wenn man bedenkt, daß er durch den Umzug aus seinen Ordnungen herausgerissen worden ist. Weil der Typus melancholicus nicht mit der »Elastizität der Freiheit« begabt ist, kann er keine neue Ordnung und keinen neuen Verweisungszusammenhang begründen.

Durch welche Konstellationen kommen nun »prämelancholische Situationen« zustande?

Zur Beantwortung dieser Fragen führte Tellenbach die beiden Begriffe der »Inkludenz« und der »Remanenz« ein.

1. Die Konstellation der »Inkludenz«

Die Inkludenz ist das »Eingeschlossensein und die Unfähigkeit, Grenzen zu überschreiten«[135]. Die melancholische Art ist auf Nähe hin angelegt. Doch die Grenzüberschreitung verursacht Angst, weil sie mit der Gefährdung und Preisgabe der Ordnung verbunden ist. »Hier hat Grenze im Sicheinschließen in Ordnungen einen konzentrisch-defensiven Sinn.«[136]

Nach innen aber herrschen streng gegenteilige Grenzverhältnisse. Auf der einen Seite ist alles auf Nähe abgestellt im Sinne einer sympathetisch-symbiotischen Kommunikation. Auf der anderen Seite aber ist sie auch das Unerwünschte und behindert den regelmäßigen Daseinsvollzug. Zum Inkludenzphänomen gehört die Programmsituation, wie sie häufig bei Frauen in der Vorweihnachtszeit anzutreffen ist. Aber es kann auch der Rahmen der Familie sein, die Ehe oder auch das Alleinsein, das es nicht erlaubt, das Für-andere-Sein zu ergreifen. Vor allem ist beim Umzug die Inkludenz herausgefordert. Ist sie so stark, daß die Bewältigung der Umzugssituation nicht mehr möglich ist, dann ist eine pathogene Situation entstanden. Oft ist es eine typisch frauliche Symptomatik, während sich der Mann in seinem Beruf ganz fest einläßt. Was dort beim Umzug geschehen konnte, geschieht beim Mann oftmals da, wo er aus einer abhängigen Berufsposition in einen unabhängigen freien Beruf überwechselt, oder auch, wenn er vom Berufsleben Abschied zu nehmen hatte und im »Pensionierungsbankrott sich nicht mehr selbst verwirklichen kann«[137]. Das Tätigsein und Tüchtigsein des melancholischen Typus ist eine entscheidende Seite seiner Selbstverwirklichung. Es kommt nicht von ungefähr, wenn Krankheiten wie Bluthochdruck und Cerebralsklerose im Vorfeld von Melancholien auftreten, weil gerade sie die weitere Leistungsfähigkeit verhindern und den »ungebrochenen Tätigkeitsdrang immer mehr umgrenzen, ja geradezu ummauern«[138]. Wie das Dementwerden, so kann auch das Blindwerden eine prämelancholische Situation auslösen. Tellenbach zeichnete die Situation der Inkludenz modellartig nach: »Ein typologisch Melancholischer bewältigt eine große Leistung. Was geschieht, wenn die Anforderungen ungebührlich wachsen oder seine Kräfte abnehmen? Er will das Anstehende unter allen Umständen bewältigen, denn seine Ordnung des Pflichtens will, daß er nichts schuldig bleibe; aber gleichzeitig wird er von seiner Akkuratesse angehalten, denn auf diese ist er durch seine Ordentlichkeit festgelegt. Nun müßte ihm ein ökonomischer Perspektivismus einen Wandel seiner Ordnung ermöglichen. Aber dazu fehlt die Elastizität der Freizeit. Daß der Anspruch bleibt, seine Observanz aber die Erfüllung verunmöglicht – diese Situation ist Inkludenz. Inkludenz ist Eingeschlossensein in Selbstwidersprochenheit.«[139]

2. Die Konstellation »Remanenz«

Binswanger hat in einer Übersicht das Übereinstimmende der Ansätze in der Erforschung des Melancholie- und Manieproblems nachgewiesen, daß »in der endogenen Gehemmtheit wie auch im melancholischen Schuldwahn die *Zukunftsbezogenheit* entscheidend verändert ist«[140]. Das melancholische Syndrom kann als eine Veränderung »im Grundgeschehen der sich zeitigenden Persönlichkeit« (v. Gebsattel) in einer Hemmung der »basalen Lebensbewegung« bestehen. Tellenbach erinnerte an S. Kierkegaard, der die Schwermut auf eine schuldhaft versäumte Entscheidung zur Eigentlichkeit des Selbstseins zurückgeführt hat. Diese »Stockung im Geistesleben« nannte Tellenbach Remanenz. Hier handelt es sich um ein Schulden in dreifacher Hinsicht:

1. Ein Schulden gegenüber der Forderung an das eigene Leisten,
2. ein Schulden im Sein für andere,
3. ein Schulden gegenüber ethischer bzw. religiöser Ordnung.

Die Erscheinungsformen dieses Schuldens zeigen sich im Beruf in gesunden Zeiten als »die eigenartige Form von Kontinuität des Tätigseins, die nicht selten den Charakter der Rastlosigkeit trägt. Dieses Ständig-beschäftigt-Sein, nie Schluß-machen-Können, vor allem bei den Frauen«[141]. Wenn das quantitativ wie qualitativ hoch angesetzte Leistungssoll nicht erreicht werden kann, nimmt der Melancholiker alles gegenwärtige Mißlingen als seine Strafe entgegen. Das Schulden wird oft mit Geld abgetragen und entwickelt sich deshalb leicht zum verzerrten Schuldwahn. Der Melancholiker will es nicht so weit kommen lassen, deshalb muß er sein Gewissen entlasten, vorwegleisten und abzahlen. Wenn in solch einer Anspannung eine Krankheit erfolgt, so ist der Patient im äußersten Grad in der Psychose durch ein Schulddelir belastet, das seine Identität fast aufhebt. Doch der Anstoß kann auch von besonderen Lebensumständen und Konstellatio-

nen her erfolgen. Etwa dort, wo bei kinderlosen Frauen keine Möglichkeit mehr wahrgenommen wird, sich anderen Aufgaben zu stellen. Da entsteht dann oft der hypochondrische Rückzug in den eigenen Leib.
Geschieht nun auf diesem kleinen Gebiet der eigenen Leiblichkeit eine Störung oder Enttäuschung, so kann es zur Erkrankung kommen. Tellenbach wies auch auf die besondere Sensibilität für ethische Schuld im Sinn einer Schuldverstrickung hin. Ebenso kann sich schuldhaftes Erleben dann plötzlich zu einer langen Kette aneinanderreihen und sie gleichzeitig machen. »Es ist das Entscheidende, die Remanenz geradezu Erzwingende, daß die Selbstverwirklichung unmöglich wird, weil ein bestimmt strukturiertes Wesen eine Situation existieren *soll*, die es nicht existieren *kann.*«[142]
Als letzte Station vor der melancholischen Abwandlung beschrieb Tellenbach die Verzweiflung als das Befangen-*bleiben* im Zweifel.[143] Der Verzweifelnde quält sich damit, daß er nicht recht leben, aber auch nicht recht sterben kann. Dieses Zweifache im Zweifel kann aber nur durch einen Entschluß aufgehoben werden. Er aber kann sich nicht entscheiden. Was seither in einem Nebeneinander der Handlungen seine Ordnung hatte, geschieht jetzt in einem Zugleich. Das macht die untätige Zerrissenheit des Patienten aus.
»Es liegt eine furchtbare innere Inkonsequenz darin, daß der melancholische Typus in seiner Psychose gerade die Verkehrung dessen sein muß, worin vor allem sich in gesunder Zeit sein Dasein verstand.«[144]

3. Die endogene Abwandlung

Der Augenblick der Abwandlung ist gleichzeitig der Höhepunkt der Selbstwidersprochenheit. Es geschieht durch die »Endokinese«, daß der Melancholiker nicht mehr mit seinem Thema umgeht, sondern dieses ihn besitzt und beherrscht. Sein Selbstgefühl ist so gestört, daß es sich vor allem im Suizid, d.h. im Widerspruch äußern will. Die Abwendung vollzieht sich im Medium des Leiblichen. Es geschieht ein Welkwerden des Leibes, eine Veränderung der Stoffwechselvorgänge. Vor allem aber geschieht ein letztes Ausgeliefertsein an die »Kreatürlichkeit, Unerlöstheit, Unfreiheit, Geworfenheit« des menschlichen Lebens.

4. »Das intrapsychotische Nichtkönnen«

In den klinischen Erörterungen beschrieb Tellenbach das endogen deformierte Schulderleben als ein »intrapsychotisches Nichtkönnen«. Was der Patient früher einmal geleistet hat, erschien alles verkleinert und in den Schatten der Schuld gezerrt. Es ist ein primäres Schuldgefühl in jeder Hinsicht. Es gibt keine Schuld ohne Schuldgefühle. Die Schuldgefühle enthalten ableitbare Schuld. Sie ist ein »Frontalaspekt der Remanenz«.

Die Themen dieser Schuld wiederholen sich hartnäckig und sind vom individuellen Wertgefüge vorgezeichnet. Auffällig ist, daß die Melancholie um so tiefer ist, je entfernter die Schuldinhalte von der Gegenwart liegen. Schuldgefühle treten da auf, »wo der Melancholische die *Sinnfrage* stellt«[145]. Dabei sind »Tatschuld und Seinsschuld, Tatreue und Seinsreue« untrennbar miteinander verbunden. Aus diesem Grund schon ist der Anlaß dazu jeweils geringer als der Selbstvorwurf. Dabei geschieht eine regressive Bewegung in die Vergangenheit.

Was als gegenwärtige Schuld hervortrat, verlagert sich immer weiter zurück.

5. Die »petites fautes«

Die petites fautes als die kleinen Anlässe, die das Schulderleben auslösen, sind die kleinen Nichtigkeiten, die aber maßlos überbewertet werden. Doch sie sind ernst zu nehmen, denn gerade die typische Genauigkeit der Melancholischen verleiht den kleinen Dingen ein großes Gewicht. Dieses Kleine und Geringe ist es, was erledigt und wiedergutgemacht werden sollte und sich deshalb der Entschuldigung oder Vergebung entzieht. Doch jetzt tragen diese kleinen Nichtigkeiten, die normalerweise in der Erziehung bestraft und geahndet werden, zur Auslösung einer endogenen Deformation bei.

6. Das Ergebnis

In einem abschließenden Kapitel zur Nosologie und Systematik der Melancholien,[146] faßte Tellenbach das Ergebnis seiner Arbeit zusammen. Er hielt eindeutig und ausschließlich an dem Endogenitätsbegriff fest. »Es zählt zu den entschiedensten Konsequenzen unserer

Untersuchungen, daß es eine ›reaktiv‹ entstandene Melancholie *nicht* gibt.«[147]

Zwar gibt es ein »reaktives Vorstadium, doch die Melancholie ist nicht daraus entstanden«. Vielmehr hat der Typus selbst das Zustandekommen der Melancholie bedingt. Die Wesensausformungen führten dann zu bedrohlichen Situationen, »aus denen sich ein Gefälle auf Melancholie hin entwickeln konnte«[148]. Die pathogenen Stellen wurden in der prämelancholischen Konstellation als Inkludenz und Remanenz charakterisiert, bevor dann die Endokinese – die Abwandlung des Endon – eintrat, aus der die Melancholie dann hervorging.

»Die entscheidende Abänderung liegt darin, daß die typischen Wesenszüge sich in der Melancholie so verselbständigen, daß sie der Verfügung des Selbst in jeder Weise entzogen sind.«[149]

Die Spätdepressionen (Involutionsdepressionen)

a) Die depressive Rückbildungspsychose

Man hat die periodischen Depressionen und die Involutionsdepressionen miteinander in Zusammenhang gebracht und den Unterschied nur im Ersterkrankungsalter gesehen. Sie treten also erst im Rückbildungsalter auf (zwischen dem 45. und 70. Lebensjahr), ohne daß eine frühere Erkrankung schon einmal vorausgegangen war. Diese Depressionen weisen keine depressiven und manischen Phasen auf. Bei Frauen ist durch die Menopause und die ovariellen Rückbildungsvorgänge, durch den vermeintlichen Verlust der Sexualität und durch die hormonale Krise eine besondere Disposition zu depressiven Erkrankungen gegeben.

Während bei zyklothymen Psychosen die Häufigkeit depressiver Erkrankungen in der Heredität auffallend ist, treten hier schizophrene und schizoide Erkrankungen hervor.

»Bei 40% der Kranken unseres Untersuchungsgutes ließ sich keine hereditäre Belastung nachweisen«, stellte Kielholz fest.[150]

1. Als auffallend prämorbide Charakterzüge traten auf:

»Übergewissenhaftigkeit, Ordnungsliebe, Perfektionismus, skrupu-

löse ethische Auffassungen, mangelnde affektive Entladungsfähigkeit, starres Verhalten und entsprechendes mangelndes Anpassungsvermögen.«[151]
Da diese Menschen nur in wenigen, aber intensiven menschlichen Beziehungen leben, sind sie durch deren Verlust um so bedrohter und der Einsamkeit und Resignation viel eher ausgeliefert als andere. »Diese Entwicklung hat so große Ähnlichkeit mit derjenigen eines Großteils der alten Menschen, daß man überspitzt sagen könnte, daß *vorzeitig gealterte Menschen besonders zu Involutionsdepressionen neigen*« (Erstarrung, Karikierung im Sinne der gesteigerten Ichbezogenheit und Verschlossenheit, Neigung zur Resignation und Mißtrauen als typische Altersentwicklung).[152]

2. Die Symptome

In den Untersuchungen, die Kielholz angestellt hat, überwiegen die Frauen gegenüber den Männern. Bei ihnen liegt der stärkste Krankheitsbefall zwischen dem 51. und 60. Lebensjahr (also 3–7 Jahre nach der Menopause), bei den Männern zwischen dem 61. und 65. Lebensjahr. Die Involutionsdepressionen sind in erster Linie durch psychogene Momente, zum Teil auch durch zentralnervöse, diencephale Vorgänge verursacht. Oft werden sie durch psychische oder körperliche Traumata ausgelöst. Dazu kommen Verluste vertrauter Menschen, Gewissenskonflikte, Unterlassungen und Versäumnisse. Vor allem aber ist es der Verlust an Geltung und Wertschätzung, der mit dem Eintritt in den Ruhestand den älteren Menschen vielfach bedroht und ihn dem Gefühl des Überzähligseins überläßt. So entsteht der Zukunft gegenüber ein ängstliches Verhältnis, das mit Verarmungsideen einhergeht.

3. Die Tendenz zur »Vitalisierung«

Bei 91% der Kranken zeigte sich ein ängstlich-agitiertes Gepräge. Die Wahninhalte und die Unruhe sind wohl auf die Angst um Seele, Leben und Besitz zurückzuführen. »Das depressive Zustandsbild zeigt eine deutliche Tendenz zur sogenannten ›Vitalisierung‹, d.h. Angst, Unruhe und affektive Spannung gewinnen oft eine Tiefenwirkung bis in die Welt der körperlichen Gefühle, der Triebe und Antriebe, die immer mehr darniederliegen, was zu einer monotonen und sinnlosen

Agitiertheit führen kann.«[153] Bei den Involutionsdepressionen ist mit einem lange sich hinziehenden, schleppenden Verlauf zu rechnen.

b) Die psychotherapeutischen Möglichkeiten bei endogenen Depressionen

Schulte hielt das Nicht-traurig-sein-Können für den Kern melancholischen Erlebens. »Wer noch traurig sein kann, ist nicht echt melancholisch; das Abklingen oder der schwächere Ausprägungsgrad einer Phase kann daran abgelesen werden.«[154] Auch wenn der Patient das Wort »traurig« verwendet, so drückt er das dem Zugrundeliegende überhaupt nicht adäquat aus. Denn an der Wurzel dieses Nicht-traurig-sein-Könnens befindet sich die »erlebte Leblosigkeit«. Sie wird »elementar« als Ausdruck des eigenen Versagens und der eigenen Wertlosigkeit ausgelegt. Schulte hob das Nicht-traurig-sein-Können deshalb besonders hervor, um »vor allem ... den Kranken vor der voreiligen Beteuerung zu bewahren, auch der Gesunde könne diese Zustände nach der ihm vertrauten Gefühlsskala zwischen traurig und heiter ›verstehen‹. Es gibt melancholisch Kranke, die eine solche Behauptung als unangenehm und lästig ablehnen. Sie fühlen sich in der stillschweigenden Anerkennung der Unverstehbarkeit ihres Zustandes unter Umständen besser ›verstanden‹ und angenommen als unter der etwas aufdringlichen Beteuerung der Einfühlbarkeit«[155]. Das vom Psychotherapeuten geforderte Verhalten gilt gewiß auch dem Seelsorger und macht ihn an dieser Stelle besonders auf das Problem seiner eigenen Echtheit aufmerksam.
Vor allem in der Phase des Wiedergesundens verteidigt der Patient »den Ernst und die Unbegreiflichkeit seines Zustandes, den er selbst als Wiedergenesender später kaum noch nachfühlen kann«[156]. Je mehr depressive Phasen und vor allem manische Phasen ein Patient durchgestanden hat, um so mehr zeichnen sich doch gewisse Persönlichkeitsveränderungen ab, die seine Bereitschaft, sich therapeutisch helfen zu lassen, noch herabsetzen. Oft erscheinen diese Kranken »äußerlich wenig gealtert und von den Vorgängen auffallend wenig belastet«. Sie erscheinen, als ob sie auf einer jugendlicheren Stufe stehengeblieben wären. Sie sind nicht mehr so diszipliniert und gepflegt wie zuvor und fallen durch die Nachlässigkeit in ihrer Kleidung

auf. Takt und persönlicher Charme erscheinen wie abgeschliffen, so daß »im Unterschied zur Ausgangspersönlichkeit von relativer Retardierung und Einengung, Nivellierung und Entdifferenzierung gesprochen werden muß«[157]. Für den Arzt bestehen »keine besonders guten Voraussetzungen für eine psychotherapeutische Einflußnahme«. Aufgrund seiner Hemmung findet der Patient nur schwer den Weg zum Arzt. Er hält sich nicht für behandlungswürdig, da er sich weithin als verloren und verworfen vorkommt. Dennoch gibt Schulte zu bedenken, daß eine eigentümliche Zwielichtigkeit zu sehen ist: Während die Person so ganz von einer absoluten oder auch fremdartigen Hoffnungslosigkeit durchsetzt ist, bleibt noch immer Raum für einen kleinen Schimmer uneingestandener menschlicher Hoffnung, die gestützt werden möchte, obwohl sie in aller pathologischen Hoffnungslosigkeit immer neu zunichte gemacht wird. Schulte hält die therapeutischen Ansätze von Freud und H. Schultz-Henke nicht für anwendbar. Viel »schlichter und anspruchsloser« sieht er die Aufgabe des Therapeuten darin, sich durch nichts vom Patienten abbringen zu lassen, sondern »immer da zu sein, zu ihm zu stehen und bei ihm zu bleiben«[158]. Das gilt vor allem für die suizidale Gefährdung des Patienten.

In der ernsthaften Gefährdung aber kann ein noch so freundliches Milieu, das dem Patienten Freiheit und Freizügigkeit einräumen will, den Patienten erst recht in seiner suizidalen Absicht bestärken. Deshalb ist die Einweisung in die Klinik unumgänglich.

Die Bedeutung des Konfliktmaterials darf nicht überschätzt werden. Zwar kann es im Sinne einer palliativen Psychotherapie als hilfreich angesehen werden, doch das eigentliche Bemühen sollte sich den Kräften zuwenden, die dazu angetan waren, das Auftreten einer depressiven Phase früher zu verhindern. Schulte sah unter diesen eine Depression hinhaltenden Kräften eine zielgerichtete Anspannung. Wenn diese Anspannung entfällt oder in Frage gestellt wird, kann ein »Wetterwinkel entstehen, der für die Entstehung melancholischer Zustände ereignisreicher ist als die Zeit seelischer Belastung... Offensichtlich ist mindestens der Disponierte nicht nur auf einen Ort der Geborgenheit und der Ordnung, sondern auch auf einen belastenden Gegendruck ins Ziel gerichteter Anspannung angewiesen, um von depressiven Verstimmungen verschont zu bleiben«[159].

Die Motivlosigkeit der Melancholie empfindet der Kranke bei Ausbruch der melancholischen Phasen als Bedrohung. Die Patienten versuchen, sich einen Entstehungsgrund klarzumachen und denken dabei in erster Linie an Überforderungen, Verärgerungen und Überarbeitungen. Doch differenziertere und gereiftere Patienten können sich damit nicht zufriedengeben. Gerade sie wären in einer personalen Psychotherapie dazu anzuregen, jetzt gegenwärtig auf dem dunklen und begrenzten Hintergrund zu leben und diese befristete Krankheit anzunehmen. Man sollte zu dem Bewußtsein verhelfen, daß sie gerade jetzt darauf angewiesen sind, das zu erleben, was das menschliche Leben überhaupt kennzeichnet, nämlich das Angewiesensein auf das, was mit und in ihm geschieht. »In einer vertieften Behandlung kann in manchen Fällen in aller Behutsamkeit zu einer Bejahung der nun einmal gegebenen Daseinsstruktur angeregt werden.«[160] Gerade der Zyklothyme ist mit einem besonderen Reichtum an Gefühlsqualität, an innerer Lebendigkeit, an Aufgeschlossenheit und Ausstrahlungskraft ausgestattet. Er kann vielleicht als eine »Art Tribut«, daß sein Leben in den manischen Phasen durchglühter und lebendiger verlaufen ist, die melancholischen Phasen besser hinnehmen und annehmen. H. Bürger-Prinz hat darauf hingewiesen, daß in depressiven Phasen auch innere Konflikte erledigt werden können. Falsch wäre es, dem Depressiven zu raten, sich zusammenzunehmen; ihm ist dazu zu helfen, die Depression über sich ergehen zu lassen. Der Melancholiker im Intervall dagegen will oft nicht mehr an die zurückliegende Zeit erinnert sein. Einen letzten Grund für die Erschwerung der Rückfindung, aber auch für die Häufung mancher Depressionen der zyklothymen Kerngruppe sah Schulte in dem allgemeinen Zustand der Umwelt. Sie ist oft viel resignierter, leerer, mürber und hoffnungsloser und kann deshalb auf den Depressiven keinen belebenden Einfluß ausüben. Der Melancholiker, der durch seine Krankheit hindurchgegangen ist, wird als »besonders sachlich, klar, lauter, trocken, wahr und kompromißlos« geschildert.[161] Mögen die Ausdrucksformen noch so spärlich und unbeholfen sein, so haben sie doch ihre besonderen Sprachmöglichkeiten, die, wenn sie Beachtung finden, von doppeltem Wert sein können.

Die psychogenen Depressionen

Die neurotische Depression

»Die Prognose ist bei neurotischen Depressionen besser als bei den meisten anderen Neuroseformen.«[162] Sie werden im Gegensatz zu den reaktiven Depressionen durch die inneren Fixierungen an unbewußte Konfliktsituationen der Kindheit ausgelöst. Um diese Erforschung frühkindlicher Störungen ging es vor allem in der psychoanalytischen Arbeit von Abraham und Freud, die bis 1933 weithin im deutschen, von da an im angelsächsischen Sprachraum eine bedeutende Intensivierung erfahren hat. Sie soll jetzt zur Darstellung kommen. Nach analytischer Auffassung ist die Unterscheidung von endogener und reaktiver Depression hinfällig. Die Depression hat jeweils die gleiche Ursache.

a) Die Entstehungsbedingungen depressiven Verhaltens

1. Die psychoanalytische Sichtweise

Im frühen Säuglingsalter erfährt das Kind durch die Dualunion mit der Mutter ein Allmachtsgefühl, das eine Antwort darstellt auf seine Ohnmacht, in der es sich an die Umwelt ausgeliefert fühlt. Mit zunehmendem Alter löst sich dieses Allmachtsgefühl auf, weil die Wirklichkeit das Selbst des Kindes in Schranken weist, es kritisiert und relativiert. Durch den Verlust des Allmachtsgefühls entsteht eine Sehnsucht nach seiner Wiederherstellung. T. Brocher nannte diese Sehnsucht »narzißtische Bedürftigkeit«. Wird sie befriedigt, ist sie am geringsten; wird sie aber nicht befriedigt, so ist sie am größten. »Das Selbstgefühl des kleinen Kindes ist deutlich herabgesetzt, wenn ein Liebesverlust von seiten der Umgebung eintritt, und wird umgekehrt gesteigert, wenn das Kind an den von der Umgebung her erfolgenden Zeichen erkennen kann, daß es geliebt und bestätigt wird.«[163] In diesem Stadium bilden die narzißtische und die erotische Bedürftigkeit noch eine Einheit, die durch die Dualunion mit dem Objekt gewährleistet ist.[164]

Die zuverlässige Objektbeziehung

Nach den ersten vier Lebenswochen reagiert das Kind auf das menschliche Gesicht. Bis zum 3. Monat besteht kein Unterschied in der Lächelreaktion auf eine unbelebte Nachbildung oder auf das wirkliche Gesicht. Etwa vom sechsten Monat an verwechselt das Kind »die unbelebte Maske nicht mehr mit dem lebendigen Partner«. R.A. Spitz beobachtete danach eine kritische Phase, die in der »Achtmonatsangst« die Unterscheidung zwischen Fremdem und Vertrautem bildet. Das Kind »bevorzugt das Gesicht der Mutter und lehnt alle anderen Gesichter ab, die sich davon unterscheiden«[165]. In dieser Phase fand er das Kriterium für die »Konstitution eines ›Objekts‹ im eigentlichen Sinn«[166]. Die Bedürftigkeit des Kindes geht auf seinen körperlichen und *affektiven* Hunger zurück. Dieser Vorgang kommt auch im Wort »stillen« in seiner doppelten Bedeutung zum Ausdruck. Das Gestilltsein, die »glücklich gestillte Sattheit des Säuglings ist das Zusammenfallen von narzißtischer und erotischer Befriedigung,... die Vorform eines alimentären Orgasmus«, wie Brocher es nannte.[167] Erst später treten die beiden Anteile auseinander. Die libidinöse oder erotische Bedürftigkeit nimmt die Objektwelt in Anspruch. Das ist in erster Linie die Mutter. Das können aber auch »transitionale Objekte« wie Spielzeuge und andere Gegenstände sein. Die gegenständlichen Objekte geben etwas von der Liebe zurück, die die Eltern immer wieder entziehen. Spitz hat den »Objekt«-Begriff abgelöst und ihn durch den Begriff des Dialoges ersetzt. Mit »Dialog« hat er einen Vorläufer des menschlichen Gesprächs gemeint. »Es ist ein Austausch von Handlung und Reaktion, der innerhalb der Dyade als Kreisprozeß vor sich geht, als kontinuierlicher, sich wechselseitig stimulierender Rückkoppelungsstromkreis.«[168] Diesen Kreisprozeß nannte Spitz von der Mutter her diatrophisch (= aufrechterhaltend, unterstützend) und vom Kind her nach einem Ausdruck Freuds anaklitisch (= anlehnend, anklammernd). Der Kreisprozeß darf aber nicht nur in dieser wechselseitig personalen Beziehung gedacht werden, sondern muß auch das Zeitkontinuum mit einschließen.

Die Introjektion

Es hat sich als praktisch erwiesen, sich vorzustellen, daß für das Kind die Trennung von der Mutter dadurch möglich wird, daß es ein Bild der Mutter verinnerlicht – introjiziert –, so daß es gleichsam die Mutter in sich und damit bei sich hat und sie in zunehmendem Maß »objektiv« entbehren kann. Dieser Vorgang erstreckt sich über längere Zeit und läßt sich daran beobachten, wie ein Kind es lernt, immer mehr allein zu sein und allein oder mit anderen Kindern zu spielen.[169] E.H. Erikson benannte diesen Zustand mit trust = Vertrauen, Th. Benedek mit confidence = Zuversicht. Die Abstände, in denen das Kind zur Mutter zurückkommt, können dann immer weiter ausgedehnt werden. Doch neben dieser Entwicklung einer Objektliebe, die sich auch die Mutter erhalten möchte, gibt es im Kind eine Regung, »die darauf abzielt, die Brust zu fressen«[170]. Diese Tendenz verstärkt sich in dem Maße, wie sich die Versagung erhöht. Wenn die Versagung der Mutter ein »erträgliches Maß überschreitet, kann es zu frühen Depressionen oder Verfolgungsängsten kommen«[171]. Hier gründet also die Ambivalenz, die sowohl in der libidinösen Objektliebe als auch in der destruktiven, objektfeindlichen Tendenz besteht. Nach einem Vorschlag von Abraham hat Freud dieses Stadium der oralen Phase »das kannibalistische Stadium« genannt. Auch die Sprache der Erwachsenen deutet darauf hin, wenn sie von sich oder ihren Kindern sagen, daß sie sie »vor Liebe auffressen« könnten oder auch, im Fall der Enttäuschung, daß sie »sie satt haben«.[172]

An dieser Stelle soll Freuds Libidotheorie noch deutlicher gemacht werden. Es herrscht also ein antagonistisches Verhältnis zwischen Objektlibido und Narzißmus, zwischen Libido und Destruktionstrieb. Hier zeichnen sich bereits die ersten Konflikte ab, »die sich als Vorläufer späterer Schuldgefühle betrachten lassen«[173].

Freud nannte die orale Einverleibung (Introjektion) die primäre Identifikation.[174] Die sekundäre Identifizierung ist dann geschehen, wenn die psychische Repräsentanz im Ich des Kindes aufgenommen – aufgezehrt – worden ist.

Darin findet der Wunsch, das Objekt zu besitzen, seine Befriedigung. Sie »wird umgewandelt in narzißtische Libido, in den Wunsch, das Objekt bzw. wie das Objekt zu sein«[175]. Das Ich übernimmt also das Objekt und setzt sich an seine Stelle. Es sieht sich damit dem Über-Ich, dem Ich-Ideal gegenüber. Bleibt es hinter dessen Forderungen und Ansprüchen zurück, so entstehen Schuld- und Minderwertigkeitsgefühle.

Immer abhängig von einem als Ideal-Ich fungierenden Objekt sind solche Menschen dann jeweils aus auf Bestätigung und Geliebtwerden. Verlieren sie aber dieses Objekt (durch Tod, Enttäuschung, Krankheit usw.), so erleben sie eine außerordentliche Herabsetzung ihres Ich-Gefühls und eine »großartige Ich-Verarmung«[175a].

Frühe Versagungen und Verletzungen

Nun ist es aber offensichtlich, daß es Menschen gibt, die stärkerer narzißtischer Zufuhr bedürfen als andere. Das kann nicht nur konstitutionell bedingt sein, sondern geht auf sehr frühe narzißtische Kränkungen zurück. Sie sind gekennzeichnet:

- Durch erhöhte Angst vor Liebesverlust.
- Durch überwiegend narzißtische Objektwahlen (narzißtische Partnerbeziehungen: Geliebtwerden bedeutet hier mehr als das Lieben).
- Durch eine sichtbare und erkennbar erhöhte narzißtische Bedürftigkeit.
- Durch die spätere Relativierung und Verharmlosung schwerer Schuldgefühle oder auch sozialer Ängste angesichts leicht zu erlangender Verzeihung und Anpassung.
- Durch die orale Fixierung mit der Forderung, von außen versorgt zu werden. Brocher benutzte hier den englischen Begriff »Ego feeding« = Ich-Fütterung. Solch eine Forderung will ständig mit Beweisen und Bestätigungen versorgt sein, andernfalls wird das Ausbleiben bereits als Verlust empfunden. Haut und Mund als empfängliche, erogene Zonen spielen dabei ebenso eine Rolle wie Wärme und Sicherheit zur Befriedigung oraler Bedürfnisse.

Auf dieser letztgenannten Stufe findet sich auch die gemeinsame Ausgangslage von Süchtigkeit und Depression, »die vor allem den Alkoholismus, gelegentlichen Medikamentenabusus und die mitunter auch deutlich sichtbare anfallsweise Promiskuität Depressiver verständlich macht«[176].

Die Regression zu dieser oralen Fixierung geschieht unbewußt. »Wenn man also fragt, welches Geschehen die Grundlage für Depressionen und Suchten bildet, dann wäre zu antworten: Regression auf das orale Stadium.«[177]

Ist also diese Ausgangslage gestört, so hat das eine Störung in allen späteren Entwicklungsstufen zur Folge. Damit ist nicht nur eine

Verhinderung der Entwicklung im Sinne eines Wachsens und Reifens gemeint, sondern auch die von jetzt ausgehende Zurück-Haltung, die sich in den einzelnen Stufen erkennen läßt.

Regression auf die orale Stufe

Erikson hat in seinem »epigenetischen Diagramm« übersichtlich dargestellt, welche Entwicklungsphasen zu durchlaufen sind oder versäumt werden. Eine Phase baut auf der anderen auf.[178] Ihre Inhalte gewinnen im Überschreiten der kritischen Grenze zur nächsten Stufe hin eine neue Qualität, »ein neues Kriterium wachsender menschlicher Stärke«[179].

Er ging davon aus, daß

- »sich die menschliche Persönlichkeit im Prinzip gemäß bestimmter Schritte entwickelt, die in der Bereitschaft der wachsenden Person gegeben sind, auf einen sich erweiternden sozialen Radius hin angetrieben zu sein, seiner gewahr zu werden und mit ihm in Wechselbeziehung zu treten; und daß
- die Gesellschaft im Prinzip darauf eingerichtet ist, dieser Aufeinanderfolge von Möglichkeiten zur Wechselwirkung gerecht zu werden und ihnen entgegenzukommen, und daß sie versucht, das richtige Maß und die richtige Reihenfolge ihrer Entfaltung zu sichern und zu ermutigen. Das ist ›die Aufrechterhaltung der menschlichen Welt‹«[180].

Erfolgt nun anstelle des Schrittes zur nächsten Stufe eine Verweigerung, so geschieht der Rückschritt als Regression. Regression bedeutet, daß das Ich bei »geringem Druck aus der Umwelt« regrediert, oder »durch einen Triebkonflikt sekundär in die Regression gedrängt« wird.[181] Hier weicht das Ich jeweils der Lösung ödipaler Konflikte aus (Kastrationsangst, Schuldgefühl). Insofern befindet sich der Kern der Neurose, wie Freud betont hat, im Ödipuskomplex. Im Fall der Regression auf die orale Stufe sucht der Mensch wieder die Symbiose mit der Mutter. Denn »ohne Mutter fühlt er sich frustriert und ohnmächtig, kurz gesagt, libidinöse und narzißtische Gratifikationen fallen zusammen«[182].

Brocher stellte für die Depression eine »außerordentliche tiefe Regression fest«[183], die nur noch durch die Regression der Schizophrenie übertroffen wird, »jedoch tiefer als bei der Zwangsneurose, der Hypochondrie oder der Platzangst«[184]. Je tiefer die Regression, um so schwerer die Möglichkeit einer Heilung.

Die Ambivalenz

Auf der oralen Stufe sind Haß und Liebe noch ungeschieden. Die narzißtische Objektliebe nimmt den anderen ganz in sich auf. »So, wie wir in unserem Körper Stoffe aufnehmen können, die uns von innen her zerstören, so können wir auch psychisch das inkorporieren, was schädlich für uns ist. Dabei dürfen wir nicht vergessen, daß Körper und Seele keine zwei Dinge sind, sondern eine Einheit bilden.«[185]

P.C. Kuiper wies auf die sprachlichen, psychophysisch bedeutsamen Ausdrücke hin wie: »Das liegt mir schwer im Magen« oder »Das ist ein unverdaubarer Brocken«.

Wenn nun aber das aufgenommen wird, was negativ, schädlich und zerstörend ist und dann bekämpft werden muß, so kann dies nur so geschehen, daß es im Menschen selbst bekämpft wird, und »alle dem Objekt geltenden, zerstörerischen aggressiven Haß- und Racheimpulse werden gleichsam in der Vergeltung gegen das eigene Ich gerichtet, da das Objekt in das Ich introjiziert ist«[186]. Alle Aggression, die sich gegen den anderen richten müßte, wird nun gegen sich selbst, d.h. gegen den einverleibten Vater und die internalisierte Mutter gerichtet. »Das In-sich-Aufnehmen einer gehaßten Person ist das Wesentliche bei der malignen Regression in der Depression ... Das Stark-gebunden-Sein und den anderen doch auch nicht entbehren können, dabei jedoch voller Haß und Vorwürfe sein, weil er uns so enttäuscht hat, das ist eine der quälendsten Formen von Ambivalenz.«[187]

Schwindet die Depression, so daß sich der Kranke in das freie Intervall bewegt, findet er meist sein altes Ordnungsgefüge wieder. Die Menschen erleben diese Zeit voller Befriedigung, wenn es wieder zur Ordnung und Regelmäßigkeit kommt. Die Krankheit hat damit nicht aufgehört. Allein »die Flexibilität der Struktur ist vorübergehend größer geworden«[188]. Wenigstens teilweise können jetzt Objekte außerhalb wieder besetzt werden. Doch auch diese Stufe ist noch sehr ambivalent und weist auf das hypochondrische Wesensmerkmal hin. Denn wenn die Auseinandersetzung nur innen geführt wird, muß die Befürchtung bestehen, daß sie dann aufgezehrt und vernichtet wird, wenn die primäre Problematik wiederbelebt wird.

»Diese innere Dynamik erklärt vielleicht die Krebsangst mancher depressiv-zwangsneurotischer Hypochonder, die sich dann eigentlich auf die Auseinandersetzung mit dem introjizierten Objekt bezieht, das durch ein bestimmtes Organ repräsentiert werden kann.«[189] Das Organ ist dann bald Objekt der Rache durch das Ich des Kindes, bald aber auch Objekt der Vergeltung am Ich selbst.

Die Klagen als Anklagen

Brocher schloß aus dem Zusammenhang der Introjektion die Klagen und Anklagen, die Freud beim depressiv Erkrankten so charakterisiert hat: »Ihre Klagen sind Anklagen gemäß dem alten Sinne des Wortes; sie schämen und verbergen sich nicht, weil alles Herabsetzende, was sie von sich aussagen, im Grunde von einem anderen gesagt wird; und sie sind weit davon entfernt, gegen ihre Umgebung die Demut und Unterwürfigkeit zu bezeugen, die allein so unwürdigen Personen geziemen würde, sie sind vielmehr im höchsten Grade quälerisch, immer wie gekränkt, als ob ihnen ein großes Unrecht widerfahren wäre.«[190]

Weithin haben die Klagen auch die Bedeutung von Selbstvorwürfen und versuchen damit gegen das introjizierte Objekt zweierlei: das Objekt zu beschwichtigen, indem man selbst die Strafe auf sich nimmt (vgl. der typische Unfäller), denn eine andere, reifere Form einer liebenden Beziehung vermag der Depressive auf dieser Stufe nicht aufzunehmen. Das ist der eigentliche Kern des Verarmungswahnes. Er ist arm an eigenen Möglichkeiten der Liebesfähigkeit. Dagegen wirbt er um eine neue Beziehung zu seinem Über-Ich, so als wollte er zu seinem Vater oder zu seiner Mutter sagen: »Schau her, ich bin brav. Du kannst mich wieder liebhaben, denn ich brauche ja dieses narzißtische Gefühl des Geliebtwerdens ganz besonders, viel mehr als alle anderen.«[191]

Damit ist der Kreislauf geschlossen, da sich das Ich nur noch dem Über-Ich unterwirft und von diesem Objekt versorgt und bestätigt werden will.

Brocher wies darauf hin, daß nach Verlust oder Frustration vielfach orale Befriedigung gesucht wird, wie z.B. in der Totenmahlzeit.

Die Selbstvorwürfe in der Selbstanklage machen auch deutlich, wie schutzlos sich das Ich fühlt und im Selbstmord schließlich sich dann allen destruktiven und sadistischen Tendenzen des Über-Ich preisgegeben sieht. Oder aber, das wäre dann der Umschlag in die Manie, das Über-Ich wird vom Ich außer Kraft gesetzt und somit jede Kontrolle und Schutzfunktion aus dem Weg geräumt.

»Die narzißtische Bedürftigkeit also ist das Problem der Depression.«[192] Doch es ist, um ein Bild zu gebrauchen, wie beim lechzenden Volk Israel in der Wüste, das nach Wasser suchte, um den Durst zu stillen, aber nicht frisches, sondern bitteres Wasser gefunden hat (Ex 15,23). Geht es also darum, sich die Beständigkeit des Objektes zu sichern, so ist augenfällig, daß mit Verlust des Objektes die innere Beziehung durch die Trauerarbeit gelöst werden muß. Dem Depressiven vermag es nur so zu gelingen, daß er das Bild des Verstorbenen idealisiert, um es in neuer Weise zu errichten und zu erhalten. Häufig aber findet die Identifizierung statt, ebenfalls eine Form der Introjektion, in der ein Nachkomme Wesen und Art des Verstorbenen bis in seine Leiden hinein sich zu eigen macht.

Die therapeutische Haltung

Bei dieser komplexen depressiven Erkrankung rechnete Brocher mit einer sehr langen Behandlungszeit, in der ohnedies keine Heilung erfolgt. Da die zu behandelnden Konflikte lange zurückliegen, ist mit vielen Widerständen seitens des Patienten zu rechnen. Die Begegnung mit dem depressiv Erkrankten selbst aber ist nicht ungefährlich, denn er wirkt »hochinfektiös«[193], da er immer auf ein symbiotisches Einverleiben aus ist. Seine Triebhaftigkeit ist unkontrolliert. Seine Beziehung ist unzuverlässig, instabil und ambivalent. Die Neigung zum Rückzug ist immer vorhanden. Diese Ambivalenz ist geprägt von Liebe und Haß, Anlehnung und Rückzug, weil der Depressive selber will, daß man ihn bestraft oder angreift. »Man darf nicht so reagieren, wie es der Kranke von seiner primären Objektbeziehung her erwartet. Man muß auch gewappnet sein, selbst dabei einiges aushalten zu müssen, um dem Kranken das Verlassen seiner masochistischen Schutzposition zu ermöglichen, denn er will ja immer wieder versuchen, daß seine Umgebung ihn angreift. Wenn man das jemals aufheben will, muß man sich gefallen lassen, selbst gelegentlich angegriffen zu werden, ohne Vergeltung zu üben.«[194]

Jedenfalls braucht der Depressive ein Objekt, an das er sich anlehnen kann. Da diese Anklammerung häufig genug in erotische Wünsche übergeht, sollte in gelassenem Verständnis in eine erwachsene Distanz übergeführt werden, die den anderen gleichsam vor sich selbst schützt und damit zu ihm steht. Gerade weil der Patient immer wieder einer »panischen Angst vor dem Objektverlust« auf allen Stufen begegnet, sucht er die tragende und zuverlässige Beziehung. Sein Hunger und Durst danach muß zuerst gestillt werden, bis er selber stehen kann, um auf der nächsten Stufe seine Verlustangst auszuhalten. Doch von jeder Stufe aus ist Regression möglich und dabei ein neuer Aufbau nötig. Es geht im Grunde um die Annahme und Bejahung des Verlustes, des Todes und der Endlichkeit. »In der Verlustangst bangt der depressive Mensch zugleich wohl auch um den Verlust seines infantil narzißtisch besetzten Ich, aber er bestraft sich dafür, daß er nicht lieben kann, mit entsetzlichen Schuldgefühlen und Qualen.«[195]

Die psychoanalytische Theorie also sah in der Beziehungsgestalt der oralen Phase die Voraussetzung für eine depressive Störung und Erkrankung. So schlüssig die innere Dynamik dieser Theorie auch erscheint, so einseitig ist sie darin, daß sie ausschließlich die Mutter-Kind-Beziehung berücksichtigt. Wenn die Beobachtungen und Untersuchungen von Spitz ausschließlich an Kleinkindern oder hospitalisierten Kindern gemacht worden sind, so mag dieses Ergebnis naheliegen. Doch wo sind die Väter, die ja in der pränatalen und postnatalen Welt der Kinder ebenso eine Rolle einnehmen und in einer spannungsvollen oder liebenden Ehe-Gemeinschaft nicht ohne Bedeutung sein können?[196] Deshalb sei noch weiter nach Struktur-Elementen gefragt, die die depressive Grundstruktur von anderen psychisch bedingten Strukturen abhebt oder abgrenzt.

2. Zur psychologischen Grundstruktur der depressiven Persönlichkeit

Die Angst vor Trennung und Verlust

F. Riemann beschrieb in Anlehnung an die Typisierung des Neo-Analytikers Schultz-Henke vier verschiedene Grundstrukturen: die schizoide, die depressive, die zwanghafte und die hysterische. Damit hat er ähnlich der Beschreibung des Typus melancholicus den depressiven Menschen charakterisiert. Waren dort eher zwanghafte Persönlichkeitsmerkmale beschrieben, so sind es hier die in der oralen Phase bedingten Störungen, die vor allem durch Verlust und Angst geprägt sind und die Persönlichkeit an ihrer Entfaltung behindern. Der depressiven Persönlichkeit schrieb er die Angst zu, ein selbständiges Ich zu werden, weil dieser Vorgang als ein Herausfallen aus der Geborgenheit erlebt wird. Gerade die selbständigen Entscheidungen und eigenen Entschlüsse werden als besonders hart erlebt, während es viel leichter fällt, fremde Entscheidungen nachzuvollziehen. Wenn dadurch die Ich-Werdung vermieden wird, dreht sich alles um den anderen. Das zentrale Problem der depressiven Menschen heißt: »Sie sind mehr als andere auf einen Partner angewiesen. Sei es durch ihre Liebesfähigkeit und Liebesbereitschaft, sei es durch ihr Bedürfnis nach Geliebtwerden.«[197] Sie brauchen den anderen in einer großen Nähe, weil sie sonst eine trennende Distanz verspüren, die sie quält. Jede Entfernung oder Trennung von einem Partner wird mit Angst und als Alleingelassenwerden und Verlassenwerden erlebt, was in Depression und Verzweiflung führen kann. »Die einzige Hilfe wäre, soviel an Eigenständigkeit und Unabhängigkeit zu entwickeln, daß man nicht so restlos auf einen Partner angewiesen ist.«[198] Doch das wiederum würde Verlustangst auslösen. Seine Lösungsversuche verschlimmern seine Situation, denn sie sind darauf aus, kindlich-hilflose Abhängigkeit zu schaffen oder auch den anderen kindlich-hilflos und abhängig zu machen. Es dominiert die Verlustangst. Sowohl als Angst vor der Isolierung und als Angst auch vor dem Verlassenwerden. »Bedeutet dem Depressiven Nähe: Sicherheit und Geborgenheit, so dem Schizoiden: Bedrohung und Einschränkung seiner Autarkie; bedeutet dem Schizoiden Distanz: Sicherheit und Unabhängigkeit, so dem Depressiven Bedrohung und Alleingelassenwerden.«[199] Der Depressive erlebt sein Ich-Werden als ein »trennendes Anderssein« von anderen und unterläßt es deshalb oder gesteht es auch den anderen nicht zu.

»Er ist der Trabant eines anderen, oder er macht diesen zu seinem Trabanten. So lebt er ein gleichsam mondhaftes, echohaftes, nur zurückspiegelndes Leben, oder er drängt es dem anderen auf.«[200]

Bewußt ist ihm freilich nur die Verlustangst, die sich als eine Kehrseite seiner Ich-Schwäche herausstellt. Deshalb suchen depressive Menschen nach einer Abhängigkeit, die Sicherheit zu geben verspricht. Mit der Abhängigkeit wiederum steigert sich die Verlustangst. Um so fester klammern sie sich an einen andern und reagieren bei kurzen Trennungen schon mit Panik. Dieser Teufelskreis kann nur im Wagnis der Ich-Werdung eines autonomen Subjektseins durchbrochen werden.

Die Idealisierung und die Flucht vor dem Schatten

Während der Schizoide »sich vor vertrauender Nähe unter anderem dadurch schützte, daß er an der Meinung festhielt, die Menschen seien gefährlich und nicht vertrauenswürdig, um damit seiner Angst vor der Hingabe auszuweichen, neigt der Depressive auch hierin zum Gegenteil: Er idealisiert die Menschen, vor allem die ihm Nahestehenden, entschuldigt ihre Schwächen und übersieht ihre dunklen Seiten. Er will nichts Erschreckendes oder Beunruhigendes an ihnen wahrnehmen, weil das seine vertrauensvolle Beziehung gefährden würde. Dadurch entwickelt er zu wenig Realitätssinn für das Böse im Menschen, weder bei sich selbst noch bei anderen; denn um restlos vertrauen und uneingeschränkt lieben zu können, muß er Zweifel und Kritik unterdrücken und läßt sie gar nicht bewußt werden; er geht Spannungen aus dem Weg und vermeidet Auseinandersetzungen«[201]. Er ist ausgezeichnet durch eine lang anhaltende Naivität und Kindlichkeit, mit der er sich vor der harten Wirklichkeit verschließt. Um diese Harmonie zu erhalten, muß der Depressive seinerseits sich aller altruistischen Tugenden befleißigen. Eigene Wünsche, Impulse, Affekte und Triebe muß er aufgeben. Gerade weil er nicht nehmen kann, hofft er, daß seine Wünsche ihm durch andere stillschweigend erfüllt werden. Er erwartet diese Erfüllung vielleicht als Belohnung für seine Bescheidenheit, die, wenn nicht hier, so dann in einem späteren Leben erfolgen soll. Riemann sah hier die Entstehung der passiven Erwartungshaltung des depressiven Menschen, die ihn, dem Tantalus gleich, dennoch nicht vor Enttäuschungen und Qualen schützt.
Gerade weil sie nicht aus sich herausgehen können, um in gesunder Weise aggressiv zu sein, haben sie auch nur ein geringes Selbstwertgefühl entwickelt.

Die Antriebsschwäche

Der Aggression versucht der depressive Mensch geradezu auszuweichen oder in der Dulderrolle ein Wechselspiel zu betreiben, das ihn als den Erleidenden zum besseren Menschen macht. Seine Aggression verlagert sich in die überbesorgte Liebe und findet sich genauso im Jammern, Klagen und Lamentieren vor. Findet jedoch die Aggression keinen der hier angedeuteten Wege, so kann sie sich im hypochondrischen Selbstmitleid erschöpfen oder sich gegen die eigene Person richten, wie es bei der Melancholie besonders deutlich geworden ist. Die unterdrückte Aggression hat eine aufsteigende Linie von: Überbesorgtheit; Ideologisieren von Bescheidenheit, Friedfertigkeit und Demut; lamentierendes Jammern und Dulderverhalten; Wendung gegen sich selbst, Selbstvorwürfe, Selbstanklagen, Selbstbestrafung bis zur Selbstzerstörung. Zur Aggression gegen sich selbst gehört auch die Somatisierung. Nicht geäußerte Affekte und Aggressionen aber führen zu einer allgemeinen Antriebsschwäche bis zur Passivität und Indolenz. Der lebensgeschichtliche Hintergrund kann in einer betont gemüthaft-gefühlswarmen Anlage liegen.

Das eigene Liebesdefizit und die Opferbereitschaft für den anderen

Die Liebesbereitschaft und die Liebesfähigkeit ist oft verbunden mit einer Anhänglichkeit, die es dem Depressiven schwermacht, sich von dem wieder zu lösen, was ihm viel bedeutet hat. Im Vordergrund stehen seine Treue, Beständigkeit und liebende Einfühlung. Seine Schwächen sind sein schwaches Durchsetzungsvermögen und seine hochsensible Durchlässigkeit, die auf Beschütztwerden und Gestütztwerden angewiesen sind und andere zur Bevaterung oder Bemutterung herausfordert. Er neigt zum Phlegma und zur Bequemlichkeit. Deshalb ist er oft auch den Härten und Anforderungen des Lebens nicht gewachsen.

Er neigt aber auch zur Sucht. Es hat gewiß seine biographischen Hintergründe, wenn das unter Mangelerlebnissen aufgewachsene Kind viel zu früh verzichten lernen mußte. Das stille Kind war zwar für die Eltern angenehm. Es erfüllte ihre Erwartungen und Forderungen, doch es wurde ihm immer schwerer gemacht, alle Erwartungen und Forderungen zu erfüllen. Deshalb geriet es in neue Schuldgefühle und Depressionen. Gerade um unterschiedlichen Forderungen aus dem Weg zu gehen, scheuen Depressive den Kontakt mit mehreren Personen. Manche finden zu der Lösung, anderen das zu geben, was sie selbst nie bekommen haben. Sie versuchen, das erlebte Liebesdefizit zu kompensieren und helfende Tätigkeiten anzunehmen; doch auch darin wollen sie geliebt oder belohnt werden. Sie erleben das Leben weithin als eine Forderung. Wenn sie nicht die Möglichkeit bekommen, etwas nachzuholen, was ihnen einmal versagt wurde, um ein eigenes handelndes und wollendes Subjekt zu werden, so treibt man sie in die äußerste Verzweiflung.

Bei diesem Forderungs- und Überforderungsgefüge, in dem sich der depressive Mensch dem anderen zuliebe ganz verzehrt, werden Enttäuschungen nicht ausbleiben. Man fühlt sich oftmals ausgenutzt. Den Neid, als seinen eigenen Schattenanteil, vermag er sich kaum einzugestehen. Daß ein anderer auf ganz andere Weise zu mehr Erfolg und Anerkennung findet, das hinterläßt bei ihm ein Gefühl großer Bitterkeit; denn wenn er sich immer zurückgenommen und zurückgehalten hat, wenn er eigene Wünsche und eigenes Verlangen sich versagte, dann wird er dort, wo er einem Menschen begegnet, der sich etwas zu gönnen und sich daran zu freuen in der Lage ist, mit quälenden Neid-, ja Haßgefühlen begegnen, die ihn wieder selbst entwerten.

Kritische Anfragen an das Christentum

Riemann fragte, »wieso das Christentum, das sich die Religion der Liebe nennt, in seiner Geschichte so viel Haß, Grausamkeit und Kriege aufzuweisen hat. Ob das mit der christlichen Ideologie der Demut zusammenhängt, die von der Machtpolitik der Kirchen ausgenützt wird, um die Gläubigen unmündig zu halten, mit dem Versprechen einer Belohnung im Jenseits für die Demut im Diesseits? Die dennoch weiterbestehenden Haß- und Neidgefühle werden dann sanktioniert in nun ›legitimer‹ Intoleranz im Kampf gegen die Andersgläubigen oder Abtrünnigen, wie es sich etwa in der Hexenverbrennung und Ketzerverfolgung und in der Inquisition gezeigt hat, wo sich dann ein ungemeiner Sadismus austobte«[202].

Auf der anderen Seite aber besteht dort, wo bewußt gelebt wird, immer die Möglichkeit, die andere Seite zu integrieren, die nicht zum Zuge kam und sich durch Ängste und Träume, durch Begegnungen und auch Fehlleistungen manifestierte. Je mehr aber die nicht integrierten Seelenanteile verdrängt und nicht gelebt werden, um so eher treten sie in archaischen, d.h. unheimlicheren Gestalten oft in Träumen ins Bewußtsein.

In den Träumen depressiver Menschen erscheint besonders häufig die Eßthematik, überhaupt die kaptative und retentive Seite. Oft wird erst in den Zerrformen des Raubens und Stehlens im Traum dann noch deutlicher ins Bewußtsein gebracht, was eigentlich entbehrt und versagt worden war.

Die positive Seite der depressiven Struktur

Es bleibt das Verdienst Riemanns, auf die gesunde Seite des depressiven Menschen hingewiesen zu haben. Denn die Depressiven sind ausgezeichnet durch Einfühlung und Hilfsbereitschaft, durch Geduld und Vergebungsbereitschaft. »Ausharren und Ertragenkönnen sind Haupttugenden von ihnen... Gemüthaftigkeit, Gefühlstiefe und Wärme gehören zu ihren schönsten Eigenschaften. Sie sind in der Tiefe dankbar für das, was sie haben; was ihnen glückt, schreiben sie weniger sich selbst und ihren Fähigkeiten zu, als daß sie es als Geschenk und Gnade empfinden, so die Demut in echtem Sinne lebend.«[203]

3. Die Jungsche Interpretation

In einem tieferen und auch umfassenderen Sinn hat C.G. Jung in Erweiterung des Libido-Begriffes die Ätiologie der Neurose dargestellt.[204] Er hat den eng verstandenen sexuellen Libidobegriff Freuds zu einem allgemeinen seelischen Energiebegriff gemacht und Wille, Trieb, Empfinden, Fühlen und Denken damit bezeichnet. Die Neurose hat er so auf die Regression, auf eine Stauung der Lebensenergie zurückgeführt.[205] Durch diese Stauung wird Energie von bewußten Haltungen ferngehalten und an unbewußte Komplexe festgebunden, die in archetypischen Strukturen ihre Wurzeln haben. Wo aber Energie im Unbewußten gebunden bleibt, wird die Traumarbeit aktiviert, um dem Bewußtsein wieder die verlorene Kraft zuführen zu können. Dem Ausbruch einer Depression liegt, wie in der Freudschen Interpretation, immer eine unverarbeitete Verlusterfahrung zugrunde. Alles, was dem Selbst einmal Stabilität gegeben hat, wurde durch den Verlust ihm entzogen. Mit diesem Verlust aber ist mehr gemeint, als was bis jetzt deutlich geworden ist. U. Dieckmann benannte diesen Zusammenhang mit dem Bild des »mißglückten oder nicht erfolgten Opfers«[206]. In diesem Vorgang liegt das bewußte Hergeben und

Loslassen. »Bei den Depressiven ist es aber oft so, daß das, was sie aufgeben müssen und nicht können, zu einem Teil ihres Ichs geworden ist.«[207] Sie verharren in diesem überhöhten Selbstgefühl und sind dadurch an ihrem eigenen Lebensvollzug verhindert.

Die archetypische Auseinandersetzung mit dem negativen Mutterkomplex findet oft in Träumen statt, die eine bedrohlich verschlingende Mutter zeigen. Wo aber dieses Opfer mißlingt, kompensiert das Bewußtsein eine Opferhaltung, die immerzu »sich selbst opfert«, ohne die Früchte dieser Arbeit zu ernten. Die entscheidende Frage ist, warum der Depressive nicht opfern kann. Darauf gab Dieckmann die Antwort: weil »das Hintergrundbild der guten Mutter fehlte, das Sicherheit und Vertrauen hätte geben können«[208]. In der Jungschen Terminologie ausgedrückt, wird das negative Anima-Bild das Ich klein und schwach halten und ihm die Animus-Entwicklung verwehren. Von daher ist auch zu verstehen, wie schwer die eigene Geschlechtsrolle zu finden und zu bejahen ist.

»Fast immer stellt sich das Bild der Mutter negativ dar. Das des Vaters schwankt mehr von plus zu minus, aber im ganzen zeigt sich das Bild eines schwachen, sensiblen, von seiner Anima beherrschten Mannes. Bei diesen Elternbildern konnte das kindliche Ich sich nicht entwickeln und blieb so auf einer Stufe des Bewußtseins hängen. Das schwache Ich schaffte es nicht, sich aus der Sicherheit des Bestehenden zu lösen, etwas zu opfern und das Wagnis des Neuen zu beginnen.«[209]

Die Dynamik der Regression

Wenn Introversion und Retrospektion durch die Regression der Libido geschehen, dann werden die Ich-Funktionen entleert, und es verarmt also das Bewußtsein. Interesselosigkeit, Entscheidungsunfähigkeit und das verlangsamte Denken und Sprechen sind dann die Folge. Regression kann dazu helfen, daß Erinnerungsstücke in ihrem Wert wieder an das Bewußtsein herangeführt und integriert werden, sie kann aber auch die Gefahr der völligen Verhärtung und Bedrohung heraufbeschwören. Der Ödipus-Komplex verwandelt sich bei fortschreitender Regression in den Jona-Walfisch-Komplex, die Inzestangst in die Angst vor dem Gefressen-Werden. »Dies ist genau die Konstellation des Depressiven. Es sind die Komplexe und Inhalte aus der frühen nutritiven Funktionsschicht in der Tiefe aktiviert und durch die Projektion in der oralen Dämonisierung der Welt erkennbar.«[210] Es ist deshalb alles wie eingefärbt in einem schweren verhangenen Zustand, da der negative Mutter-Archetyp das Leben verschlingen und töten will. Auf der einen Seite ist es das strenge und überfordernde Über-Ich, das schon ohnehin dem Ich wenig Entscheidungsraum gelassen hat, und auf der anderen geht dieser bedrohliche Schatten einer versagenden Macht ständig mit und zieht immer wieder in bodenlose Abgründe hinunter. »So steht eigentlich ein Kind unter den Lasten der Verantwortung für Beruf, Familie und Kinder. Es steht ein gespaltenes Ego ohne ausreichende Abgrenzung zwischen den rigiden und meist unlebendigen Forderungen des Über-Ich und einem außerordentlich destruktiven Schatten. Es steht ein überhöhtes und illusionäres Ich-Ideal einer permanenten schweren regressiven Versuchung und Verlockung in eine illusionäre, frühe, nutritive Funktionsschicht gegenüber.«[211] Die neurotischen Stützpunkte sind nur negativ zu beschreiben: »Als Mangel an Spontaneität, Mangel an Mut, Mangel an echtem Gefühl.«[212] Unter Gefühl ist dabei nicht eine Funktion unter anderen seelischen Funktionen verstanden, »sondern ein fundamentales Offensein des Menschen, die Bereitschaft zur Zuwendung des Wesens zum Wesen, die Bereitschaft zur zarten und tiefen Bemühung um das Du, um den Sinn der Dinge, um das geheimnisvolle Anliegen des Menschseins«[213].

Dem Rückweg der Regression zu folgen bedeutet auch für die Seelsorge, daß sie in der Übertragung das Vertrauen des depressiven Menschen annimmt und bejaht. Sie wird sich seiner weder bemächtigen noch ihn verlassen und sich der Verletzungsgefahr bewußt bleiben, die dann droht, wenn er wieder enttäuscht oder verwöhnt wird. Zu der unentbehrlichen Übertragung aber tritt der unumstößliche und umfassende Grund im Bezeugen des Glaubens hinzu, der alle menschliche Bejahung überschreitet und erst gewährleistet (2. Kor 1,19ff.). W. Bitter hat dies auch als eine anthropologische Forderung erhoben.[214] So ist die echte Schwermut von der Kruste der Ichhaftigkeit zu lösen, um das Spiel mit dem Tod zu beenden. Dem wirklichen Ernst des Lebens und seinem tragenden Sinn wird damit die erste Türe geöffnet.

Die Erschöpfungsdepressionen

Die Erschöpfung gilt als wichtiges Leitsymptom für die Depression. »Die Erschöpfung ist durch das Erleben des ›Nicht-so-Können-wie-man-will-oder-möchte‹ charakterisiert, d.h. durch eine Leitplanke, die über die Wahrnehmung der eigenen Ermattung die weitgehende Unfähigkeit zum Handeln anzeigt.«[215] Der Depressive empfindet sich in der Erschöpfung unfähig, etwas zu tun. Er erlebt sich lustlos, apathisch, zurückgezogen. »Die Erschöpfung steigert die in der Langeweile sich ankündigende Abwendung von der Welt.«[216] Wyss wagte die These, »die möglicherweise eines Tages ihre biochemische Verifizierung« erfährt: »Die den Organismus, das Leben kennzeichnenden Stoffwechselprozesse sind Auf- und Abbauvorgänge: Erschöpfung wird zunehmend registriert, wenn die Abbauvorgänge überwiegen, das Wachen zur Selbstintoxikation des Organismus führt. Sollte nicht das im Zusammenhang primärer und sekundärer Dysregulation der Antriebe (Langeweile) sich von der Welt abwendende Subjekt eine besonders niedrige ›Reizschwelle‹ den eigenen Abbauprodukten gegenüber aufweisen, die z.B. durch die Beziehungen zwischen gestörtem Leberstoffwechsel und Depressionen einen Hinweis erfährt?«[217] Die Stoffwechselstörung käme nicht als Ursache in Frage. Sie ist aber ein Grund für die Sensibilität der Vergänglichkeit und für den Abbau, der schließlich zum Sterben führt. Damit wäre in der Erschöpfung sowohl leiblich als auch »innersubjektiv« das Sterben vorweggenommen. Dies macht auch die Todesängste verständlich, die trotz guter Prognose (wie bei der Hepatitis) dennoch vorhanden sind.

In unmittelbarem Zusammenhang mit der Erschöpfung stehen auch die Anklagen und Schuldgefühle des Patienten. Gerade weil er sich außerstande sieht, in seiner Arbeits- und Leistungswelt der (zumeist hohen) Verpflichtung nachzukommen, fühlt er sich den Menschen und auch Gott gegenüber schuldig. Dieses »Debet«-Gefühl wird von der primären Schuld unterschieden, die sich ganz unbegründet äußert. Wenn Erschöpfung als Lebensstörung und die Schuld als ein Zurückbleiben gegenüber dem Strom des Lebens gesehen wird, dann ist die Verschränkung von Erschöpfung und Schuldgefühl offensichtlich.

Sie entsteht, wenn
- in der Erschöpfung die Lebensvorgänge durch Reflexion zerlegt werden und sich die Vitalität dem Geist gegenüber nicht mehr zu behaupten vermag; wenn das Organ des Handelns ausfällt, während der Geist nur als blinde Schuldanklage vorhanden ist und sich in Selbstvorwürfen erschöpft.
- Oder wenn jemand in der Depression zum Handeln unfähig ist, so bleibt dies nur noch im »depressiven Schuldgefühl« als »Negativ der Verantwortung« zurück.[218]

Erschöpfungsdepressionen sind also traurig-ängstliche oder apathisch-düstere Verstimmungen, die mit einer Dekompensation des sympathischen Nervensystems einhergehen. Oftmals werden sie auch als vegetative Erschöpfungszustände bezeichnet.

Im Körperhabitus sind es gerade bei der Erschöpfungsdepression vorwiegend nicht Pykniker, sondern in erster Linie leptosome bis asthenische, sensitive, entäußerungsschwache, übergewissenhafte, ehrgeizige Persönlichkeiten. Sie kommen mit 82% bei Frauen häufiger vor als bei Männern. Zwischen 25 und 45 Jahren besteht erhöhte Krankheitsgefahr. Kielholz nennt folgende pathogenetische Faktoren: »Bei den *weiblichen Kranken* herrschen, anlage- oder neurotisch bedingt, charakterlich sensitive, schwernehmende, häufig etwas infantile, selbstunsichere, entäußerungsschwache, leptosome Persönlichkeiten vor.«[219] Sie haben Angst vor seelischer Verletzung, sind schüchtern und gehemmt. Sie fühlen sich unverstanden, verschließen sich immer mehr und vereinsamen. Daraus entstehen Angst, Unsicherheit, Resignation und Mißtrauen.

Als Dauerbelastungen gelten:
- langdauernde affektive Spannungen, die durch unbefriedigendes Liebes-, Sexual- und Geltungsstreben bedingt sind; Mangel an Liebe, Zärtlichkeit, Anerkennung und an sexueller Erfüllung; anhaltende eheliche Zerwürfnisse, Untreue und Alkoholismus des Ehepartners.
- emotionelle Überforderung infolge effektiver Doppelbelastung durch Haushalt, Kindererziehung, unbefriedigende Werktätigkeit, finanzielle Sorgen. Vor allem aber wirkt es belastend, wenn die Arbeit in einem spannungsgeladenen Milieu getan werden muß.

– »Vereinsamung, Isolierung und Entwurzelung, besonders bei ledigen Frauen, die aus der Geborgenheit der Familie auf dem Lande allein in die ›anonyme Masse‹ des städtischen Milieus übersiedelten, keinen mitmenschlichen Kontakt finden und deshalb auch keine Aussprachemöglichkeit haben.«[220]

Bei den Männern stehen berufliche Konflikte, Ehrgeiz und Rivalitätsprobleme als pathogenetische Faktoren im Vordergrund:

– Ungenügende Anerkennung infolge beruflichen Versagens, ein Übergangenwerden bei Beförderungen oder Lohnerhöhungen oder affektive Überforderung durch die mit dem Vorgesetztenposten verbundenen Verpflichtungen, meist infolge zu früher Beförderung. Eigentliche Ursache aber ist die Angst vor dem Versagen im Beruf, Konkurrenzangst oder Existenzangst.
– Die zentralnervösen Belastungen resultieren aus dauernd wechselnden Aufgaben unter Zeitdruck mit folgenschweren, verantwortungsvollen Entscheidungen, durch ständiges Unterbrochenwerden bei intellektueller Arbeit durch Zwischenfragen und diskontinuierlichen Lärm, Zunahme der emotionellen Spannungen infolge nicht rechtzeitig erledigter Aufgaben, besonders in lärmigem, gehetztem Arbeitsmilieu.
– »Zusätzliche Spannungen infolge ehelicher Zerwürfnisse, unbefriedigter Sexualität, Liebeskonflikten und finanzieller Sorgen beschleunigen auch bei den Männern den Ausbruch der Erschöpfungsdepressionen.«[221]

Bei dieser Gruppe fehlten die Arbeiter. Darunter befinden sich nach Kielholz in erster Linie Berufsgruppen wie Politiker, Rechtsanwälte, Unternehmer und Journalisten.

Daß nervöse Erschöpfungszustände oft schon 7–15 Jahre vorausgegangen sind, zeigt, wie widerstandsfähig das vegetative Nervensystem ist. Die ersten psychopathologischen Störungen zeigen sich in Überempfindlichkeit, Reizbarkeit und schneller Ermüdbarkeit.

Dann folgen Einschlafstörungen und zerhackter Schlaf. Daraus resultieren wiederum Konzentrationsschwäche, Leistungsrückgang und große Ermüdbarkeit. Die ständige Überreizung in der Familie und am Arbeitsort belasten zusätzlich. Aus der Versagenserfahrung heraus treten »Selbstvernichtungsimpulse auf, die zu unerwarteten Suizidversuchen führen können«[222].

Der Umschlag in das psychosomatische Stadium:
»Wir möchten nochmals betonen, daß die Erschöpfungsdepressionen nicht etwa Folgezustände einer intellektuellen oder körperlichen Übermüdung sind, sondern langangebahnte Dekompensationen der affektiven Seite der Persönlichkeit darstellen.«[223]
Was den Glauben betrifft, so sind die Erlebnisfähigkeit und die Freude, aber auch der echte Ernst und die mitfühlende Betroffenheit in eine Fremde gerückt, die, wie eine verschüttete Quelle, nicht mehr zugänglich ist. Was noch hineinragte, so gaben die Patienten an, war das Abendmahl, hin und wieder die Beachtung und Wahrnehmung einer intellektuellen Leistung (z. B. eines theologischen Beitrages oder einer Predigt), doch dies alles entbehrt des persönlichen Mitvollzuges, so daß auch hier plötzlich das Gefühl entsteht, ausgeschlossen und abgeschnitten zu sein.
Da die Zahl derer, die an einer Erschöpfungsdepression leiden, viel größer ist, als man zunächst sieht, finden sich solche Patienten sowohl in der Behandlung der Nervenärzte als auch in den Praxen für Allgemeinmedizin. »Sie finden sich in internistischen Abteilungen und in Sanatorien, in Kurheimen und in Bädern.«[224] Deshalb hat es die kirchliche Seelsorge in ihren Funktionen häufiger damit zu tun, als sich hinter den psychosomatischen Symptomen vermuten läßt.

Die reaktiven Depressionen

Die erlebnisreaktiven oder psychoreaktiven Depressionen sind in ihrer Reaktion aus einem Erlebnis ableitbar; von der Wirkung her läßt sich auf eine besonders tiefe Verletzung schließen. Wir finden folgende Merkmale:
- »Die Belastung tritt von außen an den Menschen heran.
- Die Situation stellt für jeden normalen Menschen ebenfalls eine Belastung dar.
- Es besteht ein enger zeitlicher Zusammenhang zwischen dem Auftreten der Beschwerden und einem biographischen Ereignis.
- Fällt die Belastung weg, so verschwindet im allgemeinen auch die Symptomatik; daß die Störungen noch einige Zeit fortbestehen, ist jedenfalls eher die Ausnahme.«[225]

Diese Depressionen wären also nicht ohne das gravierende Erlebnis aufgetreten (Mißerfolg in der Schule, im Beruf, eine ungewollte Schwangerschaft, Beleidigung, Pensionierung, Scheidung und Trennung, Umzug, persönliche Niederlage, Todesfall, Arbeits- oder Stellenverlust). Dennoch muß auch hier eine Disposition beim Patienten als Voraussetzung angenommen werden.
Für reaktive Depressionen sah A. Resch »eine dankbare Aufgabe« in der »objektzentrierten und ichstärkenden Kurztherapie. In intensiven und kurz aufeinanderfolgenden Aussprachen soll die nicht geleistete Verarbeitung des erlittenen Verlustes bzw. des erreichten Erfolges nachvollzogen werden«[226].
In dieser Gruppe überwiegen »sensitive, selbstunsichere, entäußerungsschwache, übergewissenhafte, vorwiegend passive Persönlichkeiten, die von Jugend auf eine überdurchschnittliche Empfänglichkeit für die Sorgen und Schwierigkeiten des Lebens zeigen und alle Unannehmlichkeiten besonders stark empfinden«.[227]
Solchen Patienten begegnet man oft nach einem Selbstmordversuch. Am häufigsten erfolgt die Erkrankung zwischen dem 16. und 30. Lebensjahr bei Männern wie Frauen, während bei Frauen zwischen dem 35. und 45. Lebensjahr im Präklimakterium ein zweiter Gipfel liegt. Bei den Männern erfolgt zwischen dem 51. und 60. Lebensjahr nochmals ein leichter Anstieg. »Vergleichende Untersuchungen bei endogenen Depressionen haben ergeben, daß die Zeiten vermehrter Bereitschaft zu Ersterkrankungen weitgehend übereinstimmen.«[228]
Die Dauer dieser psycho-reaktiven Zustände liegt in der Regel zwischen 2 und 3 Wochen. Nach dem 45. Lebensjahr nimmt die Dauer zu, »wobei diese traurigen Verstimmungen bei den Männern deutlich hartnäckiger sind und länger anhalten als bei den Frauen«[229].
Kielholz betonte aber auch hier, daß es nicht nur um das eine auslösende Motiv, sondern um ein kompliziertes »Motivbündel« gehe. Dabei reagiert jede Person wieder anders. Dennoch seien zwei Reaktionsweisen hervorzuheben:

Die apathisch-gehemmte Reaktionsweise
Hierbei findet ein Rückzug statt, der aber im Inneren eine große Spannung enthält. Die Patienten kommen sich leer und hilflos vor, während der eigentliche Anlaß ganz in den Hintergrund tritt. Den-

noch vollzieht sich ein Wandel, wenn dem Patienten deutlich wird, daß er durch dieses Tal der Finsternis die Begleitung eines Menschen annehmen darf, ohne etwas ändern, bewerkstelligen oder lösen zu müssen. Der Abend ist oft schwerer als der Morgen. Es kann eine Hilfe sein, den Tag anders zu ordnen und am Morgen eine kleine kreative oder meditative Zeit zu entdecken. In der Seelsorge kommt die depressive Reaktion häufig vor. Seelsorge kann sich als zuverlässiges Geleit erweisen, wenn sie nicht vorzeitig abbricht und den Übergang zum Anschluß an das Leben und an die Gemeinschaft mitvollzieht.

Die ängstlich-aggressive Reaktionsweise
»Unmittelbar auf das quälende Erlebnis kommt es zu einem Verzweiflungsausbruch. An Stelle der Erstarrung treten Bewegungsdrang, Unruhe, Abwehr, trotziges Weinen, ungestümes Aufbäumen gegen das Schicksal.«[230]

Das verhaltenstherapeutische Konzept

»Die Verhaltenstherapie geht davon aus, daß der Beginn der Depression mit einer Verminderung positiver Verstärkung zusammenhängt, daß die Intensität der Depression mit dem Grad positiver Verstärkung variiert und daß eine Besserung mit vermehrter positiver Verstärkung einhergeht.«[231] Deshalb soll geradezu ein Programm, ein Aktivitätsplan mit dem depressiven Patienten erarbeitet werden, der vier Schwerpunkte enthalten soll:

- Die Erfassung von Ereignissen oder Aktivitäten, die einen positiven Verstärkerwert für den Patienten haben.
- Dem Patienten soll eine Rückmeldung gegeben werden, wie viele dieser potentiell verstärkenden Verhaltensweisen er unterläßt.
- Das Therapieziel sollte eine Steigerung der Aktivitäten sein, die durch die Operationalisierung und ständige Betonung im Bewußtsein erhalten werden soll.
- Verhaltensänderungen sollten objektiv beurteilt werden.[232]

Der aufgestellte Aktivitätsplan setzt sich aus solchen Ereignissen zusammen, die der Patient als angenehm beurteilt hat. Es ließ sich deshalb leicht feststellen, daß die Patienten eine sehr schlechte Stimmung erlebten, wenn sie nur wenige Aktivitäten des Plans erfüllten. Viele Autoren stellten dabei die besonderen Schwierigkeiten heraus:

Depressive Patienten sind weniger imstand, sich positive Verstärkung von der Umwelt zu beschaffen.[233]

Wegen ihrer hohen Verletzlichkeit sind depressive Patienten mehr als andere von sozialer Verstärkung und Bestätigung abhängig. Auf der anderen Seite sind sie weniger in der Lage, ihrerseits andere zu verstärken.

Es ist wichtig, die Ziele der Patienten niedriger anzusetzen, um die Wahrscheinlichkeit für Erfolgserlebnisse zu erhöhen. Dazu ist es erforderlich, daß »greifbare Verstärker wie Punkte oder Münzen gleichzeitig mit einer positiven verbalen Äußerung« gegeben werden.[234]

In einer kritischen Abschlußbeurteilung hat Hoffmann[235] die Erfolgsaussichten dieser verhaltenstherapeutisch kognitiven Therapie in erster Linie bei depressiven Reaktionen anerkannt. Man will im ersten Therapieabschnitt kurzfristige Ziele anpacken, die in Angstreduktion, Motivierung und Aktivierung bestehen. Danach soll eine Veränderung der »organismusexternen und -internen Faktoren« angestrebt werden. Die wichtigsten Unterziele sind:

- Ein aktives, die Umwelt ausreichend kontrollierendes Verhalten, das durch verhaltenskontingente Verstärker aufrechterhalten wird, soll aufgebaut werden.
- Defizitäres Verhalten, besonders im Sinne von mangelnden sozialen Fertigkeiten, ist zu korrigieren.
- Depressionsfördernde Bedingungen in der Umwelt des Klienten, d.h. solche, die zu wenig Befriedigung bieten oder zu chronischem psychischem Streß führen, sind möglichst abzubauen.
- Kognitive und einstellungsmäßige Idiosynkrasien sind auszuscheiden.[236]

Bei Kontrolluntersuchungen wurde festgestellt, daß ein solches Programm eher als Ablenkung vom Problem des einzelnen angesehen wurde. So kam Hoffmann selbst zu dem Ergebnis, daß es, wenn es darum geht, dem Patienten eine »neue Kompetenz« zu geben, nicht so sehr darauf ankommt, dem depressiven Menschen Denkfehler nachzuweisen, als mit ihm jeweils zusammen herauszufinden, welch eine

Bedeutung das jeweilige Ereignis für ihn hatte. Die beste Gewähr für eine therapeutische Hilfe sei gewiß nicht in einem »therapeutischen Labor«, wohl aber in einer echten und ersten Begegnung zwischen zwei Menschen gegeben.[237]

Ganz gewiß haben die Forschungen Becks[238] seit Ende der fünfziger Jahre ihre Bedeutung behalten, der das Problem bei Depressiven als eine »kognitive Triade« angesehen hat, die in einer negativen Sicht der eigenen Person, der externen Umwelt und der Zukunft besteht. Denn der »depressive Patient sieht sich als inadäquat und unfähig, er verarbeitet seine Erfahrungen alle in negativer Weise, und er glaubt daran, daß seine derzeitigen Schwierigkeiten für immer bestehen«[239].

Wenn fehlerhafte Denkmuster mit dem Patienten zusammen herauszufinden sind, dann spielen die depressiven Kognitionen eine besondere Rolle. Die Frage aber ist, ob es möglich sein wird, die Gültigkeit dieser Gedanken einfach in Frage zu stellen, sie als »ungültig, verzerrt oder dysfunktional« zu erkennen, solange nicht deren Ursache ernst genommen und wahrgenommen wird.

Mit Recht aber wird alles gelungene und geglückte, selbst riskierte und entfaltete Leben Anlaß sein, in Mitfreude und positiver Bestätigung dem Patienten zu helfen, eine Richtung zu beschreiten, die er noch nicht kannte und die deshalb nach wie vor mit ständig neuen Ängsten sich auseinanderzusetzen hat. Das Programm der auszuwählenden Verstärker sollte jedoch ermutigen, nach den tragenden Elementen einer depressionsvermindernden eigenen Initiative zu fragen, die in der prämorbiden Zeit ihre Gültigkeit hatte und jetzt anfangsweise wieder aufgenommen und eingeübt werden kann.

Es wird also kein auferlegtes Programm weiterführen, sondern nur die mit dem Patienten erarbeitete Hilfe, eine Wiederaufnahme des Bewährten und Gelernten, aber auch des einer neuen Einsicht zur Verfügung gestellten Erfahrungsgutes zu bestätigen sein.

Die Initiative aber geht vom Patienten aus. Denn es bleibt seine Frage und seine Klage, was jetzt in der schweren Zeit der »Oppression, Schlaf-, Appetit- und Libidostörung«[240] noch trägt und worin sich wieder Sinn und Hoffnung für ihn zeigt.

Exkurs über den Gestaltkreis nach Viktor v. Weizsäcker und seinen Beitrag zur Seelsorge

So eindringlich es auch gewesen sein mag, Krankheitsbilder und Interpretationsmodelle kennenzulernen, die den depressiven Menschen zu erfassen suchten, so ist es ebenso geboten, das Subjekt der Krankheit, den leidenden Menschen selbst, im Blick zu behalten. Dieser eindringlichen Aufgabe galt das Werk v. Weizsäckers. Er hat sich in einem unbeachtet gebliebenen Beitrag auch an die Theologie gewandt.

Die Psychotherapie als gemeinsames Thema für Medizin und Theologie

In seinen unmittelbar nach den Kriegswirren niedergeschriebenen Gedanken, die 1948 unter dem Titel »Begegnungen und Entscheidungen« erschienen sind, brachte v. Weizsäcker seine Enttäuschung zum Ausdruck, die er empfand, als sein Aufsatz »Medizin und Seelsorge« von seiten der Theologie kein Echo ausgelöst hatte. »Keine Replik von Thurneysen, nicht einmal ein Brief, eine Entgegnung, ein Versuch zur Lösung des Gegensatzes.«[241] Nach ihm ist sowohl der Theologie als auch der Medizin mit der Psychotherapie ein gemeinsames Thema aufgegeben. »Wir müssen, wie ich glaube, den Mut haben, die Grenzen nicht nur der Fakultäten, sondern auch der Institution oder Approbation zu überschreiten, selbst auf die Gefahr hin, daß in der gewissen Verwirrung, die allem Anfangenden eigentümlich ist, einige unerfreuliche Begleiterscheinungen und Gefahren auftauchen.«[242]

Die gemeinsame Aufgabe

Da es in der Natur der Wahrheit liegt, ihr zuerst als Geheimnis zu begegnen, ist es wichtig, den Schlüssel zu kennen, um es zu entziffern. »*Diesem* Gesicht hier, mir gegenüber, soll ich ablesen, was es verbirgt... Man kann nicht lesen, bevor man das Alphabet nicht gelernt hat.«[243]

Die Theologie sollte sich der Frage stellen, so forderte v. Weizsäcker, warum Seelsorge »in solch großen Beträgen aus der Verwaltung der theologischen Fakultät in die der medizinischen hinübergeglitten ist«[244]. Er sah den Grund dafür nicht nur in der fortschreitenden Säkularisierung, sondern auch darin, daß das 19. Jahrhundert das Leben des einzelnen selbst zum Thema gemacht hatte. Hinzu kam, daß durch eine Überbürdung und Überfremdung mit geisteswissenschaftlichen Problemen die Theologie sich nicht in der Lage sah, den biologischen, psychologischen und anthropologischen Feldern sich zuzuwenden. Die Dissoziation zwischen sinnlichen und geistigen Phänomenen war damit weiter fortgeschritten.
Das aber bedeutete Leiden – »und dies nicht weniger, wenn der Mensch übergeistet und übersinnlicht, nicht weniger wenn er entgeistet und entsinnlicht wird«[245]. Wenn dieses Leiden klinisch wird, so steht dafür der Name Neurose. »Neurose ist also ein Schwellenbegriff und bedeutet nur, daß das, woran alle leiden, über die Schwelle der Erträglichkeit und Beherrschbarkeit trat, nicht nur als Individual-, sondern auch als Zeitkrise verstanden. Psychotherapie versteht sich als Versuch, den Menschen tragfähiger zu machen.«[246] Sie war aus einer revolutionären Bewegung heraus entstanden, die eine brüchige Fassade hinterfragt hat, aber auch mit einer gesteigerten Sensibilität für die Seele sich um die Schäden im Inneren kümmerte. Dennoch forderte v. Weizsäcker zu einer kritischen Wachsamkeit heraus.

Die Schwierigkeit einer Integration

»Es ist ein Irrtum, zu meinen, daß es leicht sei, zwischen analytischer Psychotherapie und Theologie gute Freundschaft oder sachliche Neutralität herzustellen. Jene jedenfalls ist ein gefährlicheres und schneidenderes Instrument, als daß, wie Thurneysen etwa meint, geistliche Seelsorge den technischen Teil der Heilbehandlung der Kompetenz des Psychoanalytikers sorglos und sachlich überlassen könnte.
Auch darf in der dogmatischen Fragestellung nicht ganz vergessen werden, daß die Einverleibung analytischer Therapie in das Bemühen des Seelsorgers, wie die Dinge einmal liegen, einen tiefen Verstand, eine lebenslange Erfahrung, ein großes Herz und eine Bereitschaft, Bindungen und Sicherungen des geistlichen Amtes zu riskieren,

fordert.«[247] Es war also der Vorwurf der Sorglosigkeit, den v. Weizsäcker an Thurneysen gerichtet hatte, wenn dieser auf der Überweisung aus einer seelsorgerlichen Beschränkung heraus bestand. »Subjektiv und praktisch heißt dies: Wer Hysterie für eine Art von Schwindel, konstantes Lügen für eine Bosheit, Perversionen für moralische Defekte, das Schlagen der Frau, das Ärgern des Mannes, Onanieren, Trinken und Spielen für Folge bösen Willens hält, dem bleibt dies unbenommen. Indes soll er sich nicht unterfangen, als Therapeut oder Seelsorger aufzutreten, denn in jenen Urteilen bleibt er nur ein Mensch, der auf andere reagiert und dabei sich selbst darstellt.«[248]

Die Konzentrierung auf die Subjektivität und die Kritik an der Psychotherapie

Die Psychotherapie hat durch die ausschließende Konzentrierung auf den einzelnen Menschen ihr Interesse von anderen Gebieten abgezogen. Ihr lag wenig an geschichtlichen Überlieferungen oder an materialer Wertethik, an einem bestimmten Urbild oder Vorbild, sondern sie setzte alles auf die persönliche Beziehung von Mensch zu Mensch, von Arzt zu Patient. Dabei ging sie von einer im Menschen selbst liegenden »unzerstörbaren Möglichkeit« aus. Sie hatte ihre Krise, als sie von der Komplexerforschung zur Übertragungstherapie durchgefunden hatte. Doch gerade dadurch hat sie methodische und inhaltliche Erfahrungen erschlossen, die jetzt gültig werden: Ermahnung und Belehrung bleiben unwirksam, Entgegennahme von Bekenntnis wirksam; ebenso sind Gebot und Verbot unwirksam, Entdeckung und Erkenntnis dagegen wirksam. »Allgemein könnte man sagen, daß es im Wesen jeder Anforderung, auch der durch Amt bekräftigten liege, daß sie, indem sie fordert, Gehorsam empfängt, also etwas nimmt, statt etwas zu geben; daß sie Kraft entzieht, statt etwas zu spenden ... Indem sie aber Gehorsam nimmt, drängt sie den Kranken in Abhängigkeit und Unfreiheit zurück und damit in jene Lage, die dem kleinen Kinde natürlich und in der der neurotische Mensch zwanghaft und infantil verharrt.«[249] v. Weizsäcker wandte sich gegen eine mit der Autorität des Amtes operierende Seelsorge. Er wollte es dann erst »Dienst« nennen, wenn es dem Arzt und dem Seelsorger gelingt, die Unterweisung und den Einsatz von Autorität im Gleichgewicht zu halten. Auf diese Weise erhält der Arzt Anteil an der Not des Patienten und der Patient an der Not des Arztes.

Der eigene Leib als verbindliche Erfahrung

Die gemeinsame Mitte von Psychotherapie oder auch Medizin und Seelsorge ist die Erfahrung am eigenen Leib. Damit ist nicht etwas Bildliches gemeint, sondern der wirkliche Leib, die psychische Materie mit ihrer physiologischen Funktion. »Schmerzen, Schwindel, Müdigkeit, Sexualnot sind auch solche leiblichen Zustände. An dieser Stelle findet sich die Linie, welche Medizin und Seelsorge nicht etwa trennt, sondern verbindet.«[250]

Die Synthese

Die tiefere Verwandtschaft zwischen der Psychoanalyse und der theologischen Anthropologie kam für v. Weizsäcker an drei Stellen besonders zum Ausdruck:

1. In der Erkenntnis des radikalen Bösen. Hier wird es Erbsünde genannt und dort als Tendenz zum Vatermord, zum Inzest oder zur Destruktion erkannt.
2. In der verstehenden Haltung des Helfers. Jesus hat den Sündigen nicht am Gesetz gemessen, sondern wie einen Kranken behandelt. Die Psychoanalyse versucht den Menschen ebenfalls nicht an fremden Maßstäben zu messen.
3. In Protest und Reinigung des naturhaften Zustandes des Menschen. Was bei Paulus etwa mit Rechtfertigung und Heiligung bedeutet wird, das ist in der Psychoanalyse als läuternde und reinigende Bewältigung und Aufarbeitung verstanden. In beiden geht es um den Dialog, und beide kennen den Mangel, von der Welt dabei abzusehen.

In Berufung auf Paulus, der das Unbewußte, die Triebe, eben alles, was ins Leibliche hineinragt, als σάρξ verstand und gleichzeitig das umfaßte, was er ψυχή nannte, sah v. Weizsäcker die terminologischen Schwierigkeiten gegenüber der modernen Psychologie dort, wo sie ψυχή als πνεῦμα versteht. Die paulinische ψυχή hat teil am Leib oder Fleisch, die der modernen Psychologie am Geist. »Und ich finde auch bei Paulus nun die Ordnungsregeln: ἀλλ' οὐ πρῶτον τὸ πνευματικὸν ἀλλὰ τὸ ψυχικόν (1 Kor 15,46).«[251]

Dieser exegetischen Deutung v. Weizsäckers muß hier freilich widersprochen werden. Denn die Begriffe ψυχή, νοῦς, καρδία, πνεῦμα, φρένες konnten von Paulus austauschend gebraucht werden. »Von diesen Begriffen ist ψυχή schon dadurch einseitig auf die Seite der σάρξ gestellt, daß Paulus mit ψυχικός wie mit σαρκικός den irdischen, gottfernen Menschen bezeichnet, der dem göttlichen πνεῦμα verständnislos gegenübersteht (1 Kor 2,13f.; 15,44f.).«[252] Gerade dort, wo tiefere Regungen stattfinden, vollziehen sich Veränderungen im Organischen und nicht nur in einer oberflächlich verstandenen Geistigkeit. Diese Änderung will nicht als Ursache, sondern als eine Frucht einer Wandlung oder Veränderung erkannt werden. v. Weizsäcker stellte sich vor Freud, wenn jener dem Vorwurf ausgesetzt war, daß seine Libidotheorie zu materialistisch und einseitig sei. Er wollte darin eine Enthaltung sehen, die das größere Wort von der Liebe vermieden hat.

Sein Thema war ja die Neurose und nicht die Liebe. In der Neurose ist die Libido an das Symptom und an das Ich gebunden. »Es bedarf keines großen Schrittes der Interpretierung, um zu verstehen: der Neurotiker liebt nicht richtig oder nicht genug. Sein Sexualtrieb, seine Libido ist ›falsch‹ fixiert anstatt verfügbar zu sein. Sie ist gebunden statt beweglich, erstarrt statt lebendig. Geheilt werden wäre dann soviel wie lieben lernen.«[253] An dieser Stelle, wo ein Mensch in jenem Sinn seine Liebesfähigkeit erlernt und erprobt, steht die felix culpa nicht als eine Forderung, vielmehr als ein Gesetz des Werdens offen. v. Weizsäcker forderte von der Psychotherapie nicht, daß sie aus der Liebe kommen müsse, sondern etwas können muß. Ebenfalls will er das Wort θεραπεύειν nicht als Heilen, sondern als Helfen im ursprünglichen Sinn verstanden wissen. Die Antwort v. Weizsäckers an die Absage Thurneysens gegenüber der Psychotherapie bestand in der These, daß zwischen Psychotherapie und Seelsorge zwar zu unterscheiden ist, doch beide nicht voneinander zu trennen sind.

Der Gestaltkreis und die Kreisgestalt des Subjekts

Die Überwindung des kausalen Denkens

Hat aus dieser Darstellung sich schon die Haltung, in der ein Arzt oder Seelsorger dem anderen begegnen soll, erschließen lassen, so sei hier vor allem auf die beiden Hauptwerke v. Weizsäckers »Der Gestaltkreis« und »Pathosophie« verwiesen. Als Schüler L. v. Krehls haben sich sowohl R. Siebeck als auch v. Weizsäcker um die Person des Patienten bemüht, der mit seiner Biographie und an seinem Ort die Entstehung und Entwicklung der Krankheiten mitbestimmte. Der Gestaltkreis besagt, daß Sehen und Bewegen ein Akt sind. An zahlreichen Beobachtungen und Versuchen kam v. Weizsäcker zu dieser Erkenntnis (der menschliche Gang, der fliegende Schmetterling, der Drehschwindel). Ohne die Einwirkung »äußerer, mechanischer Kräfte auf das Lebewesen zu leugnen«, wird die Selbstbewegung des Subjektes festgestellt. Mit der Einführung des Leistungsprinzips, das er dem Leitungsprinzip gegenüberstellte, überwand er das kausale, reflexologische Denken. Das Zustandekommen einer Bewegung wie der Leistung des Gehens, Stehens, Laufens usw. beruht auf der Verwendung verschiedener Innervationen und Reflexe. Nicht die Reflexe setzen das Subjekt in Gang, sondern umgekehrt bedient sich das Subjekt der Reflexe.

Die Wahrnehmung

Zu den Bewegungen, die als Leistungen des Subjekts zu verstehen sind, gehört auch die Wahrnehmung. Im Nehmen liegt bereits das Moment aktiven Handelns. So wie in der Wahrnehmung eines unebenen Geländes ein Tasten und Sich-Anpassen geschieht, so stellen nach v. Weizsäcker Wahrnehmen und Bewegen in jedem umweltbezogenen Akt eine Einheit dar. Sie sind aufeinander bezogen und ineinander verklammert. Unter besonderen Bedingungen können bald das Wahrnehmen und bald das Bewegen in den Vordergrund bzw. Hintergrund treten. Bewegt sich nun ein Lebewesen – der fliegende Schmetterling oder der gehende Mensch –, so folgt daraus eine Verschränkung von Wahrnehmen und Bewegen; indem ich mich bewege lasse ich eine Wahrnehmung von mir erscheinen, oder indem ich etwas wahrnehme, halte ich eine Bewegung fest. Es erfolgt also ein Empfangen des Reizes und eine Körperbewegung, mit der ich mich ausstrecke und hinwende. Dies führte dann zum Prinzip der Drehtüre und zum Prinzip der gegenseitigen Verborgenheit.[254] Wir haben es also mit dem gegenseitigen Ausschluß zu tun. Wenn ich durch eine Drehtüre ein Haus betrete, kann ich es jetzt nur von innen sehen, trete ich wieder hinaus, so ist mir sein Innen oder seine innere Seite verborgen. »Wahrnehmen und Bewegen sind einander gegenseitig verborgen. Der Akt der Wahrnehmung ist zwar Selbstbewegung, das Bewegen ›weiß‹ aber gewissermaßen nichts von der Wahrnehmung, das Wahrnehmen nichts von der Bewegung: sie sind einander verborgen, wie man eben das Innere des Hauses nur sehen kann, wenn man hineingeht.«[255]

Die Einheit des Subjekts mit seiner Umwelt

Die Selbstbewegung des Lebewesens ist also nun der Ausgangspunkt. Darin liegt die Subjektivität. Das Objekt hat jetzt in der Biologie oder Medizin ein Subjekt bekommen. »Das hat die Physik und jede nach ihrem Ideal aufgebaute Wissenschaft nicht.«[256] Wyss stellte diese Entdeckung der Subjektivität in ihrer Bedeutsamkeit der Einsteinschen Relativitätstheorie und der Unbestimmtheitsrelation von W. Heisenberg an die Seite. Von da aus ließ sich der Gestaltkreis bestimmen als Einheit des Subjekts mit seiner Umwelt. Diese Einheit wird in Wahrnehmen und Bewegen aufrechterhalten. Damit ist gegeben, daß der Mensch die Welt und das Leben nicht von außen, also objektivierend betrachten oder darstellen kann, sondern er findet sich von ihr umschlossen und in ihren Innenraum verwiesen. Die Wahrnehmung selbst verstrickt ihn mit dem Spiel des Lebens.
Damit erscheint Gott nicht an einem äußeren Punkt von Zeit und Raum, sondern dem Menschen zugewandt im Gegenwärtigen und Bestehenden. Für v. Weizsäcker war es ein Gebot der Redlichkeit: »Wenn wir also gläubig werden, müssen wir uns schon entschließen, es nicht teilweise, sondern ganz werden zu wollen (vom Können wäre anders zu sprechen), und müssen dann sagen: jedes Ding und Geschehen ist und geschieht nur durch das Schöpfungswunder, und es gibt auch keine Grenze, von der ab es natürlich zugeht und ohne den Schöpfer geschieht.«[257]

Im Experiment hat v. Weizsäcker nachgewiesen, daß nicht das Ich die absolute ontische Größe sei, sondern das Wir, und so der cartesianisch orientierten Naturwissenschaft bis hin zur Psychoanalyse Freuds widersprochen, dessen Bestreben es war, psychische Zusammenhänge in den Begriffen der Libidoökonomie, nach elektrophysikalischen, quantenmechanischen und hydraulischen Begriffen darzustellen, die dem 19. Jahrhundert entsprachen.[258]

Einen Schritt weiter in der Bestimmung des Subjekt- und Personenbegriffs ging v. Weizsäcker mit der Krisensituation, in die das Ich nicht nur durch organische, sondern auch durch psychische, funktionelle Erkrankung gerät. Der Ablauf bestimmter Ordnungen ist unterbrochen.[259]

Damit hat ein stürmisches Geschehen eingesetzt, und es entsteht ein neues Bild, dessen Struktur anschaubar wird. »Es gelingt aber nicht, diesen neuen Zustand aus dem früheren einfach abzuleiten.«[260]

»Der Kranke selbst nämlich ist es, der davon den stärksten Eindruck empfängt. Mehr als sonst hat er das Gefühl der Überwältigung, des inneren Zerreißens, des unbegreiflichen Sprunges. Ein Beispiel ist etwa der Anfall eines schweren Kollapses oder Schwindels oder die Bewußtseinsveränderung, etwa der Schizophrenie, der Vergiftung, der Depression, der Ekstase, der Wollust oder des Rausches.«[261] Der Kranke ist fähig, den inneren kritischen Prozeß zu leben und wahrzunehmen. Wenn er seine Krise durchsteht, erfährt er eine Umformung, eine »Wiedergeburt«, eine neue Gestalt. In der Krise drohte die Identität des Subjekts mit sich selbst verlorenzugehen. »Man kann sagen: Wir merken das Subjekt erst richtig, wenn es in der Krise zu entschwinden droht. Das Subjekt ist kein fester Besitz, man muß es unablässig erwerben, um es zu besitzen.«[262] Damit läßt sich das Subjekt als die eigentliche Beschreibung des Personenbegriffs zusammenfassen:

a) Von dem Gestaltkreis her: Er setzt sich zusammen aus dem biologischen Akt von Wahrnehmen und Bewegen und konstituiert das Subjekt. Es ist und bleibt verstrickt mit der Objektivität und kommt aus dieser Verklammerung nicht heraus. Es ist grundsätzlich unmöglich, eine »analytische Trennung von Umwelt und Innenwelt bei biologischen Akten«[263] vorzunehmen.

b) Von der Krise her: Sie stellt das Subjekt als Einheit mit sich selbst in Frage. Hier aber, wenn sich das Subjekt bewährt, findet es zu seiner »unablässigen Wiederherstellung als das Stete im Unstetigen«.

Das Subjekt und seine Kategorien

In der Naturwissenschaft gelten als Kategorien, mit denen Lebendiges erfaßt wird, Raum, Zeit, Zahl und Kausalität. Diese Kategorien bestimmten auch die Forschung Freuds. V. v. Weizsäcker stellte die Kategorien des Antilogischen, des Pathischen und des Umgangs dagegen. Sie entsprechen mehr der Subjektivität des Lebendigen. Das Antilogische leitet sich her aus dem Existential der Begegnung. »Eine *Begegnung* ist mehr als eine bloße Berührung, wenn ich nicht als ein Subjekt vielen Objekten begegne, sondern in diesen Objekten auch auf Subjekte stoße, die, wie ich, sich selbst bewegen. Die Begegnung ist jetzt nicht nur Kontakt, Verschmolzensein in Erstarrung, sondern unabsehbar in ihrer Weiterbegegnung, da das andere Subjekt sich auf meines zubewegen, es fliehen, ihm seitwärts ausweichen könnte – ich kann es nicht wissen. Wenn wir den Kontakt halten wollen, aber auch, wenn wir ihn lösen wollen, müssen wir, mein Subjekt und das andere, miteinander umgehen – die Begegnung ist eine jetzt gerade sich ereignende Art des *Umgangs*. Begegnung von Subjekten, die einander gegenseitig Objekte sind, geschieht also als Umgang. Dieser Umgang steht nicht still. Er ist selbst Begegnung, aber wenn der Umgang einer von zwei bestimmten Subjekten ist und bleibt, dann hat er damit doch dies Beharrliche, daß es dieselben bleiben, daß diese Die-Selbigkeit einen bestimmten Weg ausgrenzt – das ist eine Gestalt – und daß er trotz Ortsveränderung etwas Beharrliches in der Beziehung bleibt, wie eine Geschlossenheit in sich – das ist das Kreissymbol.«[264] Die menschliche Realität ist eine fortlaufende Auseinandersetzung von Ich und Umwelt.

Das Antilogische hat keineswegs die Bedeutung von unlogisch oder alogisch, so wie es Freud für das Unbewußte benennen konnte, um das anscheinend irreale Chaos des Es zu bezeichnen. Mit Antilogisch sind alle Paradoxien gemeint, die durch keine Metaphysik aufzulösen sind, sondern den Widerspruch lebendigen Geschehens enthalten. Der Mensch kann von sich beides sagen, sowohl, daß er »wird«, als auch, daß er »vergeht«.

Aber auch Ereignisse wie Geburt und Tod, Krisen, Wandlungen, Begegnungen und Entscheidungen sind antilogische Ereignisse. Dazu kommen als ergänzende Kategorien die Bewährung anstelle der Identität und die Verantwortung anstelle der Freiheit. Damit ist ein weiterer Aspekt zugänglich geworden, der die Spannung von Ontischem und Pathischem ausmacht. Denn nicht Ontologie oder Metaphysik bestimmen das Leben, sondern die Auseinandersetzung, das Ringen der Leidenschaft; im Kampf, in Leid und Schuld wird das Leben erfahren, »weil der Mensch im Sinne des Gestaltkreises grundsätzlich situationsbehaftet ist«[265].

Die fünf pathischen Kategorien

Sodann führte v. Weizsäcker die fünf pathischen Kategorien, das pathische Pentagramm ein, die als Zeitwörter den Fluß der Bewegung wiedergeben: das Wollen, Können, Dürfen, Sollen und Müssen.[266] Wyss vermißte an ihrer Seite noch das Wünschen und das Hoffen. Danach ergeben sich für den Personbegriff nach v. Weizsäcker diese 4 Komponenten:

1. das Antilogische, zusammengesetzt aus den Kategorien des Werdens, Begegnens, Ereignens, der Bewährung und Verantwortung;
2. das Pathische, im Leiden gründend. Das Verhältnis zum Geist und zur Ontologie ist das der gegenseitigen Verborgenheit;
3. die Person schafft die Ordnungen und Grundlagen des ontisch bestimmten Daseins durch Entscheidung;
4. durch die Entscheidung entstehen Abhängigkeiten, die jedoch in der Liebe positiv getönt sind.

Damit ist eine Möglichkeit gefunden, die Realität des Menschen als das werdende Geschehen einer Begegnung zu begreifen, wenn sie als partnerschaftliche Kreisgestalt gewahrt bleibt. Wyss sieht in v. Weizsäckers Konzeption des Gestaltkreises eine therapeutische Basis, die dazu in der Lage ist, im Streit der tiefenpsychologischen Schulen zu vermitteln. Denn in der Psychotherapie sind jene beiden Pole miteinander verschränkt und in ihrer gegenseitigen Bedingtheit grundlegend: die Konfrontierung des Patienten mit sich selbst, mit seinen eigenen Schwächen (Abwehr, Fassade, Persona) und den eigenen Möglichkeiten, die gerade in der Begegnung »oft bestürzende Erlebnisse und Erfahrungen« durchleben läßt.[267] Die Gefahren liegen gleichzeitig da, wo ein großes begriffliches und methodisches Instrumentarium zusammengestellt wird, um dann dem Subjekt und dem Subjektiven zuviel schuldig zu bleiben, aber auch dort, wo es daran fehlt, daß der Patient oft zu wenig an Distanz und echter Konfrontation erfährt. »Die Schwierigkeit der Psychotherapie, hier die Balance zwischen Erkennen und Liebe zu halten, den Patienten zu durchschauen, aber liebend anzunehmen, ihn nicht nur als Objekt der Übertragung zu sehen, sondern auch als Menschen ernst zu nehmen, darf nicht unterschätzt werden.«[268] Gerade hier ist nun der Gestaltkreis eine Beziehungsdimension, die dazu auffordert, das Erkennen, Distanzieren und Objektivieren einerseits sowie das Verstehen und Annehmen andererseits zu durchlaufen. Geschieht die Begegnung in diesem Kreis, so ist der Patient wie der Therapeut in gleichem Maße zur Verantwortung gerufen, und das Gelingen oder Mißlingen steht in gegenseitiger Abhängigkeit.

Es bleibt festzuhalten, daß der Mensch als Subjekt seiner depressiven Erkrankung seinen Raum beansprucht. Im Gestaltkreis, den er geprägt und verantwortet hat, begegnet man ihm in seiner Situation, die durch vielfältige Beziehungen bestimmt ist. Diesem Subjekt also gilt es zu entsprechen. Auch wenn die Krankheitslehren das Phänomen, den Verlauf oder die innere Dynamik zu verstehen geben – das Subjekt selbst hat seine eigene und besondere Geschichte, die zu hören und zu bedenken ist. Die pathischen Kategorien geben die Möglichkeit, auf die Schwere der Krankheit zu achten. In der Depression sind die pathischen Kategorien von Sollen und Müssen so dominant, daß die anderen dabei ganz in den Hintergrund treten. In dem Maß, als der Patient wieder die übrigen aufnehmen kann, erlebt er seine Gesundung. Für die theologische Anthropologie nimmt der Begriff der Ebenbildlichkeit Gottes das Recht des Subjekts in einem erweiterten Maß wahr und stellt es in einen soteriologischen und ekklesiologischen Zusammenhang, der von der Rechtfertigungslehre und der Lehre von der Heiligung eingenommen wird.

In den wiederkehrenden Kategorien des Dürfens und Könnens, des Wünschens und Hoffens stellt sich verlorenes und entbehrtes Leben wieder ein, indem es neu und anders gewagt wird.

Zweiter Teil

Die Wahrnehmung des depressiven Menschen in der Begegnung mit der kirchlichen Seelsorge

Nachdem der depressive Mensch selbst in seinem authentischen Wort und in der vermittelten Wahrnehmung psychiatrischer und psychoanalytischer Beobachtungen und Beschreibungen zur Sprache gekommen ist, soll es jetzt unter Beachtung des vermittelten Grundwissens um die seelsorgerliche Begegnung mit ihm gehen. Dabei ist, wenn der Begriff der Seelsorge verwendet wird, zuerst eine Abgrenzung gegenüber dem sokratisch-platonischen Verständnis notwendig. Denn nach dem biblisch-theologischen Verständnis kann es nicht um eine seelische Freisetzung des Menschen aus seinem Leib-Gefängnis gehen. Im Schöpfungsakt Gottes liegt die leib-seelische Einheit begründet, die Christus in seiner Person selbst darstellt und mit seiner Lebenshingabe erlöst hat. Der kirchlichen Seelsorge geht es um die Sorge für den ganzen Menschen. Dann meint Seele »das an einen Körper gebundene Leben, den durch einen Leib individualisierten Geist, das lebende Individuum als Vergängliches«[1].

In der Begegnung mit dem depressiven Menschen ist Seelsorge zu einer ganzheitlichen Sichtweise geradezu herausgefordert. Denn sie hat es mit dem Menschen zu tun, der mit körperlichen *und* seelischen Symptomen sich zu erkennen gibt. Bei einem gespaltenen, »neurotischen« Verständnis, auf das v. Weizsäcker hingewiesen hatte, mit seiner Aufteilung in physische und psychische Zuständigkeiten, bliebe der »Seel«-Sorge lediglich eine Begleitung vorbehalten, die sich ausschließlich der geistlichen Thematik anzunehmen hätte. Dabei ist der depressive Mensch, mehr als jeder andere, ein vom Glauben bestimmter, umgetriebener und auch angefochtener, der in seiner Glaubensnot verstanden und ernst genommen sein möchte, obwohl seine körperlichen Schmerzen, seine unsagbaren Ängste und traurigen Stimmungen im Vordergrund stehen und zunächst »etwas anderes sagen«.

Dieser so niedergedrückte Patient fragt nach dem Therapeuten, der die geistliche Dimension versteht, und nach dem Seelsorger, der die psychischen und tiefenpsychologischen Zusammenhänge erkennt.

Gewiß läßt sich heute nicht mehr sagen, was v. Weizsäcker damals noch resignierend feststellen mußte, daß »Psychotherapie nichts von Sakrament, Sündenvergebung und Erlösung weiß, die Kirche weiß nichts von Verdrängung, Unbewußtem und Neurose«[2]. Denn sowohl in der Psychiatrie und Psychotherapie wie auch in der Poimenik ist es zur gegenseitigen Beachtung und zum wechselseitigen Verständnis gekommen. In der Poimenik erfolgte eine bedeutsame Öffnung zu den tiefenpsychologischen Erkenntnissen hin, deren wichtigste Vertreter hier genannt seien: H. Clinebell, O. Haendler, H. Harsch, H.-Chr. Piper, R. Riess, J. Scharfenberg, D. Stollberg und H.-J. Thilo.

Dabei entstand die theologische Gefahr, daß das von Thurneysen festgehaltene und später von H. Tacke, W. Schütz, G. Hennig, H.-O. Wölber und W. Jentsch wieder angemahnte Kriterium des expliziten Zeugnisses von Gottes Heilshandeln in Christus der Seelsorge wieder verlorengehen, relativiert oder ersetzt werden könnte. Seelsorge ist aber nur dann Lebenshilfe, wenn sie zum Glauben helfen kann.

Deshalb seien die drei grundlegenden Thesen von M. Seitz hier übernommen:

»Satz 1: Seelsorge ist Beistehen in den Grundsituationen des Lebens vom Evangelium her.

Satz 2: Ihr Adressat ist der ganze Mensch in seiner von Gott entfremdeten Geschöpflichkeit.

Satz 3: Ihr Ziel ist sein Heilwerden durch das helfende Gespräch im Bekenntnis des Glaubens.«[3]

Darum und darin geschieht Sorge um die Seele des Menschen, weil Gott selbst als der Schöpfer des Lebens sich von Anfang an um den ganzen Menschen gekümmert und ihn mitgehend begleitet und sorgend umhüllt hat. (Diese Umhüllung fand z.B. in Ps 139,13ff. einen umfassenden Ausdruck.)

Dem Sorgen Gottes geht sein Sehen voraus, mit dem er sowohl sein Werk wie auch das Tun des Menschen im Guten wie im Bösen wahrnimmt (Gen 1,3.12.18; 6,5.12; u.v.a.). Das Sehen Gottes richtet sich aber besonders auf den, der »demütigen und zerschlagenen Geistes ist und vor seinem Wort erzittert« (Jes 66,2). Ja, es hat ihn, den Fernen

und Erhabenen, der in den »Höhen als Heiliger« thront, geradezu hingezogen zu den Bedrückten, um den »Geist der Gebeugten beleben und das Herz der Zerschlagenen erquicken« zu können (Jes 57,8).
Wenn der Mensch im Glauben sich wahrnehmen läßt, spürt und erkennt er die umhüllende Wahrnehmung Gottes, die allem menschlichem Sehen, Erforschen und Erkennen voraus ist. Von ihr wußte sich z.B. der Beter des 139. Psalmes durchschaut und angesehen, erkannt und auch umgeben. Die Wahrnehmung Gottes geschah in zeitlicher und räumlicher, in physischer wie in psychischer Hinsicht. In diese umfassende Sichtweise ist Christus eingetreten. »Als er aber die Volksmenge sah, fühlte er Erbarmen mit ihnen; denn sie waren abgequält und erschöpft wie Schafe, die keinen Hirten haben« (Mt 9,36). Er nahm unter vielen anderen besonders die Verlorenen wahr und suchte sie auf (Lk 15,1ff.; Mk 2,14; Lk 19,5; Joh 5,6; 6,5; u.v.a.).
Für das menschliche Wahrnehmen findet sich im Neuen Testament mit ἀτενίζειν ein »lukanisches Lieblingswort« (Haenchen), das in Apg zehnmal vorkommt. Es meint: gespannt auf jemanden oder etwas hinsehen. So sahen die Jünger gespannt zu, als Jesus in den Himmel fuhr (Apg 1,10), und Stephanus blickte zum Himmel voller Hoffnung und starrte nicht auf seine Ankläger. Als Petrus und Johannes auf dem Weg zum Tempel waren, da sahen sie einen gelähmten Bettler sitzen. »Petrus schaute ihn fest an« (Apg 3,4).
Haenchen kommentierte diese Stelle: »Hier wie in Apg 13,9 soll das Anblicken den für das Wunder notwendigen inneren Kontakt herstellen. In Wundergeschichten kommt ἀτενίζειν häufig in diesem Sinn vor.«[4] Um dabei den beiderseitigen Kontakt zu beschreiben, hat die Lesart D für dasselbe Verb auch das »Hinsehen« des Bettlers verwandt. Dieses genaue Hinsehen sichert dem Geschauten einen zuverlässigen Wert (Apg 6,15) und bewahrt vor Täuschung und vor Irrtum.
Es ist aber auch der erwartungsvolle »Augenblick« (wie in Apg 10,4) gemeint, wo Cornelius der Erscheinung des Engels sich öffnet und das erfaßt, was vom anderen herkommt. Da »blickte er ihn genau an, und als er sah, daß er den Glauben hatte, gerettet zu werden ...« (Apg 14,9), da heilte er ihn.
Kirchliche Seelsorge geschieht also im Namen und in der Beauftra-

gung des sich um die Menschen sorgenden Gottes, der in Christus die Schwachen und Verlorenen wahrgenommen hat. Sie bedarf dazu des Wissens und der Sehhilfe durch die anthropologischen Wissenschaften. Sie bleibt aber eingebunden in die nachgehende, sich des Menschen erbarmende Seelsorge Gottes, die sich im Gottesdienst der Gemeinde, in den Diensten der Diakonie und in der Gemeinschaft der Kirche realisiert. Die seelsorgerliche Begegnung geschieht vor allem im Gespräch als dem Ort und der Weise der Begegnung mit dem einzelnen Menschen. Was das Gespräch mit dem depressiven Menschen freilich erschwert, ist die Tatsache, daß ihm das expressive Menschsein versagt erscheint. Auf der anderen Seite aber ruft gerade er nach dem Partner, der ihn versteht. Er sucht den zuverlässigen Menschen und den glaubwürdigen Zeugen. Denn ihn quält auch, daß sein Glaube darniederliegt und er sich um eine Kraft beraubt sieht, die ihn getragen und gestützt hatte. So ist gerade die Sache des Glaubens, auch wenn der Begriff der »religiösen Melancholie« verschwunden ist, ein bewegender und wesentlicher Inhalt depressiver Erkrankungen geblieben.
Darauf hat Hole in einer großen psychiatrischen Untersuchung hingewiesen, die in ihren wesentlichen Ergebnissen zunächst vermittelt werden soll, um die Wahrnehmung zu ergänzen und den besonderen Raum der Seelsorge zu erschließen.

Der Glaube bei Depressiven nach G. Hole

In seinem Aufsatz über das »Glaubensleben in der melancholischen Phase« hatte W. Schulte schon bedauert, daß man psychiatrischerseits der religiösen Frage ausgewichen ist, obwohl man sich schon seit Celsus und Aretaeos im 1. und 2. Jahrhundert n.Chr. dieses Zusammenhanges angenommen hatte. Mit seiner Untersuchung »Der Glaube bei Depressiven« wollte Hole diese seit langem bestehende Lücke schließen, die in der systematischen Darstellung der Depression klaffte und nicht nur aus methodischen Gründen resultierte, sondern eine gewisse Hilflosigkeit gegenüber der religiösen Problematik widerspiegelte. Die Untersuchungen stützten sich weitgehend auf Beobachtungen und Befragungen, die zwischen 1970 und 1974 in der psychiatrischen Universitätsklinik Basel angestellt worden sind. Hole wollte die Zusammenhänge aufzeigen, die zwischen der Depressivität und dem religiösen Erleben des Patienten bestehen. Es würde den Rahmen dieser Arbeit weit übersteigen, sollten die umfangreichen und in Methode und Gründlichkeit einzigartigen Untersuchungen Holes in allen Einzelheiten reproduziert werden. Deshalb wird hier nur das aufgenommen, was nach Holes eigener Beurteilung signifikant ist.

Zuerst wollte er in Erfahrung bringen, ob ein Zusammenhang bestehe zwischen bestimmten religiösen und erziehungsmäßigen bzw. entwicklungsbedingten Merkmalen aus der Kindheit und dem Glaubensleben in der Depression.

7,3% der Befragten gaben an, keine »religiöse Erziehung« gehabt zu haben,
22,9% eine geringe,
50,5% eine durchschnittliche,
19,3% eine sehr strenge.

Demgegenüber äußerten
7,7% eine sehr freie,
35,6% eine durchschnittliche,
34,6% eine eher strenge,
22,1% eine sehr strenge Erziehung erhalten zu haben.[5]

Hierbei war wichtig, daß kein Patient, der eine sehr freie Erziehung erfahren hat, sich bei »keiner religiösen Erziehung« einordnete. Und auch nur 10 von 25 Patienten, die eine sehr strenge Erziehung hatten, fanden sich bei einer strengen religiösen Erziehung wieder. Die Katholiken haben bei den »streng«-Skalen einen auffallend hohen Anteil eingenommen. Festzuhalten bleibt hier, daß beide Reihen relativ selbständig voneinander und in keinem ursächlichen Verhältnis zueinander standen. Die Gruppe der unter 45jährigen hat ihre Kindheit häufiger als unharmonisch, getrübt oder schwer gesehen.

Was die prämorbiden Merkmale des Glaubenslebens im Erwachsenenalter, seine Entwicklung und Kontinuität betrifft, so war Hole von der hohen Zahl (35,3%) der Patienten überrascht, die geäußert hatten, früher »stets gläubig gewesen zu sein und nie gezweifelt zu haben«. Auch hier differenzierte sich das Bild durch den Altersfaktor, da die jüngeren Patienten eher einen Glaubensverlust bekannten.

»Zwischen der Skala der prämorbiden Glaubenskontinuität und der Skala der religiösen Erziehung besteht korrelationsstatistisch ein signifikanter positiver Zusammenhang.«[6] Das entspricht der Erfahrung, daß das in der Kindheit und Jugend gelegte Fundament sich für das Erwachsenenalter als tragfähig erwiesen hat. Vor allem aber entsprachen sich die Skalen auch negativ. Bei einer in der Jugend fehlenden religiösen Bildung fiel auch im Erwachsenenalter diese Bindung aus.

Für alle folgenden Untersuchungen wurden nicht nur Fragebogen ausgegeben und beantwortet, sondern es wurden auch im Einzelgespräch Fragen gestellt und erläutert und dadurch vertieft.

»Bei der allgemeinen religiösen Einstellung« bezeichneten sich 55% als durchschnittlich religiös.

Nach der Bedeutung Gottes im eigenen Leben befragt, äußerten fast 60%, daß sie »manchmal in ihrem Leben Gottes Hilfe brauchen«.

»Dieser Schwerpunkt darf als charakteristisch für einen verbreiteten Frömmigkeitstypus gelten, bei dem Gott die Rolle einer Art Hilfskraft in Krisensituationen spielt.«[7]

Die zur Bedeutung Gottes eher zurückhaltenden Meinungen waren gegenüber der Person Jesu wesentlich positiver. Nur von 12% kamen ablehnende Äußerungen; für Jesus als menschliches Vorbild votierten etwa 43% und ebenso viele für Jesus, der als Gottes Sohn »für meine Sünden gestorben ist«[8].

Die religiöse Einstellung zum Kranksein

44,5% verneinten einen Zusammenhang von Kranksein und dem Glauben an Gott. Das überraschte. Denn darin zeigte sich auch, »daß sich der geringe existentielle Stellenwert traditioneller theologischer Verknüpfungen besonders dort zeigt, wo es um die Bewährung in konkreten und zugleich schwierigen Lebenssituationen geht«[9]. Ein Viertel der Befragten nahm die Erkrankung als Gottes Wille an.

Über die Teilnahme am Gottesdienst im prämorbiden Stadium äußerten sich

20,9 % mit nie,
40 % bei besonderen Anlässen,
20 % öfters und
19,1 % regelmäßig.

»Höchst bemerkenswert und für das Thema wesentlich ist jedoch, daß sich in dieser Teilgruppe des Kollektivs (20,9 % mit nie) eine besondere Häufung von Suizidversuchen findet.«[10]

Auf die Frage, ob sie jetzt, zur Zeit der Erkrankung, gerne den Gottesdienst besuchen würden, antwortete fast die Hälfte mit »nie«. »Diese Einstellung darf als deutlicher Ausdruck des depressionsbedingten Interessen- und Aktivitätsverlustes und der Verminderung der emotionalen Beziehungen im religiösen Bereich aufgefaßt werden.«[11] An dieser Stelle des Interesses am Gottesdienstbesuch endete auch die Prävalenz der katholischen Patienten aus der prämorbiden Zeit.

Religiöse Erfahrungen während der Depression

Hole stellte diesem Abschnitt die Hypothese voran, »daß in der Depression weniger eine inhaltliche Veränderung als vielmehr eine emotionale Entleerung des Glaubens stattfindet«[12]. Die Kontrastbefragung gegenüber der prämorbiden Zeit enthielt »durchweg emotional akzentuierte religiöse Merkmale«.

Zunächst, als die Frage noch sehr allgemein gestellt war (nach dem Glauben an Gott oder ein höheres Wesen), ergab sich »ein mehrheitlich gleichgerichtetes bzw. wenig abweichendes Antwortverhalten für den gesunden und depressiven Zustand«[13]. Daraus zog Hole den Schluß, daß gerade die Formel »Glaube an Gott« vom Depressiven als eine derartige Soll-Norm ängstlich bewahrt wird, »auch wenn sie in seinem Erleben bereits keine emotionale Resonanz mehr findet«[14]. Doch als der subjektive und emotionale Anteil im Glaubensleben angesprochen wurde, trat eine deutliche Abnahme der Bereitschaft ein, mit Gott zu rechnen. Die älteren Patienten gaben auch hier die »frömmeren« Antworten.

Mit der Variablen »Geborgenheit im Glauben« wurde die depressive Situation besonders angesprochen. Damit sollte der Gegensatz zur inneren Leere, zum Gefühl des Ausgeliefertseins und vor allem zur Angst in der Depression erfaßt werden. Ein deutlicher Rückgang der bejahenden Antworten wird hier sichtbar, da 38% mit »nein« und 37% mit »manchmal« antworteten.[15] Daneben aber stellte sich die höchste negative Korrelation zur Depressionstiefe heraus.

Mit der Frage: »Glauben Sie jetzt an Ihre eigene Erlösung oder Ihr ewiges Heil? Haben Sie in gesunden Zeiten daran geglaubt?« wurde die Ausrichtung auf die Zukunft angesprochen. Doch bei der situativen Hoffnungslosigkeit des Depressiven mußte der Rückgang hier in diesem Ausmaß erwartet werden. 40% antworteten mit »nein«, 29% mit »unklar«, 26% mit »manchmal« und nur 15% mit »immer«.

Auch das Gebetsleben zeigte sich stark gestört. Etwa 40% der Patienten sprachen von ihrer Unfähigkeit, noch zu beten, ca. ⅓ konnte noch beten, und ¼ vermochte sogar mehr zu beten als früher. An dieser Stelle trat noch ein Geschlechtsunterschied hervor. Männer hielten ihr Gebetsleben in der Depression eher durch als Frauen. Hole nahm an, daß Männer in der Regel ihr Gebetsleben emotional in der prämorbiden Zeit nicht so intensiv erlebten und deshalb auch in der Depression auf der emotionalen Basis nicht so erschüttert werden konnten wie die Frauen.

Auf die Frage nach dem subjektiven Erleben der »Gegenwart Gottes« antwortete über die Hälfte der Patienten, daß sie diese »noch nie gespürt« oder höchstens in gesunden Zeiten manchmal gespürt hätten. Ein Viertel dagegen spürte sie so wie früher und 15% sogar stärker als früher. Bei aller Skepsis dem Antwortverhalten gegenüber ließ sich bei der letzten Gruppe eine echte Intensivierung des »religiösen Erlebens« vermuten.[16]

Die Glaubensgewißheit als »besondere formale Qualität innerhalb der religiösen Erlebnisweisen«, die im »emotionalen Bereich verankert ist und der eine ausgesprochen stabilisierende und tragende Funktion zukommt«[17], war bei 27% der Patienten in gesunden Zeiten schon nicht vorhanden. Dieser Anteil traf auch für die anderen Variablen zu, die ebenfalls eine hohe emotionale Komponente der Religio-

sität enthalten haben. Bei einem Drittel der Patienten, die von sich sagen konnten, daß sie jetzt so gewiß wie früher seien, gewann Hole aus den geführten Gesprächen den Eindruck, daß sie eher an einer Sollnorm des Glaubens festhalten wollten. Auch hier wurde wieder der Geschlechtsunterschied deutlich. Männer zeigten größere Stabilität und vermochten sie besser durchzuhalten, was wohl damit zusammenhing, daß »Gewißheit« für Frauen stärker emotional und weniger intellektuell akzentuiert und daher auch in der Depression wesentlich störanfälliger war als bei Männern.
Mit der Frage nach der Zuwendung (»Sichkümmern«) Gottes[18] sollte sowohl eine theologisch bekannte wie auch stark emotional geprägte Komponente, die Anlaß zu aggressiven und auch frustrierten Erlebnisweisen geben könnte, angesprochen werden. Daß Gott sich nicht um Menschen kümmere, wurde von etwa ¼ festgestellt, auf die eigene Person bezogen aber nur von 8,6%. Diese kleine Gruppe der »aggressiv-antireligiösen«, anklagenden Patienten verteilte sich auf das ganze diagnostische Spektrum. Fast ein Viertel der Patienten klagte darüber, daß Gott sich jetzt nicht mehr oder nur wenig um sie kümmere. Diese Gruppe kann als »überzeugender Ausdruck« des depressiven Verlassenheits- und Leeregefühls verstanden werden.[19]
Doch 45,7% bekannten, daß Gott sich »auch jetzt täglich« um sie kümmere. Diese Aussagen erklären sich sowohl aus einer geringeren Tiefe der Depression wie auch aus dem Festhalten an der Glaubensnorm.
Hole kam zu dem Ergebnis, daß die Gruppe der Depressiven »insgesamt eine intensivere Bindung an den religiösen Bereich zeigt als andere psychiatrische Patienten«[20]. Innerhalb dieser Gruppe wiederum zeigte die Subgruppe der endogen Depressiven eine »stärkere Bindung zum religiösen Bereich« als die der psychogen Depressiven. Daß die letztere ihre Kindheit eher als »unschön« oder »schwer« bezeichnete gegenüber der Gruppe der endogen Erkrankten, geht auf die generelle Unterscheidung zurück. Besonders aber die Bedeutung Gottes und Jesu für das eigene Leben ergab bei den endogen Depressiven höhere Skalenwerte. So fand Hole die Hypothese bestätigt, »daß sich endogen Depressive gegenüber psychogen Depressiven in ihrem Antwortverhalten als religiöser qualifizieren«[21].
Gerade in der »besonderen personalen Beziehung« des Glaubens sah

er das herausragende Kriterium der endogen Depressiven. Sie bevorzugten darin das Element der Abhängigkeit, bestimmte Hilfe- und Leitbildangebote, letztlich jedenfalls eine Ausrichtung des Daseins nach »religiösen Normen« und Ordnungen. Hole sah damit das melancholische Element getroffen, so wie es J. Gneist, H. Tellenbach und H.J. Haase schon aufgezeigt hatten.
In der endogenen Gruppe also fanden sich die »mehr normbezogenen, emotional bindungsfähigeren, dabei auch religiös stärker gebundenen, doch weniger neurotischen Patienten« vor, während in der psychogenen Gruppe die »weniger normgebundenen, allgemein weniger bindungsfähigen, auch religiös weniger gebundenen, doch gleichzeitig (definitionsgemäß) insgesamt stärker neurotischen Patienten« enthalten gewesen sind.[22]
Was die Depressionstiefe betraf, so ließen gerade die emotional geprägten Merkmale, bei denen Kontakt- und Erlebnisfähigkeit eine große Rolle spielten, den Schluß zu: je tiefer die Depression, um so größer die Störung und Entleerung im religiösen Bereich. – Inwieweit waren nun die Antworten innerhalb der Skalen durch die Depressionstiefe mitbestimmt, oder, umgekehrt, inwiefern ließen die Antworten bei den religiösen Merkmalen Rückschlüsse auf die Depressionstiefe zu? Hole konnte weder bei der religiösen oder allgemeinen Erziehung und Kindheitsbeurteilung eine Abhängigkeit von der Depressionstiefe finden noch bei dem prämorbiden Gottesdienstbesuch oder Gebetsleben. Die prämorbide Glaubenskontinuität dagegen zeigte um so größere Schatten, je tiefer die Depression war. »Die höchsten negativen Korrelationen ergaben sich dabei für das gegenwärtige Geborgenheitsgefühl, den Erlösungsglauben und den Glauben an Gott oder ein höheres Wesen.«[23] Nun ließ sich auch die Frage beantworten, ob nicht bei der vagen, offenen Frage: Sind Sie religiös? auch schon nach der Intensität der Depression gefragt worden war. Von den 19 Patienten, die mit »nein« antworteten, ergab sich bei 12 und von 24, die sich für »gering« entschieden, bei 16 eine hohe Depressionstiefe.[24] Die Fragen zu Schuldgefühlen und Selbstvorwürfen erbrachten durch die Interviewmethode exaktere Ergebnisse. Während Gneist bei Männern eine stärker ausgeprägte religiöse Schuldproblematik sah, konnte Hole dies nicht mehr konstatieren. Weder im konfessionellen noch im altersmäßigen Anteil ließen sich

bestimmte Tendenzen ablesen. Hatte gerade A. v. Orelli in seinen Untersuchungen ein Überwiegen der Versündigungsideen bei Protestanten gegenüber Katholiken – 62% : 54% für die Jahrgänge 1915–1939, 48% : 34% für die Jahrgänge 1940–1951[25] – festgestellt, so ist jetzt bei dem Rückgang der religiösen Schuldthematik eine konfessionelle Gleichverteilung zu vermerken. Für keine der beiden Gruppen aber konnte Hole eine besondere Vorrangstellung der Schuldthematik ausmachen. Das gibt insofern zu denken, als man mittels der Diagnose früher schon meinte, von auffälligen Schuldgefühlen aus auf eine endogene Depression schließen zu können.

Bei der Aufgliederung der Schuldinhalte ließen sich nur noch bei 4 Patientinnen religiöse Inhalte feststellen. Ein ähnlicher Rückgang war auch bei sexuellen Schuldinhalten zu sehen. Hier waren es noch 9. Hole wies auf den Zusammenhang dieser beiden Inhalte hin, weil sie durch »die kirchliche Tradition« geprägt waren und verändert worden sind. Die meisten der Verfehlungen (35%), mit Nebeninhalten sogar 52% des Gesamtkollektivs, bezogen sich auf den familiären Bereich und unterstreichen die Wichtigkeit dieser affektiven Beziehungen. Nach v. Orelli nahmen diese Inhalte auch zu. Die beruflichen, allgemein ethischen und sonstigen Bereiche machten 12% aus. Hole betonte in diesem Zusammenhang ausdrücklich, »daß unbestimmte und objektlose« Schuldgefühle äußerst selten (in reiner Form nur einmal) gefunden werden konnten.[26] Er sah den Grund dafür darin, daß frei flottierende Schuldgefühle eben nur flüchtig auftraten und, wo sie im Gespräch geklärt werden konnten, sich ohnedies konkretisieren ließen. Schuldgefühle ergaben zu religiösen Merkmalen keine besonderen Verbindungen. »Dies berührt sich mit den Ergebnissen einzelner Autoren, daß religiöse und nicht-religiöse Menschen gleichermaßen ›Schulddepressionen‹ entwickeln können (Schou, Schmitt und Vogt).«[27] Es lag also auf keinen Fall eine direkte Abhängigkeit der Schuldbereitschaft von der Religiosität vor, sondern allenfalls waren beide eine Form gemeinsamer Abhängigkeit von anderen psychischen Vorgängen.

Woher aber kam dann die ständig wiederkehrende Vermutung, daß es doch einen Zusammenhang zwischen den prämorbiden religiösen Merkmalen wie religiöser Erziehung, Gottesdienstbesuch, Gebet, Glaubenskontinuität, Geborgenheitsgefühl, Erlösungsglaube und

depressiven Schuldgefühlen geben müsse? Hole äußerte die Vermutung einer typisch »perspektivischen Täuschung seitens der Beobachter«[28]. Diese Verbindung sah er dadurch begünstigt, daß durch die christliche Tradition der Schuldaspekt so stark in den Vordergrund gerückt worden war, daß eine »Projektion in den pathologischen Raum« stattgefunden haben könnte, die durch eine kleine Gruppe von Patienten auch tatsächlich immer wieder bestätigt werden konnte.
Die Fragebogen haben deutlich gemacht, daß die Merkmale aus der prämorbiden Zeit, die einen depressiven Schuldzusammenhang aufweisen, alle nicht-religiöser Art sind. Hierbei handelte es sich um die Beurteilung der eigenen Kindheit (nach Interview) und um die Persönlichkeitsstruktur. Schuldgefühle treten demnach in der Depression auf, wenn der Patient seine Kindheit als negativ schildert oder »seine Selbstbeurteilung auf das Element der Introversion hinweist«[29].
Hole fragte schließlich danach, vor welchen Instanzen sich jemand schuldig fühlte. (»Vor wem fühlen Sie sich schuldig?«) Daß sich 18 von 110[30] Patienten vor der göttlichen Hauptinstanz schuldig fühlten, ist viel weniger, als sonst bei positiven religiösen Antworten zum Ausdruck gekommen ist. »Offenbar bedarf es ganz anderer psychischer Voraussetzungen, daß in der Depression tatsächlich Gott spontan als Instanz erlebt wird, als man es theoretisch aus der Häufigkeit der deutlich positiven Äußerungen zu Glaubensfragen vermuten würde.«[31] Auch hier ist die Entwicklung in einem deutlichen Rückgang der religiösen Bindungen seit der Jahrhundertwende spürbar. 32 Patienten gaben als Instanz den familiären Bereich an, was wohl ihrem Verantwortungsgefüge in diesem Bereich entsprach. Fast ⅕ der Befragten gab der Instanz »Selbst« die Schuld. Doch aus der Art und Weise, wie hier geantwortet wurde, läßt sich auf ein mangelhaftes »Instanzenbewußtsein« schließen. Es hat sich hier gezeigt, daß der Patient mit der Beantwortung der Frage, »vor wem er sich schuldig fühle«, überfordert war. In diesen Zusammenhang gehörten auch die Bestrafungsideen, die von der Hälfte der Patienten bejaht wurden. Auch das Gefühl, »verdammt« oder »verdammungswürdig« zu sein, trat bei ¼ von ihnen auf. Doch um hier zu konkretisieren, wurde danach gefragt, ob die gegenwärtige Krankheit als Bestrafung angesehen würde oder aber eine Bestrafung für die Zukunft erst erwartet würde. Hier gaben die Patienten, die unter einer religiösen Verfehlung

litten, an, daß die gegenwärtige Depression als Strafe noch nicht ausreiche, sondern erst noch erwartet würde.

Bei den Involutionsdepressionen scheinen Bestrafungsideen zuzunehmen. Sie kommen hier genauso vor wie bei der endogenen und bei der psychogenen Gruppe, so daß der Faktor der Endogenität keineswegs maßgeblich für diese Akzentuierung ist.

Das Befragen der Patienten nach dem Vorhandensein und nach der Intensität von Selbstmordgedanken und Todeswünschen ergab, daß sich 57% von ihnen den Tod wünschten (leicht oder sehr) und daß 42% das Vorhandensein von Suizidgedanken bestätigten. »Jedenfalls kann man, auch eingedenk der Interpretationsprobleme bei diesen Angaben, die Hälfte aller Patienten als leicht oder stark suizidal bezeichnen.«[32] Ganz eindeutig war hier der Zusammenhang zwischen der Intensitätsskala und der Depressionstiefe sichtbar. Daß die unter 45jährigen höhere Skalenwerte als die Gruppe der Älteren erreichten, führte Hole auf die größere Offenheit der Jüngeren zurück, solche Wünsche zuzugeben. Die Älteren hingegen zeigten mehr Hemmungen und Abwehrversuche, aus einer »tabuierenden, moralischen oder religiösen Einstellung heraus«. Gerade in dieser Gruppe hatte jedoch Kielholz ein größeres Suizidrisiko festgestellt!

Der Zusammenhang zwischen Suizidalität und religiöser Einstellung wies für die prämorbide und die gegenwärtige Haltung eine deutlich negative Korrelation auf, d.h. daß der Intensität der religiösen Einstellung die Abwehr von Todes- und Selbstvernichtungsgedanken entsprach. 17 Patienten vom untersuchten Kollektiv berichteten von einem Suizidversuch, der mit der gegenwärtigen depressiven Episode in Verbindung stand. Überraschend war, daß 8 Patienten angegeben hatten, in der prämorbiden Zeit *nie* einen Gottesdienst besucht zu haben. Hole sah die fehlende Bindung oder Motivation, die sich im Fernbleiben vom Gottesdienst ausdrückte, und die Bereitschaft zur Realisierung von Suizidgedanken auf eine gemeinsame psychische Voraussetzung zurückgehen, die in einer gestörten »Bindungs- und Vertrauensfähigkeit überhaupt« bestand, ebenso auch die Einengung der Wertwelt, der eine hohe Zahl von Enttäuschungen gegenüber der Religion zugrunde lag.

Doch direkt gefragt, ob die religiöse Einstellung des einzelnen die Suizidalität zu hemmen vermochte, antworteten 45% mit nein. Nur

16% gaben hierzu eine positive Antwort. Auch die nächste Frage, ob sie sich denken könnten, daß ihre Frömmigkeit sie daran hindern würde, sich das Leben zu nehmen, wurde von 42% verneint. 23% entschieden sich für eine Bejahung. In diesen Zahlen wird deutlich, wie wenig eine bloß äußere konventionelle Religiosität auszurichten vermag. Die bejahende Gruppe enthielt höhere Skalenwerte bei eindeutigen Merkmalen des Glaubens. Doch als diese Gruppe danach gefragt wurde, ob ihre Frömmigkeit die Suizidalität hemmt oder hindert, antworteten darauf von 17 bei der ersten Frage 10 und bei der zweiten Frage 11 mit einem Nein. 4 bzw. 3 Patienten waren sich im unklaren, bei 2 bzw. 1 entfielen die Antwortmöglichkeiten, und nur 1 bzw. 2 bejahten die Frage; Hole hielt dies für eine realistische Einschätzung, die beweist, wie stark der Depressive trotz seines Glaubens sich »unter dem Andrang der selbstdestruktiven Impulse« sieht.[33] Wenn auch in den Untersuchungen Holes ein Zusammenhang zwischen der Suizidneigung und dem Auftreten von Schuldgefühlen bei 30% der Befragten abgelehnt worden ist, so ist ein solcher dennoch nicht auszuschließen. Zweifellos aber bestand er zwischen Selbstvorwürfen und Todeswünschen. Die Untersuchung jener 32 Patienten, die den Zusammenhang von Suizidneigung und Schuldgefühlen bejahten, ergab, daß weder beim »Geborgenheitsgefühl im Glauben« noch bei der »Bedeutung Gottes im Alltag« sich verwertbare Hinweise finden ließen; dagegen bejahten jene Patienten, die in gesunden Zeiten nie den Gottesdienst besuchten, häufiger eine Verstärkung der Suizidalität durch ihre depressiven Schuldgefühle als die regelmäßigen Kirchgänger.[34] Gerade diese Verbindung zwischen fehlender Kirchlichkeit und dem suizidalen Handeln und Erleben depressiver Patienten bezeichnete Hole als eines der »wesentlichsten Ergebnisse« seiner Arbeit.[35]

Die Ergebnisse

Die bedeutsamen und umfangreichen Untersuchungen Holes haben das Bild depressiver Erkrankungen in wesentlichen Teilen korrigiert und differenziert. Daß, wie bei keiner anderen psychischen Erkrankung, die religiöse Thematik eine besondere Rolle spielt, fand hier einen eindrucksvollen Nachweis. Das mag erklären, daß depressive

Patienten überdurchschnittlich häufig die kirchliche Seelsorge aufsuchen. Dies ist um so auffälliger, als die kirchliche Zugehörigkeit eine abnehmende Tendenz hat und in vielen Bereichen eine zunehmende Säkularisierung zu verzeichnen ist. Es war eine beachtlich hohe Zahl (35% des Gesamtkollektivs), die trotz kritischer Befragung angeben konnte, in der Zeit vor der Erkrankung nie an ihrem Glauben gezweifelt zu haben. Dieser Anteil wiederum ist getragen von einer religiösen Erziehung (sowohl »streng« als auch »durchschnittlich«). In der hohen Zahl von 60%, die von sich sagten, nur manchmal im Leben Gottes Hilfe erfahren zu haben, sah Hole den weit verbreiteten Frömmigkeitstypus repräsentiert, bei dem Gott nur in kritischen Lebenssituationen zur Hilfe beansprucht wird. Wesentlich positivere und eindeutigere Stellungnahmen wurden gegenüber der Person Jesu geäußert. Nur 12% lehnten ihn ab. Dagegen sprachen sich 40% für ihn als Person und als Gottes Sohn aus. Darin äußerte sich eine bekenntnismäßige und auch eine emotional-persönliche Beziehung von eigener Tragkraft.
Wenn das Bedürfnis nach einem Gottesdienstbesuch während der Erkrankung nur noch bei 50% vorkam, so liegt auch diese Zahl weit über dem Durchschnitt der Bevölkerung. Daß bei der »Geborgenheit im Glauben« über ⅔ der Befragten gar keine oder nur wenig Zustimmung gaben, sprach für die temporäre Entleerung des Glaubens während der Krankheit. Innerhalb der ganzen Gruppe ergaben sich wiederum unterschiedliche Konturen, daß nämlich die Subgruppe der endogen Depressiven eine stärkere Bindung zum religiösen Bereich zeigte als die Subgruppe der psychogen Depressiven. Sie waren auch stärker an bestimmten Hilfe- und Leitbildfunktionen, an Normen und Ordnungsvorstellungen interessiert als die psychogen Depressiven, die allgemein weniger bindungsfähig und wertorientiert waren. Je größer die Depressionstiefe war, um so tiefer reichte auch die Störung im Glaubensleben. Die Ursache dafür lag nicht in einer strengen Erziehung oder Krankheitsbeurteilung, sondern allein im gegenwärtigen Zustand der Erkrankung. Starke Korrekturen sind dem herkömmlichen Bild der Schuldthematik widerfahren. Damit setzte sich die beobachtete Tendenz an der Baseler Klinik von 21% (1878) über 12% (1951) zu 4,7% (1970) fort. Genauso ging der Anteil derjenigen Patienten deutlich zurück (auf 16,4%), die sich vor der göttlichen

Instanz schuldig fühlten. Ein größerer Teil fühlte sich der Familie oder dem eigenen Selbst gegenüber schuldig. Die Hälfte aller Patienten bezeichnete sich selbst als leicht oder stark suizidgefährdet. Daß auch die im Glauben fest verankerten Menschen in der Mehrheit starker Gefährdung durch die selbst-destruktiven Tendenzen ausgesetzt waren, zeigte die Schwere der Depression an. Auf der anderen Seite verbarg sich in der Zahl jener, die von sich sagten, nie zuvor einen Gottesdienst besucht zu haben, die größte suizidale Gefährdung.
Mit diesem psychiatrischen Beitrag zum Glauben bei depressiven Menschen ist ein für die Seelsorge besonders wesentlicher Aspekt des Krankheitsbildes aufgenommen und beachtet worden, der in keiner psychoanalytischen oder psychiatrischen Darstellung seit der Jahrhundertwende sonst gewürdigt worden ist. Auf der anderen Seite aber hat gerade die reformatorische Theologie sich nicht nur systematisch und geschichtlich des Erwählungszweifels und der Anfechtung angenommen, sondern auch in der seelsorgerlichen Begegnung darauf immer wieder geantwortet. Wie es für die Begegnung mit dem depressiven Menschen wichtig war, psychologische Zusammenhänge zu kennen, so ist es erst recht für die Seelsorge von Bedeutung, die theologischen Beiträge zur Grundsituation der Anfechtung zu bedenken. Sie gehört zum Wesen des Glaubens und ist als ein höchst ambivalentes Element, in dem sowohl Abbruch als auch Aufbruch bereit liegen, bekannt und vertraut geworden. Damit ist eine Sichtweise eingeführt, die weder in der Krankheit noch in der frühkindlichen Störung ihre Ursache hat, sondern der Wirkungsgeschichte Gottes mit dem Menschen selbst entstammt.
Das aber fordert erst recht den Menschen als Subjekt heraus und nimmt ihn ernst als einen im Glauben gerechtfertigten. Denn er hat auch und gerade in der Depression das Recht und die Verheißung zu kämpfen und zu klagen, trotz allem zu hoffen und zu vertrauen.

Die Glaubensanfechtung und ihre Antwort in der christlichen Erfahrungsgeschichte

Bereits Schulte konnte feststellen, daß die Patienten, die sich unter dem Bann eines elementaren Gefühls der Schuld und einer absoluten

Leere des Glaubens erlebten, in erschreckender Form den »Zorn und den Abgrund« erfahren mußten. »Und immer wieder erhebt sich die Frage, ob nicht hier ein Blick in eine Wirklichkeit getan wird, die entscheidender ist als die, welche dem Gesunden vor Augen liegt. Die Beantwortung dieser Frage überschreitet die Zuständigkeit des Psychiaters.«[36] Ob diese Kranken »nicht trotz aller Verzerrung, Einseitigkeit und Unbeständigkeit einen Zipfel der Wirklichkeit« erfassen, »den vielleicht unter den melancholisch Kranken nur die deutlicher in den Griff bekommen, welche sonst zeit ihres Lebens aufgeschlossen waren«?[37]

Schulte schloß den Gestaltkreis ein, wenn er zurückfragte, ob bei der totalen Entleerung des Glaubenslebens nicht ein Signal der allgemeinen Glaubensnot deutlich wird. Denn dem heutigen Menschen »fehlt es ja weniger an Inhalten, Erkenntnissen, Botschaften, nicht an neuer begrifflicher Abstrahierung, die so leicht auf eine Skelettierung hinausläuft, als an der Trag- und Schwingungsfähigkeit, der Empfänglichkeit und Erfahrung der Wirklichkeit alles Zugesprochenen, der wirklichen Ergriffenheit des Erlebnisgrundes«[38]. Diese Fragestellung weist auf jenen Ernst hin, dem sich die biblische Botschaft nicht entzogen hat und der vor allem in der Theologie Luthers eine wesentliche Aufnahme widerfahren ist.

1. Die Anfechtung in der Mystik und bei Luther

In den Trost- und Sterbebüchern der mittelalterlichen Mystik war die »resignatio ad infernum« eine Einübung in eine Gelassenheit, mit der sich der Mensch willentlich in die Verlassenheit schicken ließ, weil er dadurch zur conformitas voluntatis dei gelangte.[39] Der Mystiker war der Überzeugung, daß er dann von Gott nicht verlassen werde. Für Luther aber war die resignatio ad infernum keine geistliche Übung, sondern der Ernstfall der Verwerfung. Ihm ging es nicht um die imitatio in der Anfechtung, sondern um die conformitas Christi, die Gott in der Anfechtung und deren Überwindung an den Menschen vollzieht. Denn »es ist nicht die notwendige oder wahrscheinliche Folge unserer Gelassenheit, unserer heldenhaften resignatio, sondern ein neues Geschenk Gottes, der uns sein tiefes heimliches Ja unter dem Nein hören läßt, wie er es Christus hören ließ, nachdem auch er – und er wie keiner – am Kreuz Gottverlassenheit und ewige Verdammnis wirklich geschmeckt hat (Mt 27,46), nicht nur scheinbar«[40].

Während im »Sermon von der Betrachtung des heiligen Leidens Christi«[41] der Ton der Klage vorherrschte und der Mensch beim Anblick Christi über den Zorn und Ernst erschrecken sollte, die in dem stellvertretenden Leiden Christi liegen, trat in den »Tessaradekas«[42] die Grundstimmung von Dankbarkeit, Freude und Siegesgewißheit hervor. Als wahrer Trost galt die Betrachtung der Güte Gottes in dem »Christus für uns«, der im glaubenden Vertrauen und im dankenden und bittenden Gebet sich dem Angefochtenen zuwendet. Was also trägt und hält den Menschen, wenn er von der Gesetzes- und Erwählungsanfechtung heimgesucht wird? Es ist die »Konzentrierung aller Hoffnung auf die Hilfe von außerhalb, auf Gottes und Christi Kreuz, auf die Hilfe, die ohne Verdienst und Würdigung diesem von oben her geschenkt wird«[43]. Die Anfechtung lehrt, auf »das Wort merken« (Jes 28,19), das jetzt zugesprochen werden soll.

Einige Jahre nach diesen beiden Schriften schrieb Luther 1527 in seiner »Vorrede in die Predigten über das erste Buch Mose«[44], daß die Anfechtung gerade im Schöpfungsglauben ihren Ursprung hat. Was bis dahin für Luther gegolten hatte, war immer noch nicht radikal genug, bis an jene Wurzel gehend, da der Mensch von sich bekennt, daß er nichts sei. So wies C.H. Ratschow in letzter Konsequenz darauf hin, daß der Weg der Anfechtung in leibhafter, körperlicher Weise zu gehen und auszuhalten ist: »Es ist also offenbar ein Kurzschluß, den Glauben an Gott, den Schöpfer der Welt, unmittelbar aus dem Zuspruche des Heiles in Christo entfalten zu wollen. Dazwischen liegt der Weg in der Tiefe der Anfechtung, auf dem der Mensch den Dingen stirbt, wie Luther sagt.«[45] Das ist der Weg, auf dem er zur »sanctitas passiva« heranreift, »die gleichwohl höchste Aktivität und gespannte Aufmerksamkeit ist, inmitten von Welt Liebe zu üben«[46].

2. Der Trost im Erwählungszweifel

Luther übernahm von Gerson für den an seiner Erwählung zweifelnden Menschen als Mahnung und als Trost:

- Jedes vorwitzige und müßige Fragen ist zu vermeiden.
- Es gilt, sich vor dem Zweifel an der Gerechtigkeit Gottes zu hüten (Röm 9,18ff.).

- Sich vom Grübeln abzuwenden und still in Gott sich zu ergeben wie Hiob.
- Der Christ soll wissen, daß die Not des Zweifels an der eigenen Erwählung ihn in eine neue Gottesgemeinschaft aufgrund von Hoffnung und Vertrauen führen kann, die durch Anfechtung nicht zerstört werden kann.

3. Die gelebte und erlittene Anfechtung bei Luther

In seinem Aufsatz »Luthers Urteile über sich selbst« hat K. Holl ganz anders als bei H. Zwingli oder J. Calvin bei Luther »Anfechtungen durch das ganze Leben hindurch«[47] wahrgenommen. Nach den Tischreden hätten sie im Jahr 1521 eingesetzt. M. Brecht wies jedoch darauf hin, daß Luther bereits im Jahre 1505 Anfechtungen erwähnte, die er schon als Jüngling und vor allem nach dem Magisterexamen hatte. Er sei in Erfurt »durch die Anfechtung der Traurigkeiten immer traurig« einhergegangen.[48]
Vor allem aber ist er im Jahr 1521 nach dem Reichstag in Worms auf der Wartburg von depressionsartigen Anfechtungen nicht verschont geblieben.[49] Diese Anfechtungen haben Luther schon früh zum Lesen der Bibel geführt.[50] Wann immer er also von tentationes sprach, stand eine Erfahrung dahinter, die in der konkreten Situation zustande gekommen war. Vor allem aber ist er in seinen Anfechtungen nie verstummt, sondern hat sich immer wieder durch Briefe an Leidtragende und Angefochtene selbst geäußert und ihnen Trost weitergegeben. Er hat bei aller Disposition zur Melancholie[51] in einer exemplarischen Weise die Haltung des Niedergedrücktwerdens als eine Durchgangsphase erlebt, die zugleich eine Umwandlung bedeutete, die ihn nicht schwächer, sondern stärker, nicht der Gnade überdrüssiger, sondern ihrer bedürftiger gemacht hat. Ja, er fand selbst in seinen Anfechtungen eine »besondere Begnadigung«[52]. Dabei waren ihm die biblischen Geschichten, z. B. vom Kampf Jakobs am Jabbok (1. Mose 32,23ff.)[53], die Psalmen und die prophetischen Bücher, die Leidensgeschichte Jesu und die Anfechtungen des Paulus eine besondere Hilfe. Ebenso holte er sich in der Erinnerung immer wieder den Akt seiner eigenen Taufe ins Bewußtsein zurück.[54] In diesen Kämpfen ging es ihm um den gnädigen Gott allein. Wie sollte sonst auch ein Mensch

vor Hochmut geschützt sein? Daraus erwuchs Luther jene Gewißheit, die in einer Tischrede aus dem Jahr 1531 einen unmißverständlichen Ausdruck gefunden hat. »Hic est crucifixus ille pro peccatoribus; ... In huius iustitia vivo, non in mea ...«[55]

Wer aber ist der Autor und das Subjekt der Anfechtung? Mit dieser Frage wird das Herzstück lutherischer Theologie und Christologie berührt. H. Beintker hat im Anschluß an Holl den Nachweis geführt, »daß Gott anficht, um gerecht zu machen«[56]. Gerade an der strittigen Auslegung des 13. Psalms konnte er zeigen, daß es sich um ein wirkliches Anfechten Gottes handelt, während die Täuschung des Teufels allein darin besteht, »daß er behauptet, die Anfechtung halte in Ewigkeit«[57]. Gottes Anfechtung aber steht dazu in einem Gegensatz: Sie ist begrenzt und nicht ewig. »Darin herrscht also der Teufel ›proprie‹, daß er die Dauer der Anfechtung durch Gott als endlos und jedes Warten auf Gottes Hilfe in der Anfechtung als vergeblich hinstellen will.«[58] Ist diese teuflische Funktion einmal entlarvt, leuchtet Gottes Barmherzigkeit erst wirklich auf. Die teuflische Versuchung will den Menschen gegen Gott aufrührerisch und ungehorsam machen. Hinter der eigentlichen Gestalt der Anfechtung aber steht Gott allein. »Dem Satan kommt nicht mehr als die lügnerische Tätigkeit des Versuchers zu, sich in das Werk Gottes einzuschleichen, sich darin anzusiedeln und es zu verdrehen.«[59] Man wird freilich aber zugestehen müssen, daß der Mensch erst nach der überwundenen Anfechtung zu dieser Haltung kommen kann.[60] Mit der wirklichen Urheberschaft der Anfechtung ist auch entschieden, daß nicht eine janusköpfige Gottesgestalt, wie sie C.G. Jung in »Antwort auf Hiob« behauptet hat, den lutherischen Gottesbegriff geprägt hat. Denn die Sünde selbst gibt den satanischen Mächten erst ihre schreckliche Ausstattung. Die Anfechtung von Gott aber wirkt heilsam und dient dazu, daß die Sünde aufgedeckt und seine Gebote gehalten werden. Die tentatio beginnt mit dem Wort Gottes und führt den Menschen zur fides.

4. Der Sinn der Anfechtung

Wenn der Sinn der satanischen Versuchung darin bestand, den Glauben zu Fall zu bringen und Gottes Gesicht zu verkehren, so kann die wirkliche Anfechtung durch Gottes Wort nur darin bestehen, das

Fleisch zu Fall zu bringen und die Glaubensgewißheit zu stärken. Der Glaube aber ist nicht verfügbar. Allein durch Christi Wort gelangt er in des Menschen Herz. Gerade so geht der Glaube nicht im menschlichen Gefühl auf, sondern bleibt unabhängig. Er richtet sich ganz auf Gottes Verheißung in Kreuz und Auferstehung aus. Die zentrale Mitte allen Trostes bleibt die Rechtfertigung des Sünders als die in Christus geschenkte Gerechtigkeit.

Eine bemerkenswert überraschende Seite findet sich bei Luther in seiner Auslegung zu Ps 22,10. Die Christen sollen sich an »die überaus zarten Erweisungen der Erbarmung, welche im Kindesalter auch uns gezeigt worden sind«[61], erinnern, damit sie in die schweren Erinnerungen auch die angenehmen und guten einfügen. Hier wird an Geburt und Kindheit erinnert, weil der Mensch in seinem natürlichen Leben auf Gott geworfen ist und weil – sonst wäre er nicht am Leben – am Anfang das Beschützende stärker war als das Gefährdende. Hierzu gehört wohl auch die Anweisung, die ein Ausdruck der Einheit und der Ganzheit ist: »Quando tentaris tristitia aut desperatione aut alio dolore conscientiae tunc ede, bibe, quaere colloquia, si potes te cogitationes puellae recreare, facito.«[62]

W. v. Loewenich hat deutlich gemacht, daß Luthers theologia crucis nicht die Verlängerung der mittelalterlichen Mystik war.[63] Denn mortificatio bedeutet vivificatio und deutet den Wechsel vom peccatum zur iustitia an. Der Wechsel vollzieht sich, weil Gott in der Anfechtung handelt und in der Züchtigung als Abwendung von den vergänglichen Dingen und als Unterweisung und Hinwendung zu den ewigen den Menschen führt. Das Wunder ist, daß der gottverlassene und verzweifelte Mensch »nichts weniger fühlt, als daß Gott seiner gedenke«[64]. Beintker sah in dem »contra deum ad deum confugere« den Glauben allein am Werk, der durch die Finsternis der Anfechtung zum gnädigen Gott hindurchfindet. Sein Hinweis auf Luthers Auslegung von Ps 3,9 sei als die unmittelbare seelsorgerliche Hilfe besonders unterstrichen: »Atque hoc forte est – nämlich Gott für nahe zu halten, obwohl nichts dergleichen in der Anfechtung gefühlt wird – quod tam subito mutat personam.«[65]

Die Anfechtung findet ihr Ende und ihr Ziel im Lob Gottes. Gerade in der Niedrigkeit und Demut, in der ein Mensch die eigene Gottlosigkeit und Ungerechtigkeit erkennt und die sündenvergebende Nähe

Gottes annehmen kann, wird er frei zur dankbaren Bejahung Gottes. Durch Christus wurde ihm ein Tausch möglich gemacht.[66] Indem er den Menschen vor Gott im Himmel lobt, gibt er dem Menschen den Lobpreis Gottes zurück.

Im Verlauf des arbeitsvollen und an Entscheidungen reichen Lebens gab es für Luther keine Dissoziation zwischen Lehren und Leben. Wie wenigen war es ihm gegeben, seine tentationes auszusprechen und seinen Kampf ansichtig zu machen, der gerade dort am heftigsten in ihm brannte, wo auch im Äußeren die Belastungen und Anforderungen sich häuften. Die Anfechtung jedenfalls war für ihn eine Herausforderung zu einem eindeutigen und bewußten Vertrauen. Ein Leben ohne Anfechtung hätte ihm bedeutet, daß der Glaube nicht mehr lebendig sei. Trotz der eingehenden psychoanalytischen Arbeit Eriksons ist es wohl nicht möglich, Luthers kritische Zustände nach heutigen Maßstäben zu diagnostizieren. Das verbieten nicht nur die Verschiedenheit von Ort und Zeit, sondern auch die Art und Weise, wie sich Luther selbst immer wieder in seiner schweren Zeit geäußert hat. Zwar finden sich Symptome, die eine deutliche Sprache sprechen: Obstipation, Einsamkeit, Gereiztheit, Suizidalität, Appetitlosigkeit und Schlafstörungen. Wer aber wäre je in der Lage nachzuvollziehen, was es heißt, jahrzehntelang unter dem Bann der öffentlichen Ächtung leben zu müssen? Man wird diese Frage auch deshalb offenlassen müssen, weil Luther auch in seinen schweren Zeiten nicht verstummte, um sich im Rückzug abzukehren, sondern in seinen vielen Ausdrucksmöglichkeiten sich immer noch geäußert hat, nicht zuletzt im Trost, den er in Briefen an Leidtragende und Angefochtene weitergegeben hat. Deshalb ist, bei aller Beachtung der strengen Erziehung durch seine Eltern und vor allem auch bei der von der Seite der Mutter her festgestellten Anlage zur Melancholie (»Mir und dir ist keiner hold, das ist unser beider Schuld«)[67], gewiß nicht mehr zu sagen, als daß bei besonderen Voraussetzungen einer Erschöpfung sich depressive Phasen einstellten, die dann abgelöst wurden von Zeiten besonderer Aktivität und Kreativität.

Für die seelsorgerliche Begegnung und Wahrnehmung ist es von großer Bedeutung, den Weg der Anfechtung, die gerade vom Körperlichen aus sich zeigen kann, mitzugehen in der Gewißheit, daß sie beschränkt und begrenzt und also vorübergehend ist und darin in seiner Weise die Anfechtung Gottes sein kann. In dieser Durststrecke des Glaubens aber liegt geradezu die Möglichkeit einer neuen Hinwendung zur frischen neuentdeckten Quelle des Glaubens und der Hoffnung.

Die Seelsorge als Akt der Wahrnehmung

1. Die Sprache und die Stimme

Seelsorge vollzieht sich im Gespräch. Das Mittel der Mitteilung ist das Wort. Das Wort drückt aus, was einen Menschen bewegt, deshalb enthält es immer auch das Bewegende und nimmt Gestalt an in der Weise des Sprechens und des Ausdrucks. Sprache ist auch Aussprache. Sie braucht das Denken und Überlegen, die Energie zur Formulierung und die Kraft zur Kontrolle. Sie benötigt vor allem die Stimme. Zwar gibt es ein monologisch-stimmloses Sprechen in ständigem Grübelzwang, doch mit dem Aussprechen in der Begegnung des Gesprächs ist für den Depressiven die vernehmliche Stimme gefordert. Allein diese Anforderung legt dem Menschen eine zusätzliche Last auf, die, wenn dies nicht wahrgenommen wird, ihm als zu groß erscheint und erst recht ins Verstummen führen kann. Der Sprache des Depressiven fehlt es an Ausdrucksmöglichkeiten. Die Konsonanten scheinen wie abgeschliffen und die Vokale verdunkelt. Der Redefluß ist schleppend. Dort aber, wo er sich beschleunigt, muß er immer wieder durch das verlangsamte Denken eingeholt und angehalten werden. Die Sprachmelodie kennt die hohen und die tiefen Töne nicht mehr, sondern hat sich im Brustraum in einer Lage niedergelassen, die den anderen in ihren Bann zwingen kann. Das seelsorgerliche Sprechen wird Rücksicht nehmen auf dieses mühevolle Ausdrücken des anderen, sich aber gleichzeitig davor hüten, in denselben Ton zu verfallen und dieselbe Kraftlosigkeit der vox depressiva zu übernehmen. Das Schweigen gewährt hier immer wieder Entlastung. Dem Druck, jetzt etwas sagen zu wollen, es aber nicht zu können, ist mit der Zuhilfenahme schriftlicher Notizen entgegenzukommen, die das Bewegende ernst nehmen und festhalten sollen. Dies gibt Sicherheit und hält an zur Konkretion. Die Selbstanklagen sind auch in der Stimme

schroffer und kräftiger, als ob sie das versagende Ich anherrschen und anprangern müßten. Darauf läßt sich eingehen:
»Wer hat so mit Ihnen gesprochen?«
»Wer klagt Sie so vernichtend an?«
»Wer redet so auf Sie ein?«
Es kann in Wortwahl und im Tonfall von einer unbewußten Elternfigur die Rede sein und diese als solche erkannt und sich dann von ihr distanziert werden, wenn die eigene Meinung Raum bekommt und zugelassen wird. Die eigene Ansicht verändert das Gesicht.

2. *Das Gesicht*

Die blasse, blutleere und oft fahle Haut ist ebenso auffallend wie die gerunzelte Stirn und eine nach unten verlaufende Falte über dem Nasenansatz. Der stärkste Ausdruck liegt wohl in den fragenden, suchenden und unverwandt den anderen anblickenden Augen. Während die nach innen gezogenen Lippen etwas von der kontrollierenden Kraft wiedergeben, ist der Gesichtsausdruck fast unbewegt. Höchstens ein Lächeln um die Augen oder ein energischer, mit Zorn oder Enttäuschung erfüllter Blick lösen die spannungsvolle Haltung. Der Blick der Augen aber fragt und sucht und hofft weiter.

3. *Die Haltung*

Weder die Hände mit einer ausholenden Geste noch Kopf- oder Körperhaltung sind beim Sprechen in Bewegung. Die geschlossenen oder reibenden Hände sind Ausdruck einer Verschlossenheit, die darauf wartet, aufgeschlossen zu werden. Die Schritte sind kleiner und am Ausschreiten gehindert. Die Körperhaltung ist leicht nach vorne geneigt, als drückte diesen Menschen eine viel zu schwere Last auf seinen Schultern. Die Spontaneität der Bewegungen ist genommen. Die innere Erschöpfung kommt auch im Äußeren zum Ausdruck und meidet die körperlichen Anstrengungen durch schnell einsetzende Müdigkeit. Der Melancholiker tritt fast auf der Stelle, so reduziert sind seine Schritte. Seine Haltung ist gekennzeichnet durch die innere Zurück-Haltung, die sich nicht getraut, aufgerichtet und aufrecht zu gehen. Man wird auch in der Seelsorge einräumen, daß Spannungen vom Körperlich-Organischen anzugehen sind und zur Massage, Gymnastik, konzentrativer Bewegungs-Therapie, zu Atem- oder Maltherapie in jeder Hinsicht nur raten können. Denn es fehlt weithin die Beziehung zum Körperlichen und zum Leib-Sein. »Die Unwirklichkeit der Haltung des Depressiven zeigt sich am deutlichsten daran, wie sehr ihm der Kontakt zum eigenen Körper fehlt.«[68] Vor allem ist es der flache Atem, der eine Verkrampfung in der oberen Körperhälfte hervorruft. A. Lowen sah darin die mangelnde Erdverbundenheit und fehlende Zentriertheit in der Person-Mitte. Er charakterisierte den depressiven Patienten als einen Menschen, der unwirkliche Ziele verfolge, nicht geerdet sei und seinen Glauben verloren hätte. Während die bioenergetische Analyse weithin körperorientiert bleibt, fragen wir noch weiter nach Symptomen des Depressiven, wie sie in der Bewegung zur Mitteilung kommt.

Besondere Inhalte depressiver Erkrankungen und ihr Hervortreten in der Seelsorge

1. Das hohe Ich-Ideal

Es gibt eine auffallend große Bereitschaft depressiver Menschen, sich unter die schwere Last der Selbstaufgabe und -hingabe zu stellen. Die psychoanalytische Sichtweise sah die Voraussetzung dafür im hohen Ich-Ideal. In der Latenzzeit nach dem 5. oder 6. Lebensjahr, wenn die Entwicklung der »Trieborganisation« zu ihrem Ende gekommen ist, bildet sich das Über-Ich oder Ich-Ideal aus. Das Ich-Ideal als eine Substruktur des Ich wurde zuerst nach dem Vorbild der Eltern geprägt. Es hat in seiner Nähe zum Gewissen deshalb auch verurteilenden und strafenden Charakter. Darin vollzieht sich die Überwindung des Ödipuskomplexes. In ihm hatten sich ja libidinöse und aggressive Trieb-Anteile herausgebildet und sich in einen liebenden und belohnenden und in einen versagenden Anteil aufgeteilt. Demzufolge hat das reife Über-Ich zwei Substrukturen: Die eine ist mehr mit dem geliebten Objekt, dem Ich-Ideal, verbunden und dient der Sicherheit und Befriedigung, während die andere mit dem »gehaßten und gefürchteten, dem verbietenden und versagenden Objekt, es ist das

Über-Ich im engeren Sinn, das Gewissen« – in Beziehung steht.[69] Über Freud hinausgehend, wurden von mehreren Forschern die Vorläufer dieser Instanz in den vorautonomen »Über-Ich-Schemata« oder in »genetischen Determinanten« gesehen, die bereits im ersten Lebensjahr sich herausgebildet hatten. Was am Anfang nur mit Hilfe der Eltern sich als Selbständigkeit erweisen konnte, das geschah dann durch die Introjektion selbständig. Es werden aber weiterhin »Identifikationen und Introjektionen« im Ich und Über-Ich stattfinden.[70] Das ist geradezu das Zeichen einer gesunden Offenheit, während sonst ein geschlossenes System in einem Wiederholungszwang verhaftet bleibt. Ein wichtiger Entwicklungs- und Reifungsprozeß des Ich-Ideals kann durch frühe Verletzungen unterbrochen werden, wenn das Ich ungewöhnlich großen Kränkungen seines narzißtischen Größen-Selbst ausgesetzt wird. »Dies ist besonders dann der Fall, wenn das noch in Größenfantasien lebende Kind vorzeitig von ungewöhnlich schweren Belastungen erschüttert wird, etwa durch frühen Tod der Mutter. Aber auch schon häufige Abwesenheit oder anhaltende anderweitige Präokkupation reichen hierzu aus.«[71]

Die Verlassenheit und Hilflosigkeit des Kindes hinterläßt »eine bleibende narzißtische Wunde, die einen solchen Menschen, auch wenn sie vernarbt, durchs ganze Leben erhöht verwundbar und leicht kränkbar macht. Wir sehen darin eine entscheidende Fixierungsstelle für ein mögliches späteres Auftreten einer depressiven Erkrankung«[72].

Hinzu kommt, wenn die »idealisierte Objekt-Imago vorzeitig und traumatisierend erschüttert wird und sie noch nicht im Ich aufgenommen werden kann, daß dieser Mensch das ganze Leben hindurch in einer Weise von gewissen Objekten abhängig bleibt, die man als intensive Form von Objekthunger bezeichnen könnte«[73]. Doch dieses gesuchte Objekt wird nie den Erwartungen entsprechen, sondern löst ständig neue Enttäuschungen und unbestimmte Sehnsüchte aus. Es sind wohl überhaupt die Enttäuschungen, die diesen Menschen zurückwerfen und ihn ohnmächtig und hilflos machen. Sie geben ihm keinen positiven Anlaß, seine Realität besser und ohne Täuschung zu sehen und sich darauf einzustellen, sondern stoßen ihn zurück und lassen ihn allein, so wie damals die Mutter ihn allein ließ, als sie sich ihm entzogen hatte. Die Ursachen dafür können vielfältig sein: »Sei

es aus eigenem psychischem, physischem Unvermögen, sei es aus anderweitigen Störungen der Mutter-Kind-Beziehung; etwa durch Schwierigkeiten des Ehepartners, der Eltern oder durch die Geburt eines weiteren Kindes. Die conditio sine qua non ist der Verlust des geschätzten Objektes in einer wichtigen Entwicklungsphase, so daß dessen vollständige Introjektion nicht möglich war. Zugleich wird die stets vorhandene Ambivalenz zum Objekt verschärft.«[74]
Die Beziehung zum idealen Objekt also ist mehr oder weniger abgebrochen, dafür aber ist es inkorporiert. »Das Ausmaß der Melancholie ist um so schwerer, je umfassender die Introjektion des Ideal-Objektes vollzogen wurde.«[75] Gerade wenn die Objektbeziehung aufgelöst ist, ist das Individuum auf sich selbst zurückgeworfen. Es ist wahrhaftig narzißtisch. Das wahrzunehmen ist mit immer neuem Schrecken und Entsetzen verbunden und hat meist eine neue ideale Anstrengung als Wiedergutmachung zur Folge. Dem hohen Ich-Ideal entspricht ein »grandioses Größen-Selbst«[76]. Es hat sich jeweils von eigener Schuld entlastet und erlaubt, einen positiven und perfektionistischen Lebensentwurf zu gestalten.
Einige Beispiele sollen zeigen, wie sich das hohe Ich-Ideal in einem Überforderungsgefüge auswirkt, das bald gesucht und bald verhängt, einen Menschen niederhalten kann:

Frau, 51 J. alt:
»Ich war, solange ich es mir denken kann, stets überfordert und oft allein. Als Kind mußte ich schon immer mit aufs Feld. Mein Vater wollte – ich war die jüngste von vier Geschwistern –, daß ich bald zur Schule käme. Ich hatte immer ein ordentliches Zeugnis. Doch mich kostete es viel. Das Schönste wäre für mich gewesen, wenn ich einmal hätte sitzenbleiben können. Mir kam alles zu früh. Auch die Schulentlassung. – Ich durfte nie das tun, was ich eigentlich wollte. Mit 17 lernte ich einen jungen Mann kennen. Ich wollte nur eine Freundschaft und dachte nicht an mehr. Doch mein Vater verlangte, daß ich heiratete. Dann begann die Ehe. Wir hatten eine Klein-Wohnung. Nach dem 3. Kind wollte ich mir das Leben nehmen, weil ich merkte, daß mich mein Mann allein läßt und mir nicht hilft.« (Stg)

Frau, 64 J. alt:
»Ich kam als 7. Kind zur Welt, 6 Jahre nach dem zweitjüngsten. Eine der ersten Äußerungen meiner Mutter, an die ich mich erinnern kann, war: ›Ich konnte die Kleinste doch nicht in der Moldau ertränken wie eine Katze. Deshalb haben wir sie auch noch großgezogen.‹ Man wollte mich nicht. Ich weiß auch heute noch nicht, ob man mich will. Als ich großgeworden war, sollte ich bald heiraten. So habe ich jenen Mann genommen, der mir das Leben zur Hölle gemacht hat. Ich habe für ihn alles gemacht und wollte ihn glücklich machen. Er hat alles mit mir gemacht. Ich wartete immer auf einen Menschen, dem ich das sagen kann und der mir hilft. Alle dachten nur, bei denen geht es gut. Nur die Kirche habe ich mir nicht nehmen lassen. Auch heute gehe ich noch in den Frauenkreis. Wenn das nicht wäre, hätte ich schon längst Schluß gemacht.« (Stg)

Frau, 58 J. alt:
»Schon als Kind habe ich gedacht, daß es doch einen Menschen geben müsse, bei dem ich mich beschweren kann.«
Nach einigen Monaten – 3 Wochen vor ihrem Tod – erinnerte sie sich ihrer schwersten Verletzung: »An einem Sonntagnachmittag ging ich an der Hand des Vaters durch das Dorf. Ich hatte meine Puppe auf dem Arm. Sie war damals etwas Besonderes. Als wir am Haus einer kinderreichen Familie vorbeikamen, nahm mir der Vater die Puppe aus dem Arm und sagte: Komm, gib sie diesen armen Kindern. Dann haben sie auch etwas zum Spielen. Das war mein größter Schmerz. Immer wieder hat er mir etwas weggenommen. Den Brief eines Jungen aus der Schultasche, den ersten Verlobten, meinen Berufswunsch. Als ich auf einem Bild mich auf seinem Schoß sah, dachte ich: Wie schwer muß ich doch für ihn gewesen sein.« (Stg)

Mann, 26 J. alt:
»Ich werde überall verkauft. Ich kann gar nicht sagen, was unser Meister schon den anderen Kollegen angetan hat. Es ist unbeschreiblich. Am meisten aber habe ich vor meinem Vater zu zittern. Das war schon immer so. Da kann man nichts machen. Er hat mich schon als kleinen Jungen geschlagen, wenn er betrunken war. Dem konnte keiner beikommen.« (Stg)

Die hier ausgesprochenen Überforderungen hatten eine lange Geschichte. Sie reichten zurück in die ersten Lebensjahre und gingen allen eigenen Schritten voraus. Das Leben wurde weithin passiv gelebt und erfahren. Es herrschte große Einsamkeit und eine innere Leere vor. »Ein Mensch, der als Erwachsener an Depressionen leidet, hat sehr häufig in der Kinderzeit eine Periode tiefster Einsamkeit durchgemacht. Oft in der Form, daß eine unglückliche Ehe der Eltern es mit sich brachte, daß diese, ganz auf sich und ihren Kampf gegeneinander konzentriert, das Kind tatsächlich allein ließen. Das meist sensible Kind verlangte nach mehr Liebe, als es erhielt.«[77]
Die Verletzungen durch die frühzeitigen Überforderungen sind schwer. Sie sind tief eingespurt und können sich im Verlauf des Lebens nur immerzu wiederholen. Wo die Überforderung so stark ist, kommt die eigene Forderung nicht einmal in der Äußerung eines Wunsches dagegen auf. Es gilt, eine späte Auseinandersetzung mit den verletzenden Eltern aufzunehmen und schließlich auch deren Lebensgeschichte zu verstehen. Allein schon die Erzählung des 12jährigen Jesus (Lk 2,41-52), der ohne Schuldgefühle[78] sich mit seinen Eltern auseinandersetzte, vermag zu helfen, daß eine erste Distanz sich ergeben kann, um den Schmerz und die Schrecken der Verletzungen beachten zu können. Diese Wegstrecke kann nicht ausführlich genug begangen werden, weil allein so das eigene Lebensrecht bejaht und das erfahrene Unrecht beklagt werden kann. Dann kann es zu einer späten Aussöhnung kommen, wenn der Patient die schicksalhafte Gebundenheit und Ohnmacht eines kranken Vaters erkennt, »der ja viel zu weich war für dieses Leben und selbst eine schwere Jugend hatte«, wie es der junge Mann von seinem Vater später sehen konnte.
Auf der anderen Seite verursacht ein hohes Ich-Ideal immer wieder den inneren Kampf zwischen einer zu hoch gesteckten Norm und einer unerreichbaren Befriedigung in Leistung und Geltung. Dieser innere Kampf bedeutet eine gravierende Ambivalenz.

2. Die Ambivalenz von Selbstüberschätzung und Minderwertigkeit

Der Begriff der Selbstüberschätzung ist nicht dem psychoanalytischen oder psychologischen Vokabular entnommen, sondern ein Ausdruck von Patienten, in dem auch die Trauer über erneutes Versagen mit anklingt, nachdem sie selbst ihre Ziele zu hoch gesetzt hatten. Es geht um die hohe Bereitschaft, ein Übermaß an Arbeit, Leistung und Opfer zu übernehmen, das sowohl den Träger und Täter der Leistung als auch die Situation weit überfordert hat. Es ist der Versuch, das hohe Ich-Ideal zufriedenzustellen. Meist stellte sich jemand selbst zurück, wenn es darum ging, anderen zu helfen, für andere zu sprechen und für andere zu entscheiden. Gleichzeitig geht mit dieser Tendenz eine uneingestandene Wertlosigkeit und Minderwertigkeit einher, die der hohen Forderung in keiner Weise entspricht. »Auch hier entwikkelt sich ein Teufelskreis. Im Vergleich zu dem idealisierten Ebenbild, das sie von sich aufbauen, kommt ihnen unter dem Gesichtspunkt der Selbstverachtung ihr eigenes Ich als nutzlos, minderwertig, überflüssig und zu nichts Gutem in dieser Welt nütze vor.«[79] Dem Ziel, alles geben und erhalten zu wollen, entspricht nach dem Scheitern die totale Selbstverachtung und Mißachtung. Das Selbst wird verachtet und angeschuldigt, weil es wieder einmal versagt hat. Es hat die Kraft versagt, einem übersteigerten Auftrag nachzukommen.

Der mindere Wert aber erschließt in Beziehung auf die konkrete Selbstüberschätzung das Korrektiv: das Geringere muß bejaht werden. Es geht um das Eingeständnis der wirklichen Begrenztheit gegenüber den idealisierten und ersehnten Möglichkeiten. So wird oft eine alte Begeisterungsfähigkeit einem nüchternen Abwägen der Notwendigkeit und einer bedachten Einstellung Platz machen. Das Größere kann nicht geschehen, das Kleinere ist möglich. Nach Lk 14,28ff. ist das Mögliche berechenbar, ja es muß – um nicht dem berechtigten Spott der Leute preisgegeben zu sein – geprüft und in seiner letzten Konsequenz bedacht sein. Die Denkfunktion wird evoziert und hat auch in der Nachfolge ihren Platz zu behaupten. Das Tragen des Kreuzes kann nach Lk 14,27 im Verzicht auf die falschen Sicherheiten menschlicher Bindungen (Vater, Mutter, Frau, Geschwister) wie auch im Abschied von zu hohen Zielen und damit in der Preisgabe eigener Absichten und perfektionistischer Durchsetzungen bestehen. Das im Glauben übernommene eigene Kreuz ist die Realität einer im Vertrauen auf den vorausgehenden Christus sich wagenden Existenz.

3. *Die Unersättlichkeit*

E. Jacobsen wies auf die Sehnsucht von echt depressiven Menschen hin,[80] die sich nicht in glücklichen Erinnerungen zurücksehnten wie bei der Trauer, sondern sich an der vergangenen und gegenwärtigen Realität vorbei ins Ungewisse und Irrationale hineinsehnen. Abraham hatte bereits auf die Bedeutung der oralen Phase der Melancholie hingewiesen.[81] Freud hatte den Vorgang der Identifizierung, der die Objektbeziehung ersetzte, später allgemein in »Das Ich und das Es«[82] als die Grundlage der Charakterbildung bezeichnet. Doch hier in der Melancholie geht es um die Introjektion des ambivalent besetzten verlorenen Objektes, dessen Inkorporation eine neue weitere Objektbesetzung unmöglich macht und deshalb zu einem ständigen Suchen verleitet. Bucher hat in Auswertung der Szondi-Profile bei 100 Depressiven als erste pathologische Einheit die zu kurz gekommenen Bedürfnisse des Angenommenseins im weitesten psycho-sexuellen und affektiven Sinne und von daher die andauernd stürmischen Forderungen nach Erfüllung dieser frühen infantilen Wünsche festgestellt.[83] Die objektiven Versagungen konnten nicht verarbeitet werden. Deshalb, so fand Bucher, herrschte bei seiner untersuchten Patientengruppe eine »höchst unreife, kindheitsverhaftete Persönlichkeitsstruktur« vor.[84] Sie leben nicht in der Gegenwart, sondern nur von Vorstellungen einer Gegenwart, die sich in der Zukunft ereignen möchte. Dabei ist genug zum Leben vorhanden. Der Begriff der »Unersättlichkeit« soll auf die Versagungen der Oralität hinweisen und gleichzeitig jene diffuse und unruhige Spannung wiedergeben, die den Depressiven auszeichnet. Er erlebt sich selbst in einer starken Bedürftigkeit, um orale Bedürfnisse zu befriedigen: Das Essen (vor allem von Süßigkeiten), Trinken (vor allem das unkontrollierte, zum inneren Spannungsabbau benützte Trinken), das »Verschlingen« von Büchern, das Kaufen und Erwerben von Gegenständen, die Tendenz, Anerkennung und persönliche Zärtlichkeit zu erhalten, spielen eine starke Rolle. Man wird hier auch die von M. de l'Incarnation genannte geistliche »Naschhaftigkeit« nennen können, die nur auf das Befriedigt- und Sattsein im Glauben aus ist und dabei nie zur Ruhe kommt. Die Diskrepanz zwischen der Haltung des Erwachsenen und der noch nicht abgelegten kindlichen Form z.B. des Gebetes wird

zwar wahrgenommen, doch der Eintritt in eine selbständige eigene Verantwortung will nicht gelingen. »Ich habe noch, als ich 30 Jahre alt war, mein Kindergebet am Abend gesprochen, bis ich es nicht mehr konnte« (36jähriger Patient). Danach hat dieser Mann mit Beten aufgehört. Er empfand eine Leere und gleichzeitig seine Unfähigkeit, sich selbst neu auf Gott hin zu riskieren.
Die gelebte Unersättlichkeit ist es aber auch, die ein ständiges Ungenügen am vollzogenen und bewährten Leben schafft. »Ich sehnte mich nach einer tiefen Gemeinschaft und suchte sie in der Kirche. Doch ich wurde enttäuscht. Dann habe ich es auch in anderen Gruppen versucht. Im Grunde suche ich heute noch« (Mann, 58 J.). Es kann hier, was immer wieder gefordert wird, in erster Linie nur darum gehen, eine feste und zuverlässige, vertrauensvolle Beziehung mit dem Patienten einzugehen. Der geduldige Zuhörer ist gefordert, der die Klagen und Anklagen hören kann und dem Patienten darin mit seiner echten und unerschütterlichen Achtung begegnet. So wird es auch dazu kommen, den Partner zum Verbündeten für die Gegenwart des Lebens zu gewinnen, um das wahrzunehmen und sich dem zu stellen, was gegenwärtig geschieht und möglich ist.
Die leibliche Wahrnehmung im Wohlergehen oder im Schmerz läßt das Dasein gewähren und hat ein Vor-Recht. Verantwortlich sich darauf einzustellen ist jene Selbst-Achtung, die als Dank für das eigene Leben sich ausdrückt.

4. Die Unfähigkeit zur Sachlichkeit

»Die Kranken reagieren affektiv auf jeden Umweltreiz zu stark. Je nach Gesprächspartner, Erfolg oder Mißerfolg, Gefühl der Geborgenheit oder Isolierung schwankt die Grundstimmung, und die Betroffenen klagen selbst, sie seien der Spielball ihrer Gefühle.«[85]
Es ist hier an all die irritierenden Reize gedacht, die ein depressiver Mensch viel zu stark empfindet und denen gegenüber er sich hilflos ausgesetzt fühlt. Lärm und Geräusche, die Hektik des Verkehrs und die Hetze und Härte im Umgang miteinander, die schrill aufgemachten Nachrichten und die lautstarken Zudringlichkeiten der Medien greifen ihn an. Hinzu kommt, daß er sich jeweils aufgerufen fühlt, durch ein Sollen und Müssen den darin enthaltenen Appellen zu erwidern. Er vermag sich nicht dagegen zu behaupten.

»Ich muß jedem Bettler etwas geben.«
»Alle müssen an Weihnachten etwas bekommen.«
»Wir sollten noch viel mehr tun für die Gerechtigkeit.«
»Ich leide daran, daß nicht geschieht, was eigentlich geschehen müßte.«
»Die Kranken empfinden ihre traurigen Verstimmungen subjektiv als fremdartig und unverständlich, lehnen sich gegen die unheimliche Niedergeschlagenheit auf und leiden sehr unter dem Widerstreit ihrer Empfindungen. Die Ambivalenz, der Wechsel von Verzweiflung und überkompensatorisch hochmütig-distanzierter Verhaltensweise, und die Abhängigkeit von der Umweltsituation verleihen diesen depressiven Zustandsbildern etwas Widersprüchliches, Uneinheitliches, Schillerndes.«[86] Es ist ein Gefühl der Uneigentlichkeit, denn was ihn auch anspricht, er vermag dem nicht zu entsprechen. Der Lärm der Kinder wird unerträglich, weil auf der Seite der Mutter oder des Vaters keine größere Tragfähigkeit vorhanden ist, um diesen Reizandrang zu verstehen und ihm angemessen zu begegnen. Weil vom anderen weithin bestärkende Anerkennung erwartet wird, ist alles, was dem nicht entspricht, ein Angriff und eine Bedrohung gegen das eigene schwache Ich. Die Grenzlinie oszilliert, die das Recht des einen und das Recht des anderen markiert und beschreibt.
»Wenn die Kinder so laut sind, laufe ich weg.«
»Ich kann nicht in Ruhe darüber nachdenken.«
»Es nimmt mich zu sehr mit, wenn ich darüber rede.«
»Ich kann das nicht brauchen.« (Antwort auf eine aggressive Äußerung.)
»Wenn ihr streitet, gehe ich noch ins Wasser.« (Eine Mutter, die ihre 4 Kinder damit in Angst versetzte.)
Das deutet die Hilflosigkeit an, mit der sich jemand herausgefordert fühlt am vitalen Grund seines Menschseins, ohne daß er etwas anderes entgegenzusetzen hätte, als die von ihm selbst heimlich empfundenen infantilen Trotzreaktionen, die als Wut oder Vorwurf ihn so verletzend treffen. Er selbst versteht dieses Verhaftetbleiben an ein und derselben Stelle als ein Zurückbleiben im Sinne der Remanenz (Tellenbach). Er kann nicht »mitreden«, weil er so tief mit-»empfindet« und sich als jemand erlebt, der im entscheidenden Augenblick dann jeweils das Falsche tut. Was ihm hilft, ist eine gelassene und gewäh-

rende Ruhe, die dem Einfall Zeit und Raum läßt, die nicht erzwingt, sondern sich vom austauschenden Rhythmus erfassen läßt. Dann hat alles seine Zeit und seine relative Wichtigkeit (Koh 3,1-15). Darin liegt aber auch die Begrenztheit und Erträglichkeit.

5. *Die Aggression gegen sich selbst*

Sowohl in der Zyklothymie als auch in den psychogenen Depressionen begegnet man der suizidalen Gefährdung, die als ernsthaftes Symptom für die Einweisung in eine Klinik gelten muß. In dem Maß, da sich die fundamentale Abwendung von der Welt vollzieht und alle Weisen der Zuwendung zur Welt erloschen sind, dringt der Selbstmord hervor. Wenn das psychodynamische Gefälle so verschoben ist, daß die Aggressivität des Über-Ichs durch das Introjekt verstärkt wird, richtet sie sich gegen das Ich. In diesem Zusammenhang sprach O. Fenichel von einer »Krankheit des Über-Ichs«[87]. Dieser Ansturm ist besonders heftig, weil es zur Wiederbesetzung früherer Über-Ich-Vorstufen kommt, die sich »durch besondere Grausamkeit auszeichnet«. »Etwaige Selbstmordimpulse gelten somit dem eigenen Selbst und sind also wirklich *Selbst*mord-Impulse.«[88]

Hier wird deutlich, daß das Introjekt, dem dieser Schlag gelten soll, eben ein versagendes Objekt ist. Um die wirkliche narzißtische Problematik herauszufinden, geht es erst darum, die Angst vor der Wut, die einem anderen gilt, ernst zu nehmen und zu akzeptieren. Der nächste Schritt wird sein, jene unerträgliche Kränkung herauszufinden, die es diesem Menschen unmöglich machte, weiterzuleben.

Oft wird freilich der kränkende Anlaß bald wieder vergessen. In dem unmittelbar dem Suizid-Versuch vorausgehenden Konflikt liegt aber ein typisches Element der narzißtischen Kränkung, das nun zu erfragen ist. In einem Katalog der Hilfe hat K.-P. Jörns die verschiedenen Schritte zusammengestellt, die mit dem Suizidalen zu gehen sind. Die Wertschätzung des anderen ist die grundlegende Haltung. »Ziel aller Gespräche muß sein, daß dem Suizidalen die suizidale Handlung verständlich wird als ein Versuch, seine Lebenskrisen zu lösen, und daß mit ihm andere Lösungsmittel gesucht werden, die ihn zukünftig leben und auch sterben lassen.«[89]

Man trifft beim depressiven Menschen auf einen perniziösen Zirkel, der in den Funktionskreis des Sadismus führt. An dessen Anfang finden sich ungeheure Erwartungen, die aber nicht erfüllt werden können. Die erfolgende Antwort besteht in ebenso großer Frustration und Enttäuschung, die in eine depressive Ohnmacht führt. Weil er sich aus dieser Situation nicht befreien kann, kommt es zu Rache- und Haßimpulsen, die dem enttäuschenden Objekt gegolten hatten und sich gegen sich selbst richten. »Die unzweifelhaft genußreiche Selbstquälerei der Melancholie bedeutet ganz wie das entsprechende Phänomen der Zwangsneurose die Befriedigung von sadistischen Haßtendenzen, die einem Objekt gelten und auf diesem Weg eine Wendung gegen die eigene Person erfahren haben.«[90] Man wird jedenfalls alle nicht integrierten aggressiven Triebe zu gewärtigen haben, die sich dem Ich entzogen haben und aus Wut und Enttäuschung in einer tiefen narzißtischen Kränkung sich so eigenmächtig lossagen konnten, um diese wilde Selbstgefährdung zu entfesseln. Dennoch bleibt es nur im Vorfeld eine Antwort. Im Blick auf Christus aber kann es jetzt um die Einladung gehen, anzuerkennen und gelten zu lassen, daß er den Sühnetod gestorben ist und ihn deshalb niemand mehr selbst zu sterben braucht.

Was im Herzen eines Menschen vor sich ging, der sich mit seiner Realität nicht mehr konstruktiv auseinandersetzen konnte, das schildert in einem besonderen Drama 1. Sam 16,14-23; 18,7-9, 10f.; 19,8-10; 31,1-4.

Sauls Krankheit hat nicht nur die biblische Theologie, sondern auch die Medizin- und die Musikgeschichte, aber auch die darstellende Kunst des Mittelalters besonders intensiv bewegt und erreichte im 17. Jahrhundert darin ihren Höhepunkt. Nachdem lange Zeit die tröstende Kraft der Musik hervorgehoben wurde (musica fugat diabolum), hat die allegorische Auslegung in den kreuzweise gespannten Saiten der Harfe Davids die Kraft Christi am Werk gesehen. Doch gegen Ende des 15. Jahrhunderts wurde zum ersten Mal Sauls Krankheit der Melancholie zugerechnet und primär als natürlich-körperliche Störung aufgefaßt. Sie wurde vollends in der Zeit der Aufklärung zu einem ausschließlich medizinischen Fall, so daß die geistliche Dimension dabei ganz in den Hintergrund getreten ist.[91] Die Neid- und Wutausbrüche sowie seine »krankhafte Schwermut«[92] wird man aber nicht losgelöst, sondern nur im Verlauf seines Wirkens sehen können. »Man muß von ihm sagen, daß er ein tapferer, edler Mann war und nur deshalb so tief in Schwermut und Verzweiflung sank, weil er seinen Auftrag bitter ernst nahm.«[93] Doch weist nicht die Bezeichnung »böser Geist« auf eine im letzten auch zu verantwortende Schuldgeschichte hin?

6. Die Frage nach der realen Schuld

Folgt man den Ergebnissen der psychoanalytischen Theorie, so entstehen Schuld und Schuldgefühle aus Wut und Ärger über den Objektverlust. »Dabei sind die Aggressionen um so heftiger, je schmerzlicher die durch das Objekt erfolgende narzißtische Kränkung subjektiv erlebt wurde. Die Schuldgefühle wiederum sind dann um so schwerwiegender, je heftiger die Aggressionen gegen das Objekt wüten.«[94] P. Kutter fand bei depressiven Zustandsbildern, daß die Existenz als solche schon schuldhaft erlebt wird, und bezeichnete dies als »primäre Schuld«. Die Trennung nach der eigenmächtigen Lösung aus der Dualunion nannte er »Trennungsschuld«. M. Klein sah die depressive Position schon dort als gegeben an, und damit auch die Entstehung von Schuldgefühlen, wo der Säugling vor, während oder nach der Entwöhnung die mütterliche Brust betrauerte. Denn sie bedeutete ja Sicherheit, Liebe und zufriedenes Leben. »Alles das wird vom Kind als verloren empfunden, und zwar als Folge seiner unkontrollierbaren Gier und der Zerstörungsfantasien und -triebe gegen die mütterliche Brust.«[95] Schuld und Schuldgefühle gehen dann also zuerst auf mütterliche Versagung zurück. So ist für die psychodynamische Erfassung des depressiven Geschehens das Herkommen der Schuldthematik aus einer immanenten, intrapsychischen Entwicklung offensichtlich. Sie kannte dabei freilich keine religiösen Aspekte. Die Psychiatrie dagegen hat der Schuldthematik schon immer eine besondere Beachtung geschenkt, wie es im Begriff »religiöse Melancholie« angedeutet ist. In der neueren Psychiatrie sprach E. Kraepelin zunächst noch vom Versündigungswahn[96] und später von »Versündigungsideen«. Gerade das religiöse Gebiet schien dafür die richtige und wichtige Voraussetzung zu bieten. Vor allem zählte hierzu die »Sünde wider den Heiligen Geist« (Mk 3,28 f.)[97].

Man hat ihre Inhalte beschrieben und fand in der Versündigungsangst die Angst um die Seele, in der Hypochondrie die Angst um den Leib und in der Verarmung die Angst um die Notdurft des Lebens.[98] Es wurde aber immer deutlicher, daß sich die Inhalte von einem alten Leitschema ablösten und hypochondrische Ängste die erste Stelle einnahmen. Vor allem ist ein Instanzenwechsel eingetreten, so daß nur noch 16% sich vor Gott schuldig fühlten, obwohl die Hälfte der Patienten sich als religiös verstand und eine Mehrheit ihre Schuld gegenüber familiären Verpflichtungen sah.[99]

Die anthropologische Psychotherapie hat diese Interpretation erweitert durch den Begriff der »Existenzschuld«. Sie weicht der Existenzangst nicht durch die Formen der Ich-Entlastung aus. Denn durch sie soll die Ablenkung von einer Besinnung erreicht werden, die zu einer Angstbedrohung führen könnte, auf die noch keine Antwort gefunden ist. Haefner beschrieb die individuellen und kollektiven Entlastungssysteme: Ich-Erweiterung durch Geltungs- und Machtstreben, ohne tragenden Werthintergrund; Projektionen; Verschiebung auf Verleugnung; das Abschieben der Entscheidungslast auf einen Partner; Selbstbestrafungstendenz; das Sich-Verbergen des Schulderlebens; die »falsche Lokalisation«; Drang nach Anerkennung bei der Umwelt; Ringen um Höchstleistung und Erfolg; die stetige Besitzvermehrung; das Abgleiten in kollektive Strebungen und Impulse, in eine konformistische Haltung des »Man«.

»Daß es Schuld überhaupt gibt, gründet auf dem Vorhandensein einer das Ich transzendierenden Wertordnung.«[100] Die Tatschuld ist dabei nur ein Aspekt der Existenzschuld, in der die Verantwortung im Gewissen nicht mehr ausweicht. »Eine bestimmte Tat oder Einstellung wird als schuldhaft, als Ursache des Schuldgefühls erkannt.«[101] In der Sühne aber vollzieht sich erst die Bereitschaft zur Wandlung. Die psychiatrische Forschung sah also die Schuldinhalte in einer deutlichen Verschiebung und hat vor allem durch die Arbeiten Orellis eine bemerkenswerte Säkularisierung der Instanzen und einen deutlichen Rückgang der religiösen Schuldinhalte registriert. Sie bestehen zwar als Zurückbleiben hinter einem Sollens- und Forderungsanspruch noch weiter. Die Frage aber ist, ob sie sich damit auch aus dem Raum des Glaubens und der Vergebung hinausbegeben haben oder gerade von dort eine Antwort erwarten? In den geschilderten Beispielen ist sowohl die sogenannte »primäre Schuld« als auch vor allem die

Trennungsschuld enthalten. Wenn aber ein erwachsener Mensch von der Schuldproblematik geplagt ist, dann geschieht es jeweils in seinem erwachsenen Gewissen, das »viel eher erfühlt, als rational verstanden« wird. Insofern ist das Schuldgefühl schon ernst zu nehmen. »Gewissen-haben-Wollen heißt also, in das innere Schweigen lauschen, heißt, dem Gefühl und damit auch dem Sinn der Schuld die Tore öffnen.«[102] Die 5. Bitte des Vaterunsers ist die Antwort auf die Schuldfrage und zugleich die verantwortliche Bereitschaft, zur eigenen personalen Schuld zu stehen, die aus der Sünde kommt.

Schuld ist konkret. Schuld ist persönlich. Diese beiden Thesen lassen sich als christliche Zentralsätze der Rechtfertigungslehre entnehmen. Sie ist konkret und persönlich wie in der Geschichte vom Zöllner Zachäus, Lk 19,1 ff.

Sie ist so persönlich, wie sie in der Bergpredigt als Entstehungsort der Existenzverfehlung nicht erst in äußeren Taten und gebrochenen Geboten gesehen wird, sondern als eigene Tat und subjektive Einstellung. Nicht mehr die Projektion auf den Sündenbock, sondern ihre Zurücknahme lassen den vermeintlichen Splitter im eigenen Auge wieder zu einem Balken werden und die eigene Schuld erkennen und bekennen.

Schuld ist persönlich. Sie ist im biblischen Sinne nicht abgespalten oder verleugnet, sondern gehört zum menschlichen und erlösungsbedürftigen Leben dazu. In der verantwortlichen Übernahme ruft sie nach einer erbarmenden Antwort. Der Depressive flieht in Wirklichkeit geradezu diesen Bereich. Denn er unternimmt aus seiner Schuldangst heraus alles, um nicht schuldig zu werden. Dadurch wird er auch der Freiheit nicht teilhaftig, zu der die Wahrheit befreit und die Vergebung entlastet. Der Weg der Schuldvermeidung scheint für ihn der sichere und lohnende Weg zu sein. Der Mensch entzieht sich damit kritischer Beurteilung, weil er einen Ideal-Schutz sich geschaffen hatte, der ihn davor bewahrte, negativ be- oder verurteilt zu werden. Allein schon durch die Erwähnung eines Schuldzusammenhanges ist er in eine Bedrängnis zu bringen, gegen die er alles aufbieten muß, um sich davon frei zu halten.

Eine Patientin (36 Jahre alt) war nicht mehr imstande, die 5. Bitte im Vaterunser zu beten. An dieser Stelle wollte sie jeweils nur trotzig schweigen. Sie hatte sich vor und nach ihrer Scheidung so verletzt gefühlt, daß ein Schuldzusammenhang für sie selbst nicht in Betracht kam. Gleichzeitig hatte sie aber beim Aufschlagen der Tageszeitung nach einer Meldung gesucht, die vielleicht ihren Mann in einen Unfall verwickelt oder auch als getötet geschildert hätte. Sie erschrak, als sie selbst entdeckte, daß dies ihr eigener Gedanke und auch ihre Absicht war. So trat plötzlich das Bewußtsein der eigenen Schuld in einen größeren Zusammenhang.

Schuld ist für den Depressiven in der selbst bewirkten Verletzung erkennbar. Das wiederum scheint ihm zunächst fast unmöglich, der ausschließlich sich selbst als Opfer fremder Verletzungen zu sehen gewohnt war. Doch mit der Frage nach dem Recht des anderen, nach dessen Klagen und Anklagen tritt er heraus aus dem engen narzißtischen Bereich und interessiert sich gleichzeitig für das Recht und die Verletzung des anderen. Ebenso wird das Gebot Gottes am konkreten Ort und durch die konkrete Tat zu beachten und zu bewähren sein, als eine befreiende und befriedende Kraft.

Mann (56 Jahre alt):

»Ich bin nicht der, der ich sein wollte. Ich habe mir eingebildet, ich sei ein edler und guter Mensch ohne böse Absichten. Ich kann jetzt genauso auch das andere sehen: wie viele Lügen dabei gewesen sind und wieviel Selbstrechtfertigung. Wie viele Menschen habe ich beschuldigt! Meine Kinder, meine Frau, meine Kollegen, Gott und die Welt. Ich kann darüber nur weinen. Doch gestern ist mir im Gottesdienst aufgegangen, daß ich mich nicht mehr rächen muß und keinen mehr zu bestrafen brauche, sondern verstehen und lieben lernen kann, so alt ich bin. Es tut mir so vieles leid, daß ich mich schämen muß!« (Stg)

Die konkrete Schuld, wo sie eingesehen und als vergeben angenommen wurde, enthielt die Möglichkeit zu jenem Durchbruch, der in einer konkreten Erarbeitung der Realität und einer liebevollen Zuwendung zu den Menschen eine neue Tiefe entdecken konnte.

7. Die Unfähigkeit zu echter Trauer und zu echter Freude

Wenn Paulus die Christen in Rom ermahnte: »Freuet euch mit den Fröhlichen, weinet mit den Weinenden!« (Röm 12,15), dann hat er die in der Gemeinde vorfindbare Realität im Auge, die – ob traurig oder fröhlich – nicht übersehen, sondern mit-erlebt werden soll. Sie wird aber übersehen und übergangen, wenn es an der Freiheit fehlt, einen anderen zu verstehen und an seinem Wohl oder Wehe teilzunehmen.

Freud hatte zu Beginn seiner Untersuchung über Trauer und Melancholie festgestellt: »Die Melancholie ist seelisch ausgezeichnet durch eine tief schmerzliche Verstimmung, eine Aufhebung des Interesses für die Außenwelt, durch den Verlust der Liebesfähigkeit, durch die Hemmung jeder Leistung und die Herabsetzung des Selbstgefühles, die sich in Selbstvorwürfen und Selbstbeschimpfung äußert und bis zur wahnhaften Erwartung von Strafe steigert.«[103] Dann scheinen also gerade die affektiven Äußerungen von Freude oder Trauer den Depressiven nicht erreichen zu können. Sie lassen ihn unberührt und gehen an ihm vorbei. Das Gefühl der Gefühllosigkeit läßt keine Teilnahme zu. Der Depressive ist eingeschlossen und an der Teil-habe gehindert.

Für ihn freilich scheint die Beeindruckbarkeit durch die Todeslinie zu einem besonderen Merkmal seines Charakters zu gehören. Er nimmt teil an allem Schweren und Traurigen. Doch es ist weniger ein Mittragen als ein Erschlagenwerden von der Macht des Schweren. Die Trauer des anderen wird nicht als dessen Trauer und dessen Verlust angesehen, sondern die eigene Betroffenheit wird zum Maßstab für seine Trauer. Er verwischt auch hier die Grenze, die dem anderen einräumt, mit seiner Last fertig zu werden. Daß das »Selig sind die Trauernden; denn sie werden getröstet werden« (Mt 5,4) dem anderen seinen Weg eröffnet und seine eigene Geschichte bestimmen soll, das ist dem Depressiven fremd. Er bemächtigt sich der Trauer des anderen, um der eigenen zu entgehen. Die Angst vor dem eigenen Tod aber will gehört und verstanden werden. Der wirklich narzißtische Anteil ruft nach Antwort. Vielleicht ist dies die wesentliche Verletzung in der frühen Kindheit, daß der Depressive bei den erlebten Verlusterfahrungen nie begleitet, verstanden und getröstet worden ist und darum auch nie die Hoffnung für sich selbst erleben konnte.

Patientin (51 Jahre alt):
»Wie habe ich mit allen getrauert! Mit jeder Frau, die ein Kind verloren hat, habe ich geweint. Die anderen sind immer zu mir gekommen,

doch als mein eigener Sohn vor drei Jahren verstarb, konnte ich nicht weinen. Ich war wie benommen. Alle haben mich bewundert, doch nach zwei Jahren wurde ich krank, dann brach alles über mich herein.«

Frau (42 Jahre alt):
»Ich habe vor einem Jahr meinen Bruder verloren, und jetzt erst merke ich, was geschah. Ich kenne mich selbst nicht mehr. Ich höre das Evangelium, aber das andere schiebt sich immer dazwischen wie eine dicke Wand. Der Arzt sagt zu mir, sie müssen wegschieben, sie müssen sich zwingen. Doch ich kann nicht einfach eine Fassade aufrichten.«
Auf die Erwiderung: »Sie haben viel verloren, das tut weh. Das sind große Schmerzen«, konnte sie weinen und erzählen, was sie mit dem Bruder erlebt hatte und was jetzt nicht mehr sein kann; aber auch, was er ihr abgenommen hatte und was sie jetzt allein zu regeln hat.

»Häufig ist Traurigkeit mit Selbstmitleid vermischt, das ihr ein besonderes, narzißtisch-befriedigendes Element hinzufügt.«[104] Während in der normalen Trauer, so tief sie auch gehen mag, die Objektbeziehungen aufrechterhalten bleiben, mischen sich, wenn die Beziehungen in ihrer Qualität gestört waren, übermäßig feindselige oder depressive Züge der Trauer bei.
»Das Normale ist, daß der Respekt vor der Realität den Sieg behält.«[105] Dieser Vorgang vollzieht sich schrittweise. Danach wird das Ich wieder frei, um sich neu dem Leben zuzuwenden.
In der Melancholie bietet sich ein anderes Bild dar. »Der Melancholiker zeigt uns noch eines, was bei der Trauer entfällt, eine außerordentliche Herabsetzung seines Ich-Gefühls, eine großartige Ich-Verarmung. Bei der Trauer ist die Welt arm und leer geworden, bei der Melancholie ist es das Ich selbst.«[106]
Der Melancholiker beklagt nicht den Verlust, sondern klagt sich selbst als »nichtswürdig, leistungsunfähig und moralisch verwerflich an«[107]. Darin sah Freud die Krankheit. Daß dieser Mensch, zuvor vielleicht eine brave, tüchtige und pflichttreue Frau, jetzt nicht anders von sich spricht »als die in Wahrheit Nichtsnutzige«. Dazu kommt,

daß er sich ohne Scham vor anderen »in einer aufdringlichen Mitteilsamkeit« aussetzt. Es ist deutlich, daß ein Teil seines Ichs dem anderen Teil gegenübertritt. Diese kritische Instanz, die »wir hier kennenlernen, ist die gewöhnlich *Gewissen* genannte«[108]. Die vielfältigen Selbstanklagen sind nicht Selbstvorwürfe, sondern Vorwürfe gegen ein Liebesobjekt, die »von diesem weg auf das eigene Ich gewälzt sind«[109]. So, unter dieser Selbstanklage, die eigentlich dem anderen gilt, ist es nicht möglich, sich mit dem anderen zu freuen oder mit ihm zu weinen.

Im Zustand jener traurigen Verstimmung wird der Depressive geradezu als ein Verderber der Freude und des Spiels empfunden. Seine »Saure-Trauben-Politik« kann nur die Verleugnungen von Wunschvorstellungen betreiben, um diese eine Stelle der Realität herauszustanzen, die für seinen schweren Kampf angemessen ist. Die Einschränkung affektiv-motorischer Abfuhr wird auf die gesamte Lebensrealität übertragen. »Vom Lachen mußte ich sagen: Es ist sinnlos, und von der Freude: Was schafft sie?« (Koh 2,2)

In dieser bitteren Anklage ist dem darin ausgedrückten Gefühl der Enttäuschung und des Verlassenseins zu entsprechen. »Auf jeden Fall ist die Abfuhr durch Weinen, Schreien oder Schluchzen um so stärker und ungehemmter, je fester und beharrlicher das Verlangen mit der Realität verknüpft oder konfrontiert wird. So kann die Traurigkeit zu einem erleichternden oder sogar kostbaren Ereignis werden.«[110]

Führt die Trauer zur Abfuhr unlustvoller Regungen, so ist es bei der Fröhlichkeit ein lustvoller Vorgang. Aber auch der Fröhlichkeit liegt »ein innerer Kontrast« zugrunde. Freudige Stimmungen werden durch Lusterlebnisse hervorgerufen, die von unerwarteter Intensität sind und in scharfem Kontrast zu einer vorausgegangenen Indifferenz oder unangenehmen Situation stehen. Bei Freude und Trauer aber steht im Hintergrund eine Unfähigkeit, ganz von sich weg auf den anderen einzugehen, auch wenn es gewollt wird.

»Wir sollten uns aber daran erinnern, daß der Lustgewinn immer ein ›Zurückgewinnen‹ ist, das unvermeidlich Erinnerungen an frühere Verluste, Entbehrungen oder ganz allgemein Leiden heraufbeschwört, und zwar um so mehr, je intensiver und unerwarteter die Wunscherfüllung eintritt.«[111]

8. Schwierigkeiten und Widerstände

Der Widerstandsbegriff spielte in der Psychoanalyse von Anfang an eine große Rolle. In der Handhabung der psychoanalytischen Technik kam der freien Assoziation bis zum heutigen Tag große Bedeutung zu. Für Freud war es Übung, gerade an der Stelle, da der Gedankenfluß abgerissen war, nachzufragen. Diesen Widerstand hielt er für die Kraft der Abwehr oder Verdrängung, die als Zensor im Ich dafür sorgte, daß bestimmte Vorstellungen nicht ins Bewußtsein treten durften.

Was Freud zunächst noch mit einem sanften Druck auf die Stirn des Patienten beseitigen wollte, hat je länger je mehr ein hochdifferenziertes Ausmaß an Beobachtungen von Abwehrmechanismen angenommen, »die Gefahr laufen, zum faulen Trick zu werden, wenn willkürlich jeder Akt zum Widerstand erklärt werden darf«[112].

Die Seelsorge begegnet dem Phänomen des Widerstands in einer formal ähnlichen, inhaltlich aber weiterreichenden Weise als die analytische Psychologie. Denn im Glauben von Gott her sich als Sünder zu sehen und von idealisierten Vorstellungen, über Gott, den Mitmenschen und sich selbst, Abschied nehmen zu müssen, das kommt einer zusätzlichen Verlusterfahrung gleich, die angstvoll vermieden wird.

Wenn der dem Widerstand zugrundeliegende unterdrückte Schmerz aber seinen Ausdruck findet und unter dem Zuspruch der Erhörung frei wird, findet der depressive Mensch in ein umfassenderes Verstehen Gottes hinein. Denn mit der eigenen Leidenswirklichkeit darf und soll er gegen Gottes Verheißung opponieren. »Ergo oppone promissionem suam et tuam necessitatem.«[113]

Wenn der Glaube in einen Rechtsstreit mit Gott selber einzutreten aufgerufen ist, dann werden die Anklagen gegen sich selbst in Klagen gegen Gott verwandelt und damit aus dem lebensgefährlichen Wiederholungszwang herausgelöst und in den Zusammenhang des Rechtfertigungsgeschehens gebracht.[114]

Die nachfolgenden Berichte und Erfahrungen depressiver Patienten werden auch von diesem Ringen mit dem verborgenen Gott und darum erst recht von dem Mensch gewordenen und offenbaren Gott in Christus Zeugnis geben.

Die konkrete seelsorgerliche Begegnung mit depressiven Menschen

1. Die Patientengeschichte einer endogenen Depression

P. kam im Herbst 1975 zum erstenmal in die Sprechstunde und hat bis 1982 immer wieder, einige Male nach einer halbjährigen Pause, den Kontakt gesucht. P., 29 Jahre alt, verheiratet mit einem gleichaltrigen Mann, einem zielstrebigen jungen Beamten. Die beiden haben zwei Kinder im Alter von 2 und 4 Jahren. P. stand in nervenärztlicher Behandlung. Sie war schwarz gekleidet, weil im Frühjahr ihre Mutter im Alter von 74 Jahren verstorben war. P. hat einen um 2 Jahre älteren Bruder. Beide Geschwister sind uneheliche Kinder. Sie wuchsen in einem kleinen Dorf auf, in dem auch der leibliche Vater noch lebte.

P. schilderte zunächst die zurückliegende schwere Zeit (ca. 9 Monate), in der für sie zuviel zusammengekommen sei. Im Januar hatte sie die Pille gewechselt und im Februar eine schwere Grippe bekommen, die nicht ausheilen konnte. Nebenher legte sie noch die Führerscheinprüfung ab. Im April begann das Ehepaar mit dem Bau eines eigenen Hauses im Geburtsort, so daß der Ehemann jeden Abend aus der Stadt, wo sie jetzt wohnten, zu dem Hausbau gefahren ist. Ende April verstarb die Mutter im Krankenhaus, nachdem P. sie zu Hause nicht mehr pflegen konnte.

Was in der Seelsorge zur Sprache gekommen ist, geschah oft aus der Teilnahme am Gottesdienst heraus. Der erste hörbare Aufschrei erfolgte nach einem Gottesdienst, als P. unter flehentlichem Weinen um eine Aussprache gebeten hatte.

Nach einem ersten Besuch im Hause der Patientin habe ich die Zeiten der Sprechstunden mit ihr ausgemacht. In der Regel waren dies 1–2 Termine in der Woche. Dazu brachte sie nach unserer Vereinbarung ihre schriftlichen, tagebuchähnlichen Eintragungen mit, die im folgenden mit Tb angegeben werden.

Die mit Stg gezeichneten Abschnitte sind wortgetreue Stenogramme des Verfassers aus der Sprechstunde.

Alle 2 Wochen hat sie an unserer Patientengruppe teilgenommen, in der sie wegen ihrer verständnisvollen Art sehr geschätzt war.

P. stand in suizidaler Bedrängnis. Nach dem anfänglichen Vertrag, weder Hand an sich zu legen, noch die Unerträglichkeit ihrer Einsamkeit zu lange auszuhalten, sondern anzurufen, kam sie jeweils in die letzte Stunde der Sprechzeit am Abend. Diese Stunde schloß mit einem Gebet und der Fürbitte für die Patientin, ihren Mann und ihre beiden Kinder.

Der Anfang und die Situation

»Jeder Tag beginnt mit schweren Sorgen und Schmerzen. Ich möchte und kann nicht aufstehen. Ab 11 Uhr wird es besser. Die gute Zeit liegt am Abend.« Sie fühlte sich noch nie selbständig und entscheidungsfähig. Sie könnte weder zeigen, was sie will, noch nein sagen. Sie suche einen festen Halt im Gebet und in der Bibellese im Glauben an Christus und findet keinen Halt. »Alles ist so weit weg.« (Stg) Doch als erstes müsse sie einen Traum erzählen, der sie nicht loslasse: »Ich traf meine frühere Freundin, irgendwo am Bach oder in der Nähe des Schwimmbades. In den Gärten lagen lange Gurken. Wir haben sie mitgenommen. Die Freundin hat davon gegessen und kam deshalb ins Krankenhaus. Die richtige Mutter kam zu ihr, weil sie sonst nicht davongekommen wäre. Sie hatte ein größeres Kind. Ich bin durch die Krankenhäuser gelaufen und habe auch noch meinen Bruder getroffen. Man fragte mich, warum ich von der Mutter weggelaufen sei. Doch ich gab keine Antwort darauf, weil ich nach der Besuchszeit gleich weg mußte. Im gleichen Traum habe ich auch noch meine frühere Freundin getroffen. Das Wasser war so unwirklich und klar.« (Stg) P. fiel zu diesem Traum ein, daß sie früher gerne zum Schwimmen gegangen ist. Das hätte sie schon lange nicht mehr getan. Sie hätte aber von dem Verbotenen gegessen, und dann sei sie ins Krankenhaus gekommen und selbst Patientin geworden. Das Verbotene, so sagte P. nach langem Zögern, sei eine kurze Geschichte mit einem Mann bei einer Silvesterfeier gewesen, der hinter ihr her gewesen sei. Doch seltsamerweise hätte sie die »richtige Mutter« getröstet. Dies sei eine herzensgute Frau gewesen, die viel jünger war als die eigene Mutter. Am Muttertag hätte ich ja gepredigt, daß Gott einen tröste, wie einen eine Mutter tröstet. Und dann schilderte sie, daß das größere Kind wohl ihre eigene Tochter sei, mit der sie so viele Schwierigkeiten habe, weil sie am Abend noch lange im Bett hin- und herrüttle, bis sie endlich einschlafen könne. Das schlimmste Gefühl dieses Traumes aber sei, daß sie keine Antwort darauf geben könne, warum sie die Mutter nicht bei sich selbst behalten habe, sondern sie ins Krankenhaus bringen mußte und vielleicht an ihrem Tode schuldig sei. Dann hat sie noch eine Freundin getroffen, deren Mutter auch im Krankenhaus verstorben war. Gegenüber der verworrenen und unsicheren Gefühlslage nahm sich das Traumende mit seinem klaren Wasser ganz unwirklich aus, aber klar.

Der Traum ist, wie P. selbst begonnen hat, auf der Subjektstufe zu deuten. Denn es bestand zur Freundin seit der Schulentlassung überhaupt kein Kontakt. Viel eher ist jene schattenhafte Animagestalt anzunehmen, die der Frau etwas bewußtmachen kann, was seither unter einem Verbot stand und zur Auseinandersetzung drängte. Das Verbot bestand wohl darin, die Mutter auf keinen Fall ins Krankenhaus zu bringen. Es kam der selben schweren Tat gleich, von der Mutter einfach wegzulaufen. Und dennoch, der Schluß des Traumes hatte eine Lösung. Denn eine andere Freundin hatte tatsächlich vor einem Jahr im Krankenhaus die Mutter verloren, »ganz normal«. Es gehörte also zur Norm, das heißt, zu ihrer gestellten Lebensaufgabe, die Mutter herzugeben und das Mütterliche bei sich selbst wahrzunehmen und leben zu lassen. Doch auch die »Geschichte mit einem Mann« hatte ein deutliches Gewicht, das P. seither sehr belastet hatte. »Das hätte ich nicht gedacht, daß ich so etwas tun könne. Das kommt nicht mehr vor.« Ob das nicht in jenen Zusammenhang verweise, in dem wir auf Vergebung angewiesen seien, wenn wir es bereuen, und gleichzeitig denen Vergebung gewähren, die wir seither verurteilten? Es kam zu einer Aussprache der Eheleute, zu einem gemeinsamen Gang zum Abendmahl und zu einem ersten behutsamen neuen Verständnis.

War das Kind im Traum die eigene Tochter, oder war es die Träumerin selbst, die vor einem neuen Leben stand, das sie anfänglich beginnen wollte? Beides schien möglich.

Mit diesem ersten Traum war die Arbeit und der Weg vorgezeichnet, der nun vor ihr lag: der Verlust der Mutter und das Annehmen ihrer eigenen Mütterlichkeit, die Schuldgefühle über die nicht geschehene Pflege und die beginnende Klärung.

P. hat dann geschildert, wie heftig ihre Selbstmordimpulse gewesen

seien und daß sie aus Angst, meistens am Nachmittag, auf die Straße gerannt sei, um einen Menschen zu finden, der sie aufmuntern würde.
Traum: »Ich sah eine wunderbare schwarze Erde, es war nicht unser wirkliches Grundstück, doch es hat uns gehört; es war näher am Wald, doch das Haus war fremd. Es gehörte unseren Bekannten. Mein Mann führte mich in die Küche mit den dunklen Bodenleisten und Möbeln. Er war sehr enttäuscht darüber und hat mir vorgeworfen, daß er mich nicht zufriedenstellen kann. Mein Bruder hat die Gefahr erkannt, daß ein Mädchen entführt werden könnte.« (Stg)
Zur Objektseite des Traumes: Die schwarze Erde gehörte zum Haus einer reichen Familie. Sie selbst hätte früher gerne ein solches Haus gehabt. Doch nun stand es ganz nahe am Wald und war viel zu groß und barg eine Fülle von Gefahren. Die Gefahr der Entführung bestand durch eine kinderlose Nachbarin, die die Kinder immer wieder zu sich nahm und dabei auch sehr verwöhnte. P. hat begriffen, daß sie ihre Kinder nur dann behalten kann, wenn sie verstehend und annehmend für sie da ist. Als Konsequenz daraus konnte sie ihr älteres Kind zum erstenmal selbständig zum Einkaufen schicken und danach dessen Stolz und die Freude darüber mit ihm teilen.
Doch es galt nun auch, das Haus der Realität, das mitten im Bau war, zu besehen. Und plötzlich meinte sie, daß sie sich eigentlich darauf freue, denn sie hätten es ja miteinander geplant. Es sei doch alles sehr praktisch. Sie wolle mehr mit ihrem Mann darüber reden und ihn auch bei der Bauarbeit unterstützen.
P. brachte in der nächsten Sprechstunde aus dem Losungskalender einen Abschnitt mit, in dem zwei Worte unterstrichen waren: Dienen und Lieben. »Ich will mich erziehen. Ich habe die Kinder zu viel schreien lassen. Ich habe einmal richtig losgebrüllt. Ich bin zu faul. Wenn ich eine Pause habe, weiß ich nichts Rechtes anzufangen. Ich vertrödele die Zeit. Ich brauche jemanden, der mich mitnimmt. Es gelingt immer nur, wenn jemand bei mir ist.« (Tb)
Sie wiederholte öfter: »Ich bin zu faul, ich habe Lust, mich zu unterwerfen. Meine richtige Freundin war ein Befehlstyp. Ich brauche jemand, der mich schiebt. Ich habe ein großes Verlangen nach Zärtlichkeit wie damals auch als Kind, doch ich fühle mich immer unverstanden.« (Stg)

Das nächste Gespräch fand mit beiden Eheleuten statt. Es ging darum, unausgesprochene Erwartungen auszusprechen. Der Mann: »Wie kann ich dir helfen, wenn du mir nichts von dem erzählst, was dir weh tut? Ich spüre das zwar, doch ich bin so unsicher und habe oft selbst Angst, wie alles wird.« (Stg)

Beim nächsten Mal konnte P. voller Freude sagen: »Jetzt versteht mich mein Mann. Er konnte mich wirklich trösten. Doch Kritik ertrage ich nicht.« Für den Ehemann war es eine wichtige Erfahrung, seine Frau in ihrem Leiden begreifen zu können, ohne sich dadurch gekränkt, selber angegriffen, vernachlässigt und in der dörflichen Öffentlichkeit bloßgestellt zu sehen.

»Als ich erst 2½ Jahre alt war, wurde meine Großmutter blind. Ich mußte sie immer führen. Es war mir wohl zuviel. Das Spielen kam viel zu kurz. Ich bin in meinem Trotz nie verstanden worden: Ein Mädchen soll doch mit Puppen spielen. Als kleines Kind bin ich nur mit Jungen zusammengewesen, die 3 oder 5 Jahre älter waren. Wenn ich ungehorsam war, wurde mir gedroht: ›Da ist der Dodo drin‹, und ich wurde dann in eine dunkle Kammer gesperrt. Das machte meistens die Mutter. Doch die Drohung war schon schrecklich. Ein Gefühl von Geborgenheit hatte ich, wenn der Topf unter einer herausgezogenen Schublade stand. – Ich hatte keinen Vater. Früher haben Händler bei uns übernachtet. Zu einem Fremden sagte ich: Du bist jetzt mein Papa. Meinen wirklichen Vater habe ich nicht einmal gegrüßt. Er war ablehnend, weil meine Mutter auch ablehnend war.« (Stg)

Nach einem Urlaub (Laroxyl und Tofranil wurden abgesetzt) kam sie erleichtert und mit einem neuen Mut zurück: »Es ist für mich leichter, wenn Ordnung da ist. Mein Mann fühlt sich minderwertig. An diesem Sonntag bin ich fröhlich aufgestanden, weil die Pflichtarbeit gemacht war. Das Unaufgeräumte war nicht mehr da. Zu Hause war es nicht so aufgeräumt. Doch ich habe mich dabei übernommen. Mein Mann sieht in mir die Mutter, und ich sehe in ihm den Vater. Seit unserer Verlobung wirbt er um mich.« (Stg)

»Meine Mutter war unterbezahlt. Sie ist in die Waschküche gegangen, Großmutter war verbittert, weil ein Sohn im Krieg geblieben war. Dann kam ich. Diese Schande! Die Großmutter hat mich gehaßt. Sie hat viel mit der Mutter geschimpft, vor allem, als sie mir einen Kinderwagen geschenkt hatte. Ich habe nur mit Jungen gespielt, später

habe ich lieber nur mit Männern zusammengearbeitet als mit Frauen.« (Stg)
»Ich weinte sehr viel, weil ich meine Kinder nicht stillen konnte. Wenn sie nichts bekamen, fingen sie an zu schreien. Dann war es mit mir aus.«
»Glauben kann mir helfen, das habe ich geahnt. Gerade im kleinen Kreis einer Glaubensgemeinschaft fühle ich mich wohl, doch die haben für die Probleme meiner Krankheit kein Verständnis.«
In einer harten Selbstanklage: »Ich habe immer alles genommen, was *mir* was bringt, und mich Forderungen gegenüber totgestellt. Mutter und Großmutter wollten mir möglichst viel beibringen. Diese Fehler mache ich bei meinen Kindern nicht. Wenn sie keinen Spaß dran haben, so lasse ich es sein.« Allmählich erschließen sich ihr die verschüttet geglaubten Erinnerungen ihrer Kindheit immer deutlicher.
»Ich mußte beim Spielen immer wieder etwas saubermachen. Ich konnte nur das spielen, was mir meine Mutter vorgemacht hat. Ich hätte lieber gelesen, doch zuvor mit Bauklötzen gespielt. Ich war viel in der freien Natur. Nur wenn ich zu spät heimkam, hat mir die Mutter mit dem Finger gedroht. Und das vor allen anderen Kindern! Das war sehr deprimierend. Ich kann heute noch schlecht Wunsch und Wirklichkeit richtig voneinander unterscheiden.« (Stg)

Die Ambivalenz von Wollen und Sollen

»Am Sonntag habe ich für die Kinder Puppenkleider genäht. Soll ich in die Kirche gehen oder zu Hause bleiben? Erst mußte ich meinen Mann fragen. Bei Entscheidungen bin ich immer so zappelig, daß ich gar nicht klar denken kann. Ich renne von einem Zimmer zum anderen. Wenn ich dort angekommen bin, weiß ich nicht mehr, was ich gewollt habe. Das ist dann Zeitvergeudung. Ich habe nicht gelernt, was man tun muß und was man nicht tun muß. Auch nicht im Glauben. Irgendwie hat mir das Christsein bei Familie X nicht gefallen. Sie reden zuviel vom Teufel. In unserer Kirche wird zuviel vom Tod und zu wenig vom Sinn des Lebens gesprochen. Damals wollte ich, daß mir die Mutter die Entscheidung abnimmt.« (Tb)
»Die Kreuzigung tut mir so weh, weil ich alles mitfühle. Ich habe noch nicht verstanden, daß gerade der, der mein Erlöser sein soll, so

viel leiden mußte. Es tut mir so weh, wenn Menschen gequält werden. Vor zwei Wochen wurde ich wieder geschlagen. Ist es richtig, wenn ich mich nicht wehre? Gerade das Schlagen empfand ich als eine schwere Demütigung. Wenn ich getrotzt hätte, dann wäre es verkehrt gewesen. Beim Aussprechen habe ich meinem Mann geholfen, mich zu verstehen. Hinterher habe ich gesagt: Du hast mir weh getan. Es ist der gleiche Schmerz, der Schmerz meiner Depression, das Unverstandensein. Ich weinte aus Hilflosigkeit, weil ich überhaupt niemanden hatte.« (Tb)

»Am Samstag bin ich weggelaufen. Mein Mann hatte mich nicht geschlagen. Ich wollte ausschlafen in der freien Natur und hatte ein Versteck wie ein verscheuchtes Reh. Ich nehme mir jetzt, was ich will. Ich wollte nicht mehr heim. Doch der Hausschlüssel erinnerte mich. Nach der Rückkehr war ich wieder vergnügt. Mein Bruder hat geweint. Ich habe gemerkt, daß er an mir hängt. Mein Bruder sagte: ›So bist du auch früher weggelaufen.‹

Eigentlich helfe ich lieber anderen Menschen als meiner eigenen Familie. Ich lasse mir selbst aber nicht gerne helfen. Die mich nicht verstehen, bekommen von mir auch keine Hilfe. Mein Mann versteht mich nicht ganz. Ich möchte nur den armen Leuten helfen. Es hat mir gut getan, als mich eine Bäuerin um Rat fragte.« (Tb)

»Das Gewitter hat sehr entspannt, dennoch habe ich mich durcheinanderbringen lassen. Man darf mir nicht sagen: Ich komme um halb fünf, und es kommt keiner. Ich war so enttäuscht über meinen Mann und ärgerte mich über mich selbst. Vor lauter Wut habe ich einen großen Fisch gegessen. Ich kann nicht aussprechen, was ich will. Ich will sämtliches Unkraut in der Welt ganz tief abhacken. Dabei muß man es nur leicht abschaben. Ich habe mich so erquickt an Blumen und einen Strauß gemacht. Mein Bruder hat mich dann wieder an die Arbeit erinnert. Da bekam ich bleierne Füße und Hände.« (Tb)

Vor ihrem Kuraufenthalt sagte sie: »Als ich vor einem Jahr in die Sprechstunde kam, fühlte ich mich wie ein vierzehnjähriges Kind. Jetzt bin ich 18. Vielleicht bin ich 30, wenn ich wieder zurückkomme.« (Stg) (Während ihrer Kur erfolgte ein Anruf der Leiterin, P. sei aufsässig, kindisch und rede immer wieder dazwischen, ein schwieriger Mensch.)

Nach der Kur: »Ich kann jetzt besser mit Beleidigungen umgehen. Früher habe ich 3–4 Tage gewartet. In der Gruppe habe ich mich immer wieder entschuldigt. Am Anfang war ich ein großer Störenfried, ich kam mir oft wie ein Kind vor. Ich habe ein Gutes, daß ich leicht gehorchen kann, und ich glaube, daß ich deshalb auch so viel Gutes erfahre.« (Stg)

Fragen der Eifersucht. Sie beschuldigt den Seelsorger, ihren Mann mehr zu schätzen.

»Ich war mit 16/17 viel zu brav. Ich hätte von der Mutter aus mehr erleben dürfen. Von mir aus wollte ich es nicht. Ich wollte keine Enttäuschungen erleben.« (Stg) In ihren eigenen Notizen standen drei Punkte:

- »Wenn ich etwas gern mache, will ich nicht zusätzlich daran erinnert werden.
- Ich habe keinen Arbeitsplan, fange viele Arbeiten an und bringe keine zu Ende. Das kommt von den vielen Wünschen. Ich muß ein System bekommen. Ich laufe beim Bettenmachen immer weg. Ich vergesse mich immer wieder. Das ziellose Arbeiten kostet viel Zeit. Ich brauche immer länger, als ich dazu brauchen darf.
- Die Frauen sind romantischer, die Männer sind viel sachlicher. Ich fange beim Zeitunglesen immer hinten an. Ich bin wie der ungläubige Thomas. Zuerst muß ich einen Beweis haben. Ich glaube niemandem. Ich möchte erst etwas von Jesus haben, dann glaube ich.« (Tb)

»Wie schaffe ich Ruhepausen? Ich werde ewig nicht fertig. Bei Tisch stehen die anderen viel zu früh auf. Wenn ich ruhig bin, muß ich weniger essen. Sonst verspüre ich einen Heißhunger auf bestimmte Dinge. Ich mag keinen Kuchen, doch dann verspüre ich einen Drang nach Kuchen und Torten. Ein großes Problem ist, soll ich Essen wegwerfen oder nicht, was ist es wert und was nicht? Beim Umzug ist es dasselbe. Was soll ich wegwerfen, wovon mich trennen und wovon nicht?« (Tb)

(Das Problem des Sich-Entscheidens, der Grenze und des Maßes kehrte immer wieder.)

»Ich hätte gerne noch ein drittes Kind, bloß um zu zeigen, daß ich es kann. Die meisten Frauen haben Angst davor. Bei mir ist ein Stolz, wenn ich es kann. Ich möchte es allen beweisen. Vielleicht möchte ich nur ein weiteres Kind, weil ich es dann ganz haben kann? Die beiden anderen sind oft so schwierig. Doch vielleicht flüchte ich mich aus den Schwierigkeiten. Wie kann ich mir einen freien Tag erschaffen und Pause machen in meiner Arbeit? Wenn einmal ein freier Tag kommt, geht mein Mann nicht mit. Warum kann ich es nicht allein? Beim Tanzen kann ich zeigen, daß ich übermütig bin wie ein kleines Kind. Nur ein paar Takte Musik, und ich bin gleich wieder Feuer und Flamme. Ich brauche eine Stunde ganz für mich, dann bin ich wieder da. Ich muß die Grenzen sehen lernen. Ich weiß nicht, wie viele Abende man für sich nehmen darf, wieviel ich für die Kinder dasein muß und für mich selbst. Entscheiden tut sehr weh.« (Stg)

Eigene Notizen:
»Wenn ich schwermütig werde, denke ich an andere, die es noch schwerer haben als ich. Wenn ich tief unten bin, dann habe ich Sehnsucht nach einem Gespräch. Ich sehe mich aber auch als eine große Last. Meine Taufpatin sagte, ich sollte aufschauen zum Herrn Jesus Christus, der für uns sein teures Blut vergossen hat. Mit diesen Worten kann ich in meiner Depression nichts anfangen. Mir hilft da nur ein Mensch, der zu mir kommt.« (Tb)
»Die Depression ist am Wochenanfang schlimmer als am Ende der Woche. Die Arbeit ist getan, das Haus ist leer. Und ich muß erst neue Arbeit suchen.« (Tb)
»Gestern ging es ganz schlecht. Deshalb ging ich zur Taufpatin, um die Tageslosung zu lesen. Doch ich verstehe nichts davon. Mir ist das wie ein großes Rätsel. Doch ich brauche jemand, der mir das nahebringen kann. Das, was ich suche, hat die Tante. Sie ist willensstark. Ich kann damit nichts anfangen. Ich kenne die Bibel so gut wie gar nicht. Ich habe das Bedürfnis anzufangen. Im Gottesdienst hat mich oftmals ein Lied angesprochen. Zwischen Bedürfnis und Hingehen liegt ein langer Weg. Das kostet sehr viel Überwindung. Bei mir ist das wie ein Kampf, wie wenn eine innere Stimme sagen würde: Nein, du sollst nicht! Die Missionare reden da vom Teufel. Aber daran kann ich nicht glauben. Diese Stimme wird nie weggehen. Ich bin ja immer so zweiseitig. Ich müßte die Dinge in eine Reihenfolge bringen. Wenn ich vom trüben Wasser träume, dann gibt es wieder einen schweren Tag. Natürlich bin ich in dem Wasser drin. Ich wollte immer hoch

hinaus, doch jetzt stecke ich tief drinnen.« (Tb) Nach diesem Stand mußte eine lange, terminbedingte Pause eintreten. P. wollte sich darauf einstellen, und vor allem sich den überschaubaren und einfachen Aufgaben ihrer Familie stellen.
»Vor lauter Gedanken bin ich sehr unruhig, so daß ich jetzt meine Arbeit nicht wegen zu wenig Kraft, sondern vor Unruhe nicht tun kann.« (Telefonischer Anruf)
»Hochdruckwetter, plötzlich war es 11 Uhr, und es ging alles gut. Ich konnte kaum meinen Mann erwarten, denn ich wollte ihm erzählen, was mir eingefallen war zur Einrichtung des Hauses. Doch dann kam sein Vorwurf: Du hast immer neue Ideen und bist nicht mit dem Jetzigen zufrieden. Darauf sagte ich, daß ich doch nur weniger neue Schränke brauche. Doch dann kam noch die Beleidigung. Hättest du mir das doch nur früher gesagt, als du nur geheult hast und mir nicht geholfen hattest.« (Tb)

Tagebuch nach einer Gruppensitzung:
»Ich habe mich wieder blamiert. Ich kann kaum ausdrücken, was ich will. Liebe dich selbst. Ich bin da oft verwirrt, weil ich nicht weiß, soll ich auf mich oder auf den anderen hören. Ich zweifle immer, ob Gebete erhört werden. Ich sehe in Gott was ganz Verkehrtes. Ich bin oft so enttäuscht. Als Gesprächspartner nehme ich ihn gar nicht ernst.
Doch, Gebete werden erhört, wenn es auch nur ein einziges Mal war. Das habe ich jetzt gesehen. Ich kann nie laut beten. Davor habe ich Angst. Was ich denke, verstrickt sich oft und geht ins Unendliche. Was ich sage, muß ich mir überlegen. Wo war ich jetzt wieder?«

Trauererfahrung in der Depression
»Unsere liebe Milchfrau ist gestorben. Das ist für mich unfaßbar. Mein Bruder konnte mitfühlen. Ich nicht. Ich kann nicht heulen, wenn jemand stirbt. Ich komm mir richtig verkehrt vor, daß ich nicht ganz normal bin. Es ist doch etwas Schlimmes. Ich kann nicht traurig sein, weil ich mir einrede: Die Leute sind erlöst, für die ist aller Schmerz vorbei. Kommt das wieder davon, daß ich nur für andere sorge? (Auf die Frage: Wen haben Sie verloren?) Einen freundlichen Menschen. Ich möchte gern die anderen fragen: Warum steht ihr nun

hier und weint? Ich kann das nicht. Ihr zeigt nur, was euch weh tut, und denkt gar nicht an die Verstorbene.« (Stg)

»Daß ich mit ihr nicht mehr reden kann, macht mich nicht traurig. Nur wenn ich an ihr etwas gutzumachen hätte, wäre es traurig. Ich will überhaupt nichts für mich. Ich akzeptiere meine Wünsche so wenig, daß ich nicht einmal darüber traurig sein kann. Oder machen das die Medikamente aus? – Wenn früher jemand geweint hat, habe ich mitweinen müssen. Das muß doch mit der Depression zu tun haben, daß ich es jetzt nicht kann? Im Moment bin ich dagegen abgestumpft. Oder nicht? Oder dagegen geschützt? Ich bin kein normaler Mensch. Ich glaube, daß Gott für die Toten da ist, und zweifle, ob er für die Lebenden ganz da ist. – Jetzt sehe ich, daß ich die Tote Gott überlassen muß. Er wird sie trösten.«

»Es ist sehr anstrengend, das zu sagen, was ich wirklich denke. Ich muß zu sehr aufpassen, daß ich das Wirkliche sage. Ich mache das sonst kaum. Ich habe niemand, der mir so zuhört. Sonst spielen immer nur meine Gedanken. Ich habe das Gefühl, Ihnen Zeit weggenommen zu haben.« (Stg)

»Wenn ich einen Gedanken habe, ist er im nächsten Moment schon wieder weg. Zuerst Druck am Nasenbein, müde Augen, schwere Arme und Beine. Das Denken fällt schwer. Zum Beispiel einen Tee zubereiten geht so vor sich: Zuerst denke ich, ich muß einen Tee machen, raff mich auf, gehe in die Küche. Nun weiß ich schon wieder nicht mehr, was ich soll, obwohl ich vor dem Schrank stehe usw. Bis ich einen Tee fertigbringe, hat mein Mann schon den Tisch gedeckt. Denkvermögen und Reaktionsvermögen fast null. Wenn ich so vor dem Schrank stehe und werde dann auch noch angesprochen, sage ich nur, laß mich in Ruhe. Ich kann nichts hören. Alles regt mich auf und ist zuviel. Auch wenn die Kinder miteinander sprechen oder laut schreien, lachen oder quietschen. Die Jaktationen von I. empfinde ich besonders störend. Es fällt mir vieles aus der Hand, meistens leichte Sachen. In dieser Situation darf ich nichts umfüllen (z.B. Zucker, Tee oder Kaffee).« (Tb)

Verkrampfung in der Wirbelsäule. P. beschreibt ihren Schmerz und die Spannungen: »Früher bin ich immer von zu Hause weggerannt ins Freie, wenn mir eine Arbeit zuviel war, und hatte dann Schuldgefühle. Mir ist eingefallen, daß ich immer alles sofort haben will. Ich will gleich die Erquickung, doch nichts dafür machen. Ich bin unersättlich. Am meisten Lust habe ich nach Fleisch. Mein Mann kann es nicht leiden, wenn ich etwas für mich selber tue oder koche. Die Schuldgefühle produziere ich selber. Ich sehe meine Fehler an den anderen. Da kann ich mich so hineinsteigern, daß es richtig zur Depression führt. Ich ärgere mich nur über das beim anderen, worüber ich mich an mir selbst ärgere. Ich kann nicht gleich meine Freude ausdrücken. Ich merke es immer erst später. Ich kann nicht sagen, was ich wirklich will. Es ärgert mich, wenn es andere nicht können.« (Stg)

Ab Oktober trat eine spürbare Besserung ein. P. konnte so arbeiten wie schon lange nicht mehr. Die Kinder hatten jetzt mehr von ihrer Mutter. Der Mann rief an und freute sich, daß alles vorbei sei. Ende November aber, als ich für mehrere Wochen abwesend war, brach eine schwere depressive Phase über sie herein. Sie rief an einem Abend an, um davon zu erzählen. Sie war schon zum Bahngeleise aufgebrochen, um sich unter den Zug zu werfen. Dann kehrte sie um, weil die Sprechstunde ja im Dezember weitergehen sollte. Die wöchentliche Sprechstunde im Dezember war damit ausgefüllt, bis in alle Details hinein gemeinsam ein Programm der Entpflichtung vorzunehmen. Sie bereitete ihre Familie darauf vor, daß dieses Weihnachten ganz bescheiden gefeiert werden wird. Dafür aber könnte sie an den langen Abenden mit den Kindern singen und spielen. So war es bei wenigen Geschenken für alle ein überraschend schönes Fest geworden, an dem die anderen viel mehr beteiligt waren als sie selbst. Als sie sich im Frühjahr wieder angemeldet hatte, wollte sie nur berichten, was in der Zwischenzeit sich ereignet hatte. Dennoch verbarg sich viel mehr dahinter.

»Von meiner Konfirmation kommt der ganze Glaubenszwiespalt her. Ich konnte meine Freundin nicht davon überzeugen. Die Selbstmordgedanken sind weg, seit Sie gefragt haben, wie würden Sie es machen. Jetzt drängt sich die Frage vor: Warum bin ich auf der Welt? Nach der letzten Sprechstunde habe ich mich am meisten gefreut, daß Sie sagten: Sie werden es schaffen. Das hat sonst noch niemand zu mir gesagt.

Ich habe solche Angst vor Ostern, weil geputzt werden muß. Es ist ein Muß und gegen meinen Willen. Das Fest zwingt zu besonderen Anstrengungen. Mir ist lieber, wenn ein Besuch überraschend kommt, damit ich nicht solche Vorbereitungen zu erbringen habe. Die tägliche Arbeit muß ich hinter mich bringen. Der Anfang ist das Schlimmste. Ich möchte alles so gründlich machen, ich mache alles zu genau.« (Stg)

»Ich kann nicht beurteilen, wann es mir gut geht und ich wieder gesund bin. Ich bin durch mich selber irritiert. Die Zeitspanne zwischen den Sprechstunden ist zu lang gewesen. Es kam wieder die Unselbständigkeit. Es kam einiges hinzu, wo ich Entscheidungen zu treffen hatte. An Fasching wußte ich nicht, was Recht und Unrecht ist. In der Faschingswoche war eine Bibelwoche. Ich kam in Konflikt mit der Taufpatin. Ich steigerte mich zu sehr hinein. Bei der Evangelisation sah ich zu sehr meine negative Seite. Die Taufpatin erschien mir wie eine verbietende Mutter. Ich kam mir vor wie ein hilfloses Kind. Die anderen sagten, wenn ich ganz gläubig wäre, dann würde ich es schon zu entscheiden wissen. Später kam mir: Die sprechen ja für sich und nicht für mich. Ich habe es gleich auf mich bezogen. Ich bin so schnell neidisch auf bessere Leistungen und mehr Wissen, weil ich mir minderwertig vorkomme. Mir fällt es schwer, etwas in der richtigen Zeit fertigzumachen. Ich übernehme mich laufend. Wenn ich Zeit habe, nehme ich mir gleich zuviel Zeit und arbeite zuviel. Ich meine halt, ich bin zu faul. Wenn ich zum Spielen ging, sagte die Mutter, die Arbeit sei wichtiger, doch in der Arbeit verkrampfe ich mich immer. Eine immer gleich richtige Lösung kann ich nicht finden. Das Wetter ist auch nicht immer gleich. Wir sind keine Maschinen. Es ist leichter, sich den Verhältnissen anzupassen als den Bedürfnissen.« (Tb)

Die unverhohlene Wut

»Ich hatte Sie in eine Vaterrolle gesteckt. Es war ein Wunschtraum. Ich hatte immer Angst, Sie kommen nicht mehr zurück. Sie haben mich in der Gruppe begrüßt wie andere Patienten auch. Ich habe ein paar Tage geweint, dann war alles vorbei. Das Weinen ist immer das gleiche. Wie wenn ich sage, ich bin allein, mich mag kein Mensch. Und dann – es hat doch keinen Sinn mehr zu leben. Ich bin oft sehr aggressiv. Ich möchte alle erschießen. Doch wenn ich alle erschieße, dann bleiben immer noch welche zurück, die ich nicht mitnehmen kann.« (Stg)

In der folgenden Zeit nahm sie regelmäßig an der Patientengruppe teil und hat sich dort mit all ihren anstehenden Fragen eingebracht.
»Gedanken spreche ich nicht aus! Eine Kleinigkeit bringt mich zum Durchdrehen, z. B. stellte mein Bruder einen Korb mit Wäsche im Schlafzimmer ab. Ich wollte, daß er ihn ins Nebenzimmer stellte. Ich war der Meinung, daß ich es ihm gesagt habe, daß er es tun soll. Doch er hat nichts davon gewußt. Also habe ich mir eingebildet, daß ich meinen Wunsch ausgesprochen habe. In der Meinung, der hört gar nicht auf mich, habe ich ihn wie eine Wütende angeschrien: Ich hab doch gesagt, dort hinein! Daraus schließe ich, daß mein Brüllen darauf zurückzuführen ist, daß ich meinen Wunsch nur denke, und bin entsetzt, wenn er nicht ausgeführt wird. Also träume ich den ganzen Tag und nehme die Wirklichkeit nicht wahr.
Genauso überhöre ich, was andere zu mir sagen.« (Tb)

Die Begegnung mit der Mutter

»Am Abend konnte ich zum ersten Mal richtig weinen. Ich habe die Prozeßakten durchgelesen, in denen meine Mutter um ihr Recht (Erbe) kämpfen mußte. Ich hätte Trost gebraucht und die Mutter noch mehr. Ich habe früher davon nichts wissen wollen, doch jetzt verstand ich meine Mutter zum ersten Mal. Was hatte sie für ein schweres Leben, und dann noch uns Kinder!« (Tb)
»Das Aufstehen fällt mir immer so schwer, doch ich muß nicht mehr warten, bis Mutter vor mir aufsteht. Ich möchte jetzt aufstehen, damit ich mit meinem Mann frühstücken kann.« (Tb)

Mitgebrachte Notizen:

»Nachmittags Gewitterregen mit Sonnenschein und Donner. Wie ein Rauschzustand mit Kopfschmerzen. Druck in den Lippen, geschwollene Hände und Beine. Angst, meinen Weg jetzt ohne Ihre Hilfe weiterzugehen. Die Unselbständigkeit kommt wohl hauptsächlich von der Pubertätszeit. Mein Hausarzt fragte mich danach. Ich konnte ihm nicht gleich antworten, weil keine Zeit war. Sobald ich merke, der andere hat keine Zeit, kann ich nicht klar denken. Auch wenn ich unter Zeitdruck stehe, ist es vorbei.« (Tb)
»Heute sehe ich es so: Meine Mutter konnte sich gar nicht wehren. Sie hat immer nachgegeben. Wenn man immer verzichtet, gibt es einen

inneren Zwang. Die Mutter hatte immer Gallenkoliken, und jetzt brauche ich immer einen Menschen, der mir leid tut. Gerade das Bedauern gilt nur dem anderen. Mir tut meine Familie leid. Und ich denke oft nicht an mich. Ich erkenne meine Wünsche gar nicht und kann sie auch nicht aussprechen. Ich bin in die Mitleidsrolle hineingewachsen und habe das Neinsagen nie gelernt. Es kommt immer durcheinander, wenn ich das Nein unterlasse und das Wetter noch zusätzlich auf mich drückt. Überall, wohin ich komme, mache ich alles zu meinem Problem. Ich wollte immer zufrieden sein und hatte es nie geschafft. Ich habe jetzt keine Angst mehr vor der Woche, sondern vor der Freizeit. – Sie müssen mir noch helfen beim Bibellesen –.« (Stg)

»Im Auto kann ich am besten erzählen, wenn mein Mann mich nicht anschaut. Wenn er mich anschaut, habe ich Angst, ich finde kein Verständnis. Sonst kann ich alles meistens hinterher sagen. Oft sage ich, laß mich in Ruhe. Das sagte aber oft die Großmutter und noch mehr die Mutter zu mir, wenn sie von der Arbeit nach Hause kam. Ein Glück, daß sich unser großes Mädchen besser ausdrücken kann. Wenn ich mich auf etwas freue, kommt es meistens negativ. In Gedanken ist für mich alles sehr vertraut, in der Wirklichkeit dann aber sehr fremd. Früher konnte ich nichts versäumen, heute mache ich mir nichts mehr daraus.« (Stg)

Zum erstenmal die Frage: Wie geht es Ihnen?

»Gestern war ein schwerer Tag, um 8 oder ½9 Uhr habe ich völlig durchgedreht. Ich bekam einen Wutanfall und habe innerlich getobt. Habe die Kinder alleingelassen und bin fort auf die Straße, ganz schleppend. Ich bin richtig aufgebracht gewesen. Ich hatte meinem Mann nicht gesagt, er solle daheim bleiben, als er ausgegangen ist. Mich hat aber geärgert, daß er weggegangen war und ich ihm nicht gesagt habe, daß er dableiben soll. Ich kann es nicht in Ruhe sagen. Ich wollte einfach meine Ruhe. Mich hat alles so gestört. Ich kann meine Schwäche (das Alleinsein) mir nicht zugestehen. Oft gehe ich spät ins Bett und arbeite zuviel, wenn es gut geht. Ich habe keinen Tagesrhythmus. Ich übertreibe sofort, wenn es besser ist. Bin ich also kein Unmensch?« (Tb)

»Keine Geduld in jeder Hinsicht. Blasen-Nieren-Funktion gestört. Bei jeder Aufregung zur Toilette. Typische Reaktionen, wenn ich nicht

nein sage oder mich überfahren lasse, wenn ich mir nicht hole oder nehme, was mir zusteht. Chronische Verstopfung.« (Tb)
»Bin ganz stolz, daß es wieder besser geht, doch es dauert ein paar Tage, wenn ein großes Problem da war, bis ich es sagen kann und es wieder vergeht. Das ist der Haken, mit dem ich mich abfinden muß: daß ich nicht ganz perfekt bin. Das ist für mich eine große Entdekkung. Können Sie mir helfen, etwas zu finden, was für mich lohnenswert ist?« (Tb)
Wir suchten zusammen. Sie würde gerne in den Frauenkreis gehen und mehr Anschluß finden.
»Nach dem Abendessen habe ich noch lange gearbeitet und saubergemacht. Die Mahnung meines Mannes, früher aufzuhören, habe ich wie ein ungehorsames Kind nicht wahrgenommen. Am Samstag hat mein Mann die Kinder geschlagen, dies tat mir so weh, denn ich bin ja schuldig, weil ich es nicht fertigbringe, die Kinder anzuziehen. Als ich dann noch sagte, schlag doch nicht, antwortete er: Sie soll hören, wenn etwas zu ihr gesagt wird. Ich war nicht mehr in der Lage fortzugehen und legte mich ins Bett und schlief vor Erschöpfung ein. Mein Mann mußte selbst mit sich fertig werden, denn es tut ihm ja leid, daß ihm die Geduld geplatzt ist. Abends sagte er u.a., mein Pflegevater brauchte nie zu schlagen, er sagte es nur einmal und ich folgte. Wenn mein Mann vor dem Fernseher sitzt und ich verlange etwas von ihm, dann hört er mir ja auch nicht zu. Er hat mir dann nicht geholfen. Ich bekam wieder eine Wut auf den Apparat, daß ich ihn am liebsten zusammengeschlagen hätte.« (Tb)
»Die schwere Last, Mutter zu pflegen und ihr nicht helfen zu können, habe ich mir nicht eingestanden. Es fiel mir sehr schwer, meine eigenen Kinder von anderen versorgen zu lassen, damit ich öfters zu Mutter ins Krankenhaus gehen konnte. Daß es mir so wichtig war, sie öfters zu besuchen, wurde mir nicht bewußt. Es war ein Wunsch, den ich nicht ausgeführt habe bzw. nicht konnte. Ich habe den Wunsch unterdrückt. Dadurch habe ich heute noch öfters ein schlechtes Gewissen. Mein Ziel war damals viel zu hoch. Am Sterbetag der Mutter hätte ich noch gerne mit ihr gesprochen. Ich wußte auch nicht, daß man bei Nacht ins Krankenhaus gehen kann. Ich hatte es mich nicht getraut. Das erzeugte meine Schuldgefühle, daß ich das, was ich will, nicht ausführen kann. Ich hatte es auch für mich als eine Erleichte-

rung angesehen, daß die Mutter erlöst wurde. Dies einzugestehen war für mich drei Jahre lang eine Sünde. Ich konnte mir damals nicht eingestehen, wie krank die Mutter ist. Als es mir klargeworden ist, daß meine Mutter jetzt fort ist, konnte ich auch weinen.« (Tb)

»Warum mache ich nicht gleich, was ich will? Ich steigere mich unnötig in eine Sache hinein, die nur mit Denken gelöst werden kann. Diese innerliche Spannung, die auch in anderen Situationen ähnlicher Art vorhanden ist, bringt meinen ganzen Kreislauf fast zum Stillstand. So kommt es mir vor. Mir fällt es schwer, zum Abendmahl zu gehen. Ich fühle mich immer noch schuldig, daß ich die Mutter damals ins Krankenhaus gebracht habe.

Wenn mir jemand gefällt, interessiere ich mich unheimlich für ihn. Ich sehe nur das Positive.« (Tb)

»Ich habe jetzt das Basteln als Hobby für mich entdeckt. Ich kann meine Wut dann auslassen. Ich schalte ab und denke nichts anderes. Ich habe jedenfalls etwas gefunden, an dem ich Spaß habe. Vor allem fühle ich mich in dem Kreis der Frauen wohl. Im Haushalt geht es oft noch durcheinander.

Es wäre wichtig, daß ich jemand fragen könnte, wie man etwas macht. Ich komme oft nicht selber darauf. Ich kann mir nicht eingestehen, daß ich etwas nicht kann. Das gleiche gilt für meinen Mann. Oft denke ich, wenn ich mich beschuldige, dann beleidige ich eigentlich Gott selbst. Er hat mich ja geschaffen. Und so, wie ich bin, will er es ja haben. Gestern konnte ich zu meinem Kind sagen, Gott hat dich noch mehr lieb, als Menschen es können. Das hat mir früher niemand gesagt.« (Stg)

»Gewissen, Verhaltensweise? Das Nein, das ich vom Vater nicht haben konnte, erfuhr ich in der Seelsorge, mit 32 Jahren. Mit 5 Jahren hätte es vielleicht nicht so sehr weh getan, wie es mir mit 32 Jahren getan hat. Das Gewissen hat sich insoweit geändert, daß ich mich jetzt als Frau akzeptieren kann. Vor dem 30. Jahr konnte ich mich dadurch keiner Frauengemeinschaft anschließen. Die Männer, mein Wunschbild, zählten mehr. Gewissen! Aus dem Nein, das ein Ja für mich ist, habe ich es gelernt. Der Vater oder die Mutter hat bei meiner Bitte das Nein oder Ja nicht ernst genommen. Darum weiß ich nicht, was der andere will, dann meldet sich das Gewissen: Hab ich's richtig gemacht, oder ist es falsch? Ich wurde unfähig, Hilfe anzunehmen,

ohne etwas bei diesem Vater oder Vorbild dafür zu bezahlen. Ich gehorchte halt und war ganz unselbständig.
Ich bin alleine, die Kinder sind mit meinem Mann. Heute ist für mich kein Sonntag, den ich ausnahmslos akzeptieren kann. Am Samstagabend habe ich etwas für mich getan, das mein Mann mich nicht machen lassen wollte. Nach dem Essen, wenn ich müde bin, kommen mir die tollsten Gedanken.« (Tb)

»Den Auslöser der Depression der letzten Tage habe ich gefunden. Am Freitagabend fuhr mein Mann meinen Bruder zur Bahn. Mein Bruder verreiste für ein paar Tage an die Nordsee. Weil es mir die letzten Tage zuvor nicht gutging, sagte mein Mann: ›Wir machen uns nicht viel zum Essen, morgen kannst du länger liegenbleiben.‹ Wir grillten und machten kalte Küche.
Bei ihm sieht das einfach aus. Für mich ist es wie eine Strafe. Wie soll ich es mir leichter machen? Das längere Schlafen bedrückt mich und macht mich unzufrieden. Das Grillen ist schön und gut, aber die Zutaten soll man ja auch haben. Gerade das Einkaufen und Organisieren fällt mir schwer. Wenn das Wetter so drückend ist und ich nicht denken kann, ist es sehr schwer. Das Grillen wollte mein Mann nicht sein lassen, weil er schon andere eingeladen hatte. Die ganze Erleichterung sehe ich so an: Zu einem Kind sage ich, gib mir die rechte Hand! Das Kind gibt die linke, weil es rechts und links nicht unterscheiden kann.
Wie soll ich faul sein und es mir leichter machen, wenn ich nicht weiß, was für mich leichter ist? Für mich wäre es eine Erleichterung gewesen, einen Krankenbesuch zu machen. Ich wäre gerne ins Krankenhaus gegangen. Ich kann meine Wünsche, wenn es mir leichter ist, nicht äußern. Ich kann es nicht – ich will es nicht. Ich will seine Pläne nicht durchschneiden. Ich kenne mich zu wenig und sage nie deutlich, daß ich gerne Besuche machen würde.« (Tb)

»Mein Mann fragte D. ein paarmal hintereinander, wie der Buchstabe heißt. D. wußte es nicht und schwieg. Weil er immer wieder fragte, habe ich angefangen zu zittern. So, als ob jemand von mir verlangen würde, was ich nicht kann, anstatt es mir zu sagen, weil ich es doch weiß. Er fordert nur und hilft nicht. Ich habe auch den Fehler von D. auf mich bezogen und habe es unterlassen, zu sagen: Ich weiß nicht, wie der Buchstabe heißt. Das bedeutet: die Schwäche einzusehen, sich zu äußern, daß ich es nicht weiß, bzw. nicht kann. Das gleiche, wie ich es mache, ist mir bei D. aufgefallen. Nun habe ich Angst, durch mein Verhalten (das D. übernommen hat) für sie kein gutes Beispiel zu sein. Die Minderwertigkeit als Mutter kam ganz groß.« (Stg)

»Die körperliche Schwäche, die ich habe, wenn es ganz schlecht geht, lasse ich nicht zu. Ich rede mir vielleicht ein, daß ich ›überwinden‹ müsse. So wie ein Gesunder es fertigbringt und ich es früher auch konnte und viel zu oft tat. Zum Beispiel, die Müdigkeit nach dem Essen überbrücke ich durch Sauerstoff, indem ich beim Abspülen das Fenster aufmache. Sind Schwäche und Müdigkeit zweierlei? Ich kann es nicht unterscheiden.« (Stg)

»Zähneklappern, Ohrendruck, Druck im Magen, schwache Beine. Habe mich aufgeregt, weil Gartenerde auf dem Schrank im Kinderzimmer war.« (Tb)

»In diesem Frühjahr geht es nicht gut. Die Depression ist nicht weg, es kommt immer wieder, aber nicht so stark. Manchmal schaffe ich es ohne Hetze. Wenn die Sonne kommt, werde ich depressiv. Der Winter ist mir lieber als der Sommer. Mit der Sonne kommt zusätzliche Arbeit. Das ändert sich, wenn die Kinder größer werden. Ich muß unabhängiger werden von außen: Wenn die Nachbarin in den Garten geht, muß ich es nicht auch. Ich kann lernen: Für dich ist es so – für mich ist es so. Im Frühjahr arbeite ich gerne, vor allem säe ich gerne. Ich ernte nicht gern. Es ist mit Hausarbeit verbunden.« (Stg)

»Es muß doch zwei Seiten der Müdigkeit geben. Die eine vom Arbeiten, die zweite von der Angst. Dazu gehört auch die lähmende Müdigkeit am Morgen. Höre gerne Operettenmusik, beim Marsch ›Alte Kameraden‹ pfeife ich besonders gern. Werde munter bei Rockmusik. Sei immer so, wie du es vor dir selbst verantworten kannst. Die Angst ist immer da, sobald die Kinder kommen, sobald mein Mann kommt, weil ich mich den Ansprüchen nicht gewachsen fühle. Das Konsequente fällt mir schwer. Ich fühle mich eingeschränkt. Wenn er nicht da ist, kann ich meine Bedürfnisse zeigen. Ich komme mir vor, als wenn ein Computer in mir ist, der programmiert ist, nicht auf mich, sondern auf jemand anders. Gegen dies hilft nur das Rückfragen. Ich rede zu wenig und mache alles in Gedanken aus. Es ist oft so, ich will was sagen – dann geniere ich mich. Es geht dann an der Wahrheit vorbei. Wenn ich mich innerlich aufmache, etwas machen zu wollen, tritt anfallartig das Versagen auf (Arme und Beine werden ganz schwer). Jetzt habe ich Angst vor dem Wochenende. Vor drei Jahren hatte ich Angst, wenn mein Mann wegging. Ich habe Schuldgefühle ihm gegenüber. Jetzt bin ich ihm im Weg. Im Kopf lege ich mir alles zurecht. Will alles allein machen.« (Tb)

Ein Jahr später

»Die letzte Zeit war ich voller Theaterspielen. Ich hatte auch in der Sprechstunde beim Arzt nicht gesagt, wie schlecht es mir ging, weil ich keine Zeit verlieren wollte. Es ist oft so stark wechselnd. Die Kraft fehlt, wenn die Sonne kommt. Nicht nur das Alleinsein beschwert mich, sondern auch, die Strecke alleine bewältigen zu müssen. Vor drei Jahren schon hatte ich die leere Zeit, es allein bewältigen zu müssen. Nach der Grippe kam dies noch erschwerend dazu. Selbständig sein heißt: allein sein können. Mich stört die Unordnung anderer. Aber auch das Unglück anderer.« (Stg)

Zwischenfall

Ihr Mann hätte sie beim Anfahren aus dem Auto hinausgeworfen. Sie erklärte ihm, daß sie eigentlich nicht mitfahren wollte. Er hielt kurz an und hieß sie aussteigen und gab ihr dazuhin noch einen Schlag, so daß sie den kleinen Abhang hinunterrollte. Eine Aussprache mit dem Ehepaar zusammen hat den Zusammenhang aufgeklärt.

Der Mann verspürte die Last, die auf der Frau lag, jedesmal sehr stark und konnte sich nur durch diese aggressive Handlung davon befreien. Sie sahen die Notwendigkeit für eine tägliche Aussprache und auch die Dringlichkeit für eine Hilfe im Haushalt ein. Eine ältere Frau konnte gewonnen werden.

Nachdem die äußeren Belastungen es wieder zuließen – das Haus war in allen Räumen eingerichtet, nur der große Garten noch nicht angelegt –, faßten wir eine Kur in einem psychosomatischen Sanatorium ins Auge. Es gab jedoch mit der Krankenkasse Schwierigkeiten, so daß der zuständige Nervenarzt eine Einweisung in eine Nervenklinik vorgenommen hat. Diagnose: Endogene Depression mit reaktiven Zuflüssen. P. hat diese Zeit in der Beschäftigungstherapie genutzt und sollte und wollte danach wieder Kontakt aufnehmen.

1981 im Frühjahr kehrte die depressive Phase wieder; ebenso im November und Dezember. Die Weihnachtsvorbereitungen mußten auf ein Minimum reduziert werden; der Ehemann und die Kinder dagegen beteiligten sich mehr als zuvor an den Vorbereitungen. Das Fest wurde dann für alle ein besonderes Erlebnis.
Es gab immer wieder die Bitte zur Aussprache, weil die beiden Kinder in der Schule Schwierigkeiten hatten und der Umfang der Arbeit schnell zu groß wurde. P. wußte, daß schwere Phasen immer wieder kommen können. Deshalb bekam sie von der Diakoniestation ein eigenes Telefon, so daß sie die Fürsorgerin, den Arzt oder mich anrufen konnte.
In einer der letzten Eintragungen schrieb sie über ihren Glaubensweg der letzten Zeit nieder:
»Nun weiß ich immer noch nicht genug von der Bibel. Doch manchmal spüre ich, das ist eigentlich viel mehr, als ich früher dachte. Oft denke ich so wie der 73. Psalm: Ich wäre schier gestrauchelt! Und dann denke ich an all die bösen Gedanken, die darin ausgesprochen sind, und sage dann immer wieder: Trotzdem. Ich bleibe an dir, und ich bleibe am Leben und bei den Kindern und bei meinem Mann. Mein Bruder braucht mich ja auch noch. Im Markus-Evangelium habe ich vieles noch nicht begriffen. Warum sagt Jesus nicht, was er denkt? Er will alles bis zum Schluß behalten. Doch ich kann mir alles besser vorstellen. Daß er einsam sein konnte, finde ich das Größte. Doch eigentlich war er ja nicht einsam. Das finde ich auch so. Wie er die Kinder segnete, dachte ich zum erstenmal: Da hat er auch meine Kindheit gesegnet, und alles ist nicht mehr so schwer wie früher. Daß er auch eine Wut haben konnte, hat mich zuerst enttäuscht. Ich suchte einen Menschen, der das nicht mehr zu haben braucht. Dann aber habe ich gemerkt, daß das auch wirklich zum Menschen gehört. Überhaupt habe ich gemerkt, daß ich mich nicht verstecken muß, sondern dableiben kann. Was hat Petrus alles getan, und sogar als Christus auferstanden war, haben sie noch gezweifelt. So sind wir Menschen. Aber Christus hält sie alle zusammen. Vielleicht geht es so. Wie er mit seiner Mutter schimpfte, ist mir am meisten klar geworden. Ich hätte das auch einmal machen sollen früher, so wie in der Sprechstunde. Denn mit solch einer Mutter, wie ich sie hatte, war es ja schwer, ich habe sie aber auch verstehen gelernt. Ich lese jetzt regel-

mäßig die Bibel. Doch das Schwere kommt immer wieder. Dann muß ich wissen, daß ich trotzdem nicht fallengelassen werde.« (Tb)

In diesem letzten Satz liegt wohl die oft unausgesprochene, aber immer vorhandene Sehnsucht nach einem festen Halt verborgen – für den Fall, daß die eigene Haltlosigkeit aufbricht und die Kraft fehlt, sich neu in seiner eigenen Bedürftigkeit zu riskieren und das zu holen, was benötigt wird.

In dieser Krankheitsgeschichte wird man viele Kriterien des Typus melancholicus finden, wie ihn Tellenbach geschildert hat. Im unmittelbaren Vorfeld der Erkrankung, das sich schon Wochen vor der ersten seelsorgerlichen Begegnung gezeigt hatte und nervenärztlich behandelt wurde, lagen Monate und Wochen schwerster Belastungen: Grippeerkrankung, Fahrprüfung, Tod der Mutter, Baubeginn des eigenen Hauses. Daneben spürte sie immer mehr die Beanspruchung durch die beiden Kinder. Nur unter großen Mühen konnte sie den Alltag durchstehen. Sie machte einen unruhigen Eindruck. Sie erlebte die familiäre Beziehung als eine schuldhafte Belastung, weil sie ihrem Mann nicht helfen konnte und dessen Erwartungen enttäuschen mußte. Sie konnte sich ebensowenig auf ihre Kinder einstellen und kam durch die Veränderung der Wohnordnung mit ihrer Umgebung überhaupt nicht mehr zurecht. Vor allem aber war ihr die vertraute Beziehung ihres Glaubens fragwürdig geworden. Sie aber verlangte nach einer neuen und tragenden Antwort. Dazu brauchte sie einen Menschen, der ihr etwas »nahebrachte«. Sie erlebte sich in einem Kampf, in dem sie von einer »inneren Stimme« niedergehalten wurde: Du sollst nicht! Eine wichtige Hilfe für sie war, daß sie auch in der Gruppe ihre Zweifel aussprechen konnte und schließlich zu der Erfahrung sich bekennen konnte, daß die Erhörung des Gebetes für sie eine wichtige Erfahrung gewesen ist. Sie konnte sich mit dem einen Mal begnügen, da sie sich dessen gewiß war. Sie erlebte ihren Glauben als etwas für andere Wichtigeres als für sie selbst und lernte jetzt zu verstehen, daß sie selbst gemeint war als namentliche Person, deren Recht darin bestand, vor Christus den Glauben zu leben und zu erleben. Neidvoll hatte sie oft auf andere geblickt und sprach sich immer wieder selbst das Recht und die Fähigkeit zum eigenen Glauben ab. Ein »missionarischer Eifer« war vielleicht die einzige Erfahrungsweise, die sie selber aber unbefriedigt gelassen hat. Auch der

Glaube hatte in diesem »Sein für andere« seine untergeordnete Funktion. Sie war in jeder Hinsicht in die Mitleidsrolle hineingewachsen. Nach 4 Jahren, als sie sich einem Frauenkreis angeschlossen hatte, erlebte sie sich nicht mehr nur von anderen gefordert, sondern konnte für sich selbst etwas holen und sich auch eingestehen, daß sie andere brauchte und nicht alles selber erbringen mußte. Sie entdeckte selbst, wie beleidigend es eigentlich für Gott, den Schöpfer, selbst sein müsse, wenn sie sich so pauschal und radikal beschuldigte. Noch konnte sie es nur ihren Kindern sagen: »Gott hat dich mehr lieb, als Menschen es können. Das hat mir früher nie jemand gesagt.« Später aber sprach sie mit dem 73. Psalm ihr eigenes »Dennoch«. Dann kam eine lange Phase, in der es darum ging, sich von rigiden Selbstforderungen zu lösen und zur eigenen Schwäche und Bedürftigkeit auch zu stehen. Darin lag gleichzeitig auch die Erfahrung von Erfolg und ein Gefühl des Gelingens und Verstandenwerdens.
Die Einübung in den Umgang mit der Bibel war immer wieder unterbrochen worden durch aktuale Konflikte und Schwierigkeiten. Doch die exemplarischen biblischen Gestalten und Handlungsweisen gaben die Möglichkeit, eine neue Identität zu finden und den Zweifel nicht als unmögliche und abgetrennte Seite von Gott verurteilt zu sehen, sondern ihn wie Thomas als eine Existenzweise des menschlichen Glaubens vor Christus auch leben zu können. Ebenso konnte sie an der Auseinandersetzung Jesu mit der eigenen Mutter (Mk 3,31ff. und Lk 2,41ff.) ihr eigenes Recht annehmen, »Vater und Mutter zu verlassen« und sich die erlebten Kränkungen und Versagungen einzugestehen, um in der eigenen ehelichen Gemeinschaft als erwachsener Mensch zu einer neuen Leib-Einheit zu finden. Sie fand nicht zum perfekten und bewundernden Glauben, der auf dem Höhepunkt der Reife und der Ernte sich befand, sondern zum Glauben des Anfangs und der Schwachheit, dem Senfkorn oder Weizenkorn ähnlich, der wachsen und leben wollte.

2. *Die Patientengeschichte einer reaktiven Depression nach einer schweren Krankheit*

P., 40 Jahre alt, Akademikerin in einer leitenden Position, mit einem Handwerker verheiratet. Die beiden haben ein Kind (2 Jahre alt).

P. hatte sich mit einer Hepatitis infiziert und kam nach dreimonatiger stationärer Behandlung im Anschluß an Gottesdienst und biblisches Gespräch zur Sprechstunde. Zunächst ging es um die Problematik ihres Glaubens. Sie könne nicht voll Vertrauen glauben. Sie sei eher bei Camus als bei einem normalen Kirchenchristen zu finden, überhaupt käme es ja wohl auf das praktische Tun an. Doch die Krankheit hätte sie zum erstenmal aus der Bahn geworfen, so daß sie sich nicht selber kenne. Schlaflosigkeit habe sie befallen, vor allem aber der plötzliche Gedanke an den Tod. Beim zweiten Termin begann sie sofort, doch sichtlich unter Schwierigkeiten zu reden. Fast bitter sagte sie, es hätte keinen Sinn, länger herumzureden, sie müsse endlich die Wahrheit sagen. Das Problem sei die Eheschließung gewesen. Sie wisse zwar von ihrem Mann, daß er sie verehre und liebe, doch für sie sei es nur der Schlußpunkt einer langen verkorksten Lebensgeschichte gewesen. Kurz vor ihrem 10. Lebensjahr hatte sich ihre Mutter das Leben genommen. Sie nahm dabei ihren um drei Jahre jüngeren Bruder mit in den Tod, während sie selbst wie durch ein Wunder davongekommen sei. Sie wollte auf jeden Fall ihren Geburtstag erleben. Der Vater kam aus dem Krieg zurück und hat viel für sie getan. »Mein Vater ist so fein, edel und sensibel. Er hat alles gemerkt, was ich brauchte, und weiß auch im Grunde heute alles, wie es mir zumute ist, auch wenn ich ihm fast nichts erzähle. Alle Männer habe ich an ihm und an meinen Idealen gemessen. Ich wollte einmal eine Größe heiraten, einen, an dem ich hinaufsehen könnte. Charakterlich könnte ich überhaupt nichts gegen meinen Mann einwenden, nur daß er eben nicht meinem Bilde entspricht.« (Stg)
Aus ihrer Lebensgeschichte waren die ersten 6–8 Jahre wie ausgeblendet. Von da an verlief alles in geordneten Bahnen eines Beamtenhaushaltes, in dem die Normen von Anerkennung und Leistung, von Opfer für andere und Selbstverleugnung für sie selbstverständlich gewesen sind. Bei jedem weiteren Gespräch aber kam ein Baustein aus den ersten Lebensjahren wieder zurück: daß der Vater einmal mit der Taschenlampe kontrollierte, ob die beiden Kinder schon schliefen; daß sie nie nackt sein durften und die Sexualität tabuisiert war und daß zu Hause immer die gestrenge Großmutter anzutreffen gewesen sein mußte. Die Pubertät hatte sie sehr stürmisch erfahren. Doch da sie schon immer zu dick gewesen sei, konnte sie nie mit der Erwide-

rung ihrer Gefühle rechnen. Nichts würde bei ihr zusammenpassen. Die Sexualität sei wie ein frei umherschwebendes Teil und nicht integriert gewesen. Sie sah sich unter einem großen Leistungsdruck und Opferzwang. Sie konnte sich noch nie selbst etwas gönnen und sei deshalb auch äußerlich sparsam und unauffällig – langweilig gekleidet. Sie empfand ungeahnte Kräfte in sich und wäre in der Lage, alles zu zerstören. Diese Kräfte ließen sich nicht steuern, geschweige denn ausleben. Sie fing an, Tagebuch zu schreiben, um noch besser mit ihrer Situation fertig zu werden. Sie entdeckte, daß gerade die Freiheit, die ihr Mann ihr gewährte, sie verunsichert – im Grund aber auch erfreut hatte. »Ich ahne, daß ich eigentlich für meinen Mann die Entsprechung sein kann.«
Hier wurden die Gespräche für 10 Tage unterbrochen. Die Patientin nahm in dieser Zeit an einer kirchlichen Freizeit teil.

Ein Gesprächsprotokoll

P 1: Das war wahnsinnig, die ersten Tage ohne Sie. Hier, ich habe es aufgeschrieben. (Sie liest vor, welch eine Wut sie auf mich hätte.) – Aber vielleicht ist es auch ganz gut, nicht immer gleich zu einem anderen zu rennen. So habe ich es immer gemacht. Es war hart, die ersten Tage. Die Freizeit hat mich ziemlich aufgewühlt. Da wurde ich noch einmal mit allem konfrontiert. Doch wie ich danach spazierengegangen bin, war ich zum ersten Mal ganz da. Die Natur war plötzlich für mich die Schöpfung, und ich gehörte mit dazu. Ich war ein Stück davon, ein Stück von dem Schöpfungsprozeß. Zum ersten Mal habe ich auch mich so gesehen und meine Geschlechtlichkeit als etwas Gutes verstanden, wie Sie es sagten. Und dazu gehört ja auch mein Kind. Beim Brief, den ich gestern von meinem Mann erhielt, hat es mich ganz warm gepackt. Aber manchmal möchte ich lieber hierbleiben, weil ich Angst habe, zu ihm zurückzukehren.
S 1: Sie erleben ihn in einer intensiven Nähe und gleichzeitig auch immer wieder die Angst vor ihm und zu ihm zurückzukehren.
P 2: Ja, genau. Das ist ganz stark, wenn ich ihn so spüre. Und dann die Angst. Ich möchte noch gar nicht zu ihm. Was soll ich ihm nur sagen? Soll ich ihm überhaupt etwas sagen? Doch bei mir hat sich ja viel getan. Die Angst ist nicht mehr so stark, wieder zurückzukehren. Er hat mir solch einen lieben Brief geschrieben. Das habe ich noch nie

so erlebt. Ich war glücklich. Aber dann dachte ich gleich wieder: Und ich stehe hier und kann gar nichts dafür tun. Ich bin doch so ein elender Mensch, was kann ich ihm denn geben? Ich habe doch nichts.

S 2: Er gibt Ihnen etwas, seine Glückwünsche, sein Geschenk zum Geburtstag – seine Liebe. Und Sie hören daraus eine Aufforderung!

P 3: Ja, das ist komisch. Das geht mir sehr oft so. Ich meine, jetzt mußt du doch auch etwas tun. Ich glaube, ich kann einfach nichts annehmen. Ja, das fällt mir wirklich sehr schwer. Selber für andere etwas tun, das ist meine Stärke. Deshalb bin ich ja so froh, daß ich es ein bißchen schaffe, in der Meditation und gestern beim Spaziergang, daß ich es überhaupt wieder sehen kann, um mich daran zu freuen. Mir kam gestern der Gedanke, ich könnte mich auch besser anziehen, um etwas auf mich zu halten, als Zeichen der Dankbarkeit.

S 3: Dankbar sein, etwas auf sich halten – ich kann mich so annehmen und will mich nicht vernachlässigen.

P 4: Ja, in Gedanken habe ich mir schon vorgenommen, was ich zu Hause tun werde und was wir dann zusammen unternehmen können.

S 4: In Gedanken? Das geht noch ein halbes Jahr.

P 5: Sie meinen, ich könnte es jetzt auch schon tun? – Ja, in Gedanken! Manchmal denke ich, ich lebe noch gar nicht ganz in der Realität, sondern nur in Gedanken. Entweder bleibe ich ein Stück darunter oder darüber, aber so ganz drin bin ich nicht. Gerade seit Pfingsten denke ich darüber nach, was es heißt, wenn Christus sagt: »Ich bin der Weg«, ich bin etwas Brauchbares und etwas Reales. Das ist ja auch so. Er hintergeht mich nicht. Er führt in die Realität. Ich müßte mich ihm ganz übergeben, wie es am Sonntag bei der Tagung hieß.

S 5: Aus dem »Müssen und Ganz« höre ich wieder etwas Totales, eine Leistung, eine Norm.

P 6: Ich brauche ihn ja nur anzunehmen und bei mir zu lassen. Er wird ja schon wissen, was er tut. Ich glaube, daß auch meine Krankheit und der Weg hierher seinen Sinn hatte.

P. suchte eine Aussprache mit ihrem Vater. Davon berichtete sie: »In K. war ich in einer recht aufgewühlten Phase, eben zwischen Angst,

Freude, Hoffnung und manchmal auch Verzweiflung hin und her gerissen. Nachdem mir die Rolle meines Vaters in meinem Leben bewußt geworden war, wiederholten sich in K. nochmals die Haßphasen. Ich haßte meinen Vater aus ganzem Herzen, war zum Explodieren voll, aber da es den roten Filzstift gibt und das erleichternde Wort und ich außerdem gelernt hatte, mit diesen Gefühlen umzugehen, gingen diese Gewitter vorüber. Einmal versuchte ich ein Gespräch mit meinem Vater. Es zeigt sich aber, daß er zu alt ist, um diese Dinge aus vergangenen Jahren noch anzunehmen. Ich erinnerte mich daran, daß wir ja sagten, daß der liebenswürdige und einsame Herr von heute ein anderer ist als der Vater meiner Kindheit. Viele Mißstände meiner Ehe sind mir jetzt bewußt geworden, vor allem, daß ich nie gewagt hatte, meine Bedürfnisse meinem Mann gegenüber zu äußern, einmal, weil ich ein ewig schlechtes Gewissen ihm gegenüber hatte, und zum anderen, weil es Meinungsverschiedenheiten, die ja im Grunde normal sind und nur richtig ausgetragen werden müssen, zwischen meinen Eltern niemals gegeben hatte, folglich durfte es sie in meiner Ehe auch nicht geben! Von diesen völlig irrealen Voraussetzungen war ich ausgegangen, so daß mir jetzt ganz klar ist, daß meine Töpfe ständig unter Druck stehen mußten!!« (aus einem Brief)
Nach der Rückkehr zur Familie konnte sie ihr Leben wieder ordnen und zu ihrem Mann in eine bessere Beziehung treten. Dabei hat sie sich zu dem schwersten Schritt entschlossen, den sie vorher nie zu vollziehen gewagt hätte: Sie gab ihren Beruf für mehrere Jahre auf und wurde Mutter für noch 2 weitere Kinder. Auch ihr Glaubensleben hat sich von nun an in einer für sie wichtigen Gemeinschaft mit anderen vollzogen, das sie zwar immer wieder herausforderte. Davon schrieb sie:
»Ich stoße mich an einer gewissen Reglementierung und an Vorschriften. Ich weiß aber ebenfalls, daß es ohne eine gewisse Disziplin auch im Glaubensleben nicht geht, denn lasse ich die Disziplin ganz fort und tue nur noch, was ich will und wozu ich gerade Lust habe, dann versandet die Beziehung zu Gott schnell, zumindest von meiner Seite aus, ebenso wie jede menschliche Beziehung oder jedes Gespräch zwischen Menschen. In der Beziehung zu Gott ist es eben das Gebet, das versandet, wenn ich es nicht pflege.
Das ist eigentlich mein Problem, dem ich immer gegenüberstehe, auf

der einen Seite Ablehnung jeder Reglementierung, auf der anderen Seite die Erkenntnis, daß es ohne eine Disziplin nicht mehr geht. Der Vorschuß, der uns gegeben wird, hat sich mir tief eingeprägt (sie meinte Lk 15,20ff.), aber ich darf etwas dazu tun, daß die Beziehung lebendig bleibt. Übrigens hatte ich nach meiner Rückkehr eine große Vorliebe für die Psalmen entwickelt, vor allem wegen der Unmittelbarkeit und Direktheit, in der die Psalmisten mit Gott reden und alle ihre Sorgen vor ihm ausbreiten. Aber es fehlt nie der Dank und das bedingungslose Vertrauen, das trotz allen Zweifelns immer wieder durchbricht. Das fällt mir so schwer, etwas voll Dank anzunehmen. In meinem Beruf bietet sich immer wieder die ›alte Masche‹ des großen Gebers an, in dessen Rolle ich mich allzugerne sehe. Mein Beruf ist auch meine große Gefahr.«

Nach 4 Jahren schrieb sie: »Noch immer bin ich in dem Kreis aktiv, bei allem Leiden an starrer Gesetzlichkeit und Rezeptgeberei. Aber der Kern, die Essenz ist mir nach all meinen schweren Jahren doch langsam klar geworden, daß Jesus und seine Lehre die einzige Alternative sind, der Realität hier und überall auf der Erde bejahend zu begegnen. Das Umdenken, das sie fordert, ist so fundamental, daß ich oft davor mutlos werden möchte, so schwer ist dieses Annehmen so ganz konträrer Maßstäbe!«

Hier begegnete am Schluß eine echte Schwere, die einer Arbeit gleichkam, welche Sinn und Verheißung hat und dennoch Neues und Unerwartetes erfahren ließ – genug, um auf dem Weg zu bleiben. Bei aller komplexen Problematik dieser reaktiven Depression war in der kritischen Krankheitsphase eine unbändige Kraft am Werk, die in Zweifel und Ablehnung, in Widerspruch und Auseinandersetzung sich behaupten wollte. Daß in der Seelsorge eine larvierte Depression auch im Gewand der Glaubensproblematik entgegentrat, zeigte ihre vorläufige Aktualität, die bald der umfassenden Not Platz machen mußte.

Man könnte diese in der Lebensmitte ausgebrochene Krise als akute Erfahrung der Begrenztheit verstehen, wenn die suizidale Gefährdung und eine lange zurückreichende Selbstentwertung sie nicht an die verschiedenen Stützpunkte ihres schweren Lebens geführt hätten.

Von Anfang an ging die biographische Aufarbeitung mit einer neuen, notwendigen Hinwendung zum Glauben einher.

3. Die Patientengeschichte einer Erschöpfungsdepression

P. war 42 Jahre alt, als er anrief und um einen Termin für die Sprechstunde bat. Er war ledig und lebte mit seinem Vater zusammen. Er würde gerne 10 Tage Urlaub nehmen, da es ihm wichtig sei. Jedenfalls könne es so nicht mehr weitergehen. Die Ärztin diagnostizierte: Vegetative Dystonie. Da er 150 km weit entfernt wohnte, gab ich ihm 5 Adressen von Therapeuten und Ärzten, an die er sich in seiner Umgebung wenden solle. Da er dort keinen baldigen Termin bekommen konnte, ist er dennoch angereist, wie ich es für den Fall zusagte, daß er nirgends ankäme. Bei der ersten Begegnung stand er unter einer großen inneren und äußeren Spannung. Eine spürbare Unruhe ging von ihm aus, obwohl er sehr beherrscht blieb. Er sei voller Angst. Zwar hätte er in der vergangenen Nacht mit einer Tablette geschlafen, doch heute morgen während des Unterrichts überkam ihn wieder der Gedanke, sich zu erhängen. P. hatte in der Schule noch mehrere Ämter ausgeübt und galt als ein besonders guter und aufopferungsvoller Lehrer. In der letzten Zeit hatte er bemerkt, wie seine Knie im Unterricht zitterten, wenn er sich verausgabte, so daß er sich abstützen mußte oder auch den Unterricht abbrechen mußte. Auf die Frage, wen er nicht aus-stehen könne, antwortete er, daß er seine Schüler und auch sich selbst nicht mehr ausstehen könne. Da er sich selbst am stärksten attackierte, bat ich ihn zu beschreiben, wie er jetzt dran sei, was ihn jetzt schmerze und bewege. (»Von einem Mann wie mir kann man doch verlangen, daß er in seinen besten Jahren Leistung bringt. Ich bin aber ein Versager auf der ganzen Linie.«) Er beschrieb mit der Hand seine Schmerzen. »Mir tut alles weh!« Er spürte den Verspannungen nach, die ihn im Augenblick bedrückten. Er fing am Herz an und sagte, wie unruhig es sei und daß ein großer Druck davon ausgehe. Danach nahm er seine beiden Hände und legte sie hinter dem Nacken auf die Schulterblätter, denn da sei alles verspannt und verkrampft. Wir versuchten ein paar Atemübungen, um Gesicht, Arm- und Beinmuskulatur im Stehen zu entspannen. Danach erzählte er, daß er in einer Karikatur, die er vor ein paar Wochen gesehen hätte, sich am besten vorfände. Sie würde ihn nicht mehr loslassen. Da trieb ein Mann eine Schnecke über die Straße mit einer Peitsche in der Hand und drohte ihr: »Mach schneller!« »So gehe ich auch mit mir um!« Dies war seine vielsagende Antwort. Ganz deutlich wurde dann, daß hier ein pflichtbewußter und gewissenhafter, unheimlich arbeitsamer und strebsamer Mensch mit einem anderen Teil seines Selbst im Widerstreit lag.

Mit einem zynischen Lächeln – dies allein hatte er noch für sich übrig –, schilderte er, was ihm so sehr mißfiel. Er konnte nicht mehr so viele Veranstaltungen durchführen wie früher (Erziehungs- und Elternseminare), denn er würde schneller ermüden und sei immer abgespannt. Bei schwierigen Verhandlungen reagierte er gereizt, könnte sich nicht mehr konzentrieren und schliefe schlecht. – »Ich hatte immer einen Bärenschlaf.« – Er möchte am liebsten ausruhen, nichts tun und sich in ein Schneckenhaus verkriechen. Damit hatte er selbst angegeben, was ihm fehlte: die Fähigkeit, sich den Rückzug und die ruhende Erholung zu gestatten. Weil ich viel von der Schnecke gehört hatte, fragte ich ihn, wenn er jetzt eine Rolle zu wählen hätte, ob er sich dann für die Schnecke und das Schneckenhaus oder für den Antreiber entscheiden würde. Spontan entschied er sich für die Rolle des Antreibers. Er fing an, als wir zur »Gestalt«-Arbeit übergegangen waren, sie zu beschimpfen. »Du bist viel zu langsam, kommst überhaupt nicht mit, dich sollte es überhaupt nicht geben. Sieh doch die anderen an, die lassen dich alle zurück, überholen dich und bringen es zu etwas!« Nach seiner intensiven Beschimpfung sagte ich ihm, daß eine Schnecke ein Lebewesen sei wie andere auch, das leben will und, weil sie ihm über den Weg gelaufen sei, sie ihm auch etwas zu sagen hätte. Nachdem die Gestalttherapie dazu verholfen hatte, solche Anteile ernst zu nehmen, übernahm ich diese Seite der Schnecke. Sie sollte sowohl ihr Lebensrecht bei ihm einfordern und begründen, als auch seinen eigenen »Antreiber«-Anteil ihm deutlich machen. Als ich schließlich mich zur »Schnecke gemacht« fühlte und vor ihm lag und um mein eigenes Lebensrecht bat, nachdem er zuvor angedroht hatte, mich am liebsten mit dem Schuh auszutreten, zog er seinen Fuß zurück und setzte sich zum erstenmal entspannt in seinen Stuhl und atmete tiefer. Der Druck am Herz war nicht mehr so stark.

Die nächsten Stunden sollten etwas Licht in sein Leben als Kind und als Heranwachsender bringen. »Mir fällt von früher fast nichts mehr ein!« Dennoch brachte die biographische Anamnese anhand der

Daten eine Fülle von Erklärungen und in deren Gefolge auch immer mehr an neuem Material, das zunächst verschüttet schien. Die Schwester war 5 Jahre älter und der Bruder um 3 Jahre jünger als P. Der Vater sei schwach gewesen. Er hatte einen schweren Beruf; als Arbeiter in einem Steinbruch war er immer müde und erschöpft, wenn er heimgekommen ist. »Ich sagte ihm einmal: Ich muß auch für dich noch Mutter sein.« Als Kind hatte er immer wieder Erkältungskrankheiten und mit 12 Jahren »wahnsinnige Kopfschmerzen«. »Mit 12 Jahren wollte ich schon Lehrer werden.« Als er noch nicht 15 war, verstarb seine Mutter. Sie war kränklich gewesen, dennoch hatte sie sich ganz für ihre Familie eingesetzt. Sie war oft krank (starke Gallenkoliken, ein langwieriges Herzleiden). Im Garten hatte sie viel zu tun. Der Vater hat dabei nie geholfen. Im Herbst war P. mit der Mutter auf dem Feld gewesen, um abzuräumen. Dabei ist sie plötzlich zusammengebrochen. Sie rief ihrem Sohn, der sie mit dem Fahrrad nach Hause begleitete. Von da an blieb sie zu Hause im Bett. Die Wohnung war sehr beengt und hatte nur 2 Zimmer. P. hatte die Mutter zu pflegen. Der Vater gab ihm morgens noch kurze Anweisungen, was er zu machen hätte. Am Abend brachte er sie ins Bett. »Manchmal, wenn sie so gejammert hat, habe ich richtig geschimpft: Laß mir doch meine Ruhe!«

Nach dieser Wiederaufnahme der Erinnerung hatte P. eine gute Nacht und konnte durchschlafen. Er war nur am Morgen mit Schuldgefühlen aufgewacht, da er mich als Schnecke so mißachtet hatte, und war froh darüber, daß er mir entschuldigend die Hand reichen konnte.

Danach stellte sich eine weitere Station ein, in der er sich schuldig empfand. Eines Tages, als der Junge aus der Schule kam, fand er die Mutter ganz beschmiert vor und hat deshalb mit ihr geschimpft. Zwischen Weihnachten und Neujahr hat er dann, weil ihn auch die Hilflosigkeit des Vaters so beelendet hatte, entschieden: Jetzt mußt du ins Krankenhaus! Als die Mutter abgeholt wurde, sagte sie zum Schluß: »Jetzt habt ihr mich los; ich komme nicht mehr.« Für den Jungen war dies wie ein Stich ins Herz. Doch er sagte sich, daß es sein müsse. Zwischen dem Sein-Müssen und dem Nicht-mehr-Kommen lag der Schmerz.

»Was bedeutet dieser Schmerz heute?« »Ich konnte mich gar nicht richtig verabschieden. Wenn ich das gewußt oder geahnt hätte? Ich hätte sie ja so gerne dann noch gepflegt, aber ich war dem allem nicht gewachsen.«

P. hat die Zeit im Krankenhaus in guter Erinnerung behalten. »Die Mutter war gut versorgt. Doch am Sonntagmorgen kam ein Anruf, wir sollten ins Krankenhaus kommen. Ich bin als erster losgerannt.« Doch er fand die Mutter nicht in ihrem Zimmer, sondern mußte zu ihr ins Sterbezimmer. »Der Pfarrer war noch da, der Bruder kam und auch der Vater – da kann ich mich nicht mehr erinnern.« Nach 2 Stunden gingen die Jungen wieder heim.

Am Abend, als er schon im Bett war, kam die ältere Schwester herein und sagte, die Mutter sei gestorben. »Mir war es leer, kalt, ich war hilflos und verlassen.« Am Tag darauf kam der Onkel und gab ihm den Auftrag, den Sarg zu schmücken. Er weigerte sich, weil er dies nicht wollte. »Mir war unfaßbar, daß Vater sich nicht mehr gezeigt hatte. Vor allem hat mich empört, daß er lachend aus dem Taxi ausgestiegen ist. Ich habe später das Grab gerichtet und viel mit der Mutter gesprochen. Ich konnte aber nicht weinen!«

Ein erster Traum folgte nach diesem Tag der seelsorgerlichen Aussprache. P. ging einen langen Waldweg, der sehr dunkel war, aber ins Helle führte. Er hatte dabei ein ganz »neues Gefühl«, das ihm ein Gebetswort erschlossen hatte, das ihn nicht mehr losließ: »Die Erde ist gesenkt, bis du, oh Gott, die Erde aufhebst.«

P. begann, fast in einem neuen Zusammenhang zu erzählen, wie hart er mit sich selbst umgegangen war in seinem Berufsleben. Wenn er Grippe hatte, hat er sich nie ins Bett gelegt. Was denken da die Leute? Es gab wenig, was er sich zu gönnen vermochte. Das Wasser hat ihn immer geängstet, und erst jetzt, da er die Zeit zum Schwimmen hatte, machte er die Erfahrung, daß das Wasser ihn trägt und nicht mehr ängstet. Nach 8 Tagen, kurz vor seiner Abreise, hatte P. folgenden Traum: »Ich ging in die Stadt, um etwas zu besorgen. Da traf ich zwei Frauen, die sich nach der Scheidung stritten. Die eine sagte, ich habe von dir nichts mehr zu kriegen, und ich bin dir nichts mehr schuldig.« Dies war der Abschied von der verschlingenden negativen Anima-Gestalt und gleichzeitig ein Bewußt-Werden der positiven, nicht mehr fordernden Anima-Seite in ihm. Es war eine schöne sympathische Gestalt. P. fühlte sich in der Lage, wieder an seine Arbeit zu gehen, nachdem er aus einer Verstrickung freigesetzt wurde, die ihn nicht mehr schuldig sprach und auch keine weiteren Forderungen an ihn erhob. In diesen Tagen war es nur der 73. Psalm, den P. immer wieder ein kleines Stück las und betete und dann am Schluß ganz hören wollte. Er bat um ein Wort des segnenden Geleites auf seinem Weg nach Hause.

Nach über einem Jahr, nachdem P. sein Leben zu ordnen suchte, kam die Bitte, das Zurückliegende wieder besprechen zu können. Denn kurz vor Weihnachten war erneut eine schwere Krise aufgetreten. Die vorweihnachtliche Zeit stellt sich ja als eine besondere Belastungs- und Bewährungsprobe dar. Es bedarf deshalb einer klugen Einteilung und Einschätzung der Kräfte, das Wesentliche vom Unwesentlichen zu unterscheiden und sich nicht wieder als Antreiber zu betätigen. P. hatte den Altjahrabend nur mit letzter Kraft erreicht und erlebte im Gottesdienst dann wieder ein Zittern der Knie und die alte Angst. Die Verkrampfung stellte sich wieder ein und ist erst beim Heiligen Abendmahl, als er bei der Austeilung half, besser geworden. »Ich habe zum erstenmal gespürt, was wir besprochen hatten: ich brauche es ja nur herzugeben und weiterzureichen. Ich muß gar nichts machen. Es ist ja seine Gabe. Ich fing an, mit Nikolaus von der Flüe zu beten: ›Nimm mich mir und gib mich ganz zu eigen dir.‹«

P. hielt seinen Zustand im Grunde für ein Vertrauensproblem. Er hatte früher einen selbstverständlichen Glauben, den er nie belastet sah. Doch dann kam der Einbruch mit dem unheimlichen Erleben von Angst, Schwäche und Nicht-mehr-Können. »Und es ist, als ob der Glaube ganz neu zur Welt kommen müßte.«

Nach der Frage, was ihn in der letzten Zeit besonders bewegt und auch geschmerzt hätte, begann er von einer Kränkung zu erzählen, die die Mutter eines Schülers ausgelöst hatte: »Sie sind ja gar kein richtiger Lehrer.« Im Unterricht war die Begeisterung der Schüler dazuhin zurückgegangen. Hatten sie ihn früher am Morgen schon stürmisch empfangen, so traten plötzlich Spannungen und Schwierigkeiten auf. Er spürte selbst, wie wenig er von dem mitteilte, was ihn bewegte und was er fühlte. Er schluckte zuviel hinunter und klagte oft über ein Völlegefühl im Magen.

Wiederum hatte er einen wichtigen Traum: Er fuhr in einem schnellen Auto und mußte eine Vollbremsung durchführen. Diese hatte geklappt. Es war gut, dies zu schaffen. Als das Auto stand, merkte er

erst, daß hinter ihm 5–6 Menschen saßen, die er mitgenommen hatte. Dann kamen zwei Frauen auf ihn zu. Die eine davon war seine Ärztin, die andere ihm unbekannt, aber sehr schön. Sie küßte ihn. Dann fuhr er aus dem Tunnel hinaus und sah spielende Kinder. P. fiel zu diesem Traum ein: »Mein Leben fährt viel zu schnell dahin, ›als flögen wir davon‹. Die Gefühle kommen überhaupt nicht nach. Erst als das Auto stand und ich ganz ruhig war, erlebte ich mich wirklich. Im Auto gab es überhaupt keine Kommunikation. In der Hetze wirkte ich ganz unnahbar. Es ist wie eine große Sucht, daß ich immer wieder zuviel tue. Ich erlebe mich nach Arbeit süchtig!«
In seinem Urlaub kam er auch an Schulen vorbei und erkundigte sich nach der dortigen Arbeit. Er war sehr beeindruckt von den gezeigten Schülerarbeiten und von dem, was andere leisten konnten. Das hatte ihn mit Neid erfüllt. Daraufhin hatte er wieder geträumt: »Das Gesetz hat eine Rolle gespielt. Es war eine große Rolle auf dem Tisch. Ein Polizist und ich waren angeklagt. Ich habe sofort gewußt, das sind deine Vorwürfe, die du dir machst.«
Es war also tatsächlich die Frage des Vertrauens, das dort erst Platz greifen kann, wo das Johanneswort gilt: »Er muß wachsen, ich aber muß abnehmen« (Joh 3,30).
Er begann nach dem zu suchen, was nicht wachsen konnte und was er von der Fülle Christi annehmen wollte. Das erste war: sich wieder freuen können! Und er freute sich an den Kindern. Ihm fiel ein, daß er früher auch besonders gerne Gottesdienst für Kinder gehalten hatte und er sich dann aber sagte, daß er sich mehr auf Erwachsene konzentrieren müsse, um selbst nicht zurückzubleiben. Was aber hat Christus getan? P. sprach davon, wie wichtig ihm diese biblischen Stellen seien, da Christus von den Kindern sprach und gerade sie zum Vorbild gemacht hat. »Wie oft habe ich das anderen ans Herz gelegt, nur nicht mir zu Herzen genommen.« Darüber trat eine lange Stille ein. Und unter Tränen kam die Kluft zutage zwischen Sollen und Dürfen, Gesetz und Evangelium, zwischen der Forderung und der Einladung.
P. kehrte voller Zuversicht an seine Arbeit zurück. Nach einem halben Jahr kam er wieder, um zwei Tage Urlaub zu machen und dabei jeweils dreimal zu einem Gespräch zu kommen. Er hatte gehofft, daß er auch noch einen 4. Termin bekommen könne, doch dazu reichte es

aus Zeitgründen nicht. Ich fragte ihn, ob er damit einverstanden sei, was er schnell bejahte. Dennoch war es ihm offensichtlich schwergefallen, dies zu verschmerzen und seinen wirklichen Wunsch zum Ausdruck zu bringen. Und ich selbst, unter Zeitdruck, hatte versäumt, nach seinem wirklichen Schmerz und Wunsch zu fragen. So kam es zu folgender Heimfahrt, die er später niedergeschrieben hat: »Ich hatte mich an jenem Dienstag und Mittwoch darauf eingerichtet, bis zum Abend in N. zu sein. Aber es ergab sich, daß ich schon am Mittag fuhr, wollte aber nicht gleich heimfahren. Darum ging ich von einem Wanderparkplatz aus spazieren. Ich hatte mir ungefähr zwei Stunden Zeit gegeben. Es war sehr schwül. Auf einmal zogen dunkle Gewitterwolken auf. Es begann in der Nähe zu donnern. Die ersten Tropfen fielen. Ich bekam eine tiefe Angst um mein Leben. Ich wollte mich zur Ruhe zwingen, aber es ging nicht.

Ich rannte vor lauter Angst um mein Leben, wie ich schon lange nicht mehr gerannt war, und war froh und glücklich, als ich schließlich bei meinem Wagen erschöpft angekommen war. Ich bin dann durch das Gewitter heimgefahren und war sehr zeitig daheim, wollte aber noch nicht daheim bleiben. Ich fuhr deshalb noch einmal in den Wald. Schon beim Aussteigen und erst recht beim Spazierengehen bedrängten mich wieder die heftigen Selbstmordgedanken mit den verschiedensten Instrumenten. Das war so intensiv, daß ich fast verzweifelte. Am nächsten Morgen waren diese bedrängenden Selbstmordgedanken ganz weg. Und ich hatte Ruhe davor. Während des ganzen Jahres stellten sie sich nur selten ein, wie so zur Erinnerung, daß es sie einmal gegeben hatte.«

Ein Jahr später, vor einem erneuten Besuch, schrieb er dann folgendes nieder: »In den zurückliegenden Wochen wurden die Selbstmordgedanken wieder häufiger und drängender. Zuerst kamen sie nur für eine halbe Stunde rund um das Frühstück herum und gegen den späten Abend. Besonders während der zurückliegenden Augustwoche, aber auch während des ganzen Tages. Die Instrumente, mit denen ich mich bedrohte, waren nun nicht mehr nur Messer und dergleichen, sondern alle Dinge um mich herum: die Ähren am Wegesrand, das offenstehende Fenster und vieles andere mehr. Besonders heute morgen war es sehr schlimm. Ich verband die Selbstmordgedanken mit dem Verfolgungswahn, der uns berichtet wurde als ein

Prozeß, der an den Kern einer Person geht. Ich bekam eine intensive Angst vor dem Verfolgungswahn, ob ich überhaupt noch auf die Straße gehen und essen kann usw. Auch jetzt, wo ich dies schreibe, ist die Angst wieder ganz ungeheuer da.
Während des Betens machte ich bei dem Satz: ›Gott, komm meiner Seele zu Hilfe‹ halt und dachte nach, was dieses Ganze wohl bedeutete. Ich begriff, daß darin Selbstmordgedanken in anderer Form enthalten sind. Ich spürte, daß ich mir helfen lassen muß. Ich muß endlich sagen lernen, daß ich hilflos bin, meinen Unmut und meinen Ärger auszudrücken. Ich bedrohte mich, weil ich zu wenig oder zu wenig angemessen meine Aggressionen leben kann oder will. Im Verlauf des Gebetes, für das ich mir 1½ Stunden Zeit ließ vor Gott, wurde ich dann zusehends ruhiger und gefaßter. Ich will noch schnell meinen körperlichen Zustand beschreiben: Die Schultermuskeln sind ganz verspannt, die Verspannung tut richtig weh, ebenso ist die Brust ganz verspannt. Im ganzen Körper habe ich das Gefühl eines eisigen Hauches wie damals bei den Depressionen. Jetzt bin ich etwas entspannter und ruhiger.«
Was hier mit Aggressionen gemeint ist, löste sich in der Folgezeit auf als eine Fülle negativer und positiver Gefühle, die ständig verboten oder verdrängt waren. In einer Gruppe von Kollegen erlebte P. ein starkes Neidgefühl, als man einem anderen wegen dessen guter Leistung und Arbeit Lob zollte. »Ich habe seine Arbeit abgewertet, obwohl ich sie eigentlich auch so positiv empfand.« Als sich dann Kritik an seiner Art anmeldete, und vor allem daran, wie er ein Fest gestaltet hatte (es war eine einzige Stimme eines nörgelnden Menschen), »da hat mich das sehr getroffen, obwohl ich es nicht sagen konnte und ich es dumm fand. Ich habe sehr überlegen, sehr kühl und zulassend getan und dann ansatzweise aggressiv getan und war dann froh, als ich endlich unter Wahrung meines Gesichtes den Platz verlassen konnte. Abends habe ich das Ganze dann noch so verinnerlicht, daß ich mir sagte: Ich will es entgegennehmen als Äußerung seines Ärgers, den er schon lange mit sich herumgetragen hatte, aber an mich habe ich dabei nicht gedacht, bzw. ich habe meine aggressiven Gefühle dabei abgewehrt. Dafür habe ich seit Dienstag wieder große Verspannungen im Kopf bzw. an den Schultern, die doch während der Ferien ganz weg waren!«

Es kamen immer wieder dieselben Situationen hervor: zu großer Arbeitsdrang; Menschen, die ihn sprechen wollten und denen er nicht sagen konnte, wie er wirklich dran war; die Unentschlossenheit darüber, ob man Ferienkinder nehmen solle oder nicht; die schrille, ärgerliche Art des Hausmeisters, der so rücksichtslos war; der unangesagte Besuch eines Freundes usw. Immer dann kam das Bedrängtwerden von Selbstmordgedanken wieder! Sind sie nicht wie ein Anruf der Seele, noch erbarmender, d.h. noch wahrhaftiger und darin freier mit sich selber umzugehen?

Ein späterer Eintrag:
»Ich kann mit meinen Aggressionen einigermaßen umgehen bzw. mit meinen Wünschen. Das hat sich gezeigt
- während meiner Ferien auf langen Spazierwegen.
- Ich konnte länger beten als sonst.
- Ich konnte mit einem Freund sprechen, dem ich einmal sagen konnte, wie fördernd und bedrängend er auf mich gewirkt hat.
- Ich konnte einem Mitarbeiter gegenüber meinen Ärger äußern, der durch sein Schreien mich und andere immer wieder verletzt hatte.
- Ich habe nicht an einer Beerdigung teilgenommen, zu der ich sonst aus Konvention hingefahren wäre.«

Diesen Eintragungen ist anzuspüren, daß neue Erfahrungen gelungen waren und sich lang anhaltende Verspannungen aufgelöst hatten. Woher kam die starke Ambivalenz, die P. immer wieder selbst empfunden hatte und die jenes unerträglich hohe Spannungsgeschehen auslöste, das Schmerzen und letzte Verzweiflung bereitete? Gewiß lag die Kindheit jetzt zugänglicher da als zu Anfang, doch die wirkliche Beziehung zur Mutter war noch nicht zur Sprache gekommen. Denn auf die Frage, ob er die unheimliche Spannung von Haß und Liebe auch als kleiner Junge schon gekannt hätte, schilderte er einen Vorfall im Garten, als die Mutter ihn »schier halbtot geschlagen habe mit einer Gießkanne«, da er nur eine Handvoll Erdbeeren in Nachbars Garten gepflückt hatte. Die Schläge waren offenbar so heftig und gefährlich, daß der Nachbar selbst der Mutter wehrte und ihm die Beeren schenkte. Die Mutter wollte eben vor den Leuten mit ihren Kindern untadelig dastehen und hat das auf diese grausame Weise immer wieder mit Schlägen getan. Doch dann war es auch immer wieder vorbei. Es wurde nicht mehr darüber gesprochen. Dies war wohl die mühsamste Arbeit für ihn, sich an die Stelle des verletzten und geschlagenen Jungen zu begeben und für ihn und gegen die Mutter endlich zu empfinden. Jemand halbtot zu schlagen heißt ja, ihn nur zur Hälfte leben lassen. Er darf nur als der leben, der er nach dem Bild seiner Mutter werden sollte.

»Ich glaube, daß ich oft noch mit mir so umgehe, wie es meine Mutter getan hat. Dabei hat sie für uns doch alles getan!«

In halbjährlichen Abständen kam es zu 3–4 Gesprächseinheiten, da es nun um den immer weiteren Horizont seines Lebens ging. P. sollte die Wirklichkeit seines liebenswerten, aber auch oft genug harten Lebens erfassen. Weil er es selbst mit Menschen zu tun hatte, die zu ihm kamen und deren Helfer er sein wollte, gab es gerade dadurch immer wieder intensive Lernschwierigkeiten, aber auch Lernerfolge, die auf den Weg zu einer neuen Freiheit führten.

Auf welch langem Weg eine Erschöpfungsdepression zustande gekommen war, zeigte die Lebensgeschichte von Herrn K. Die lange zuvor »angebahnten Dekompensationen der affektiven Seite«, wie sie für die Entstehung einer Erschöpfungsdepression typisch sind, waren offenkundig. Unter größter Anstrengung hatte er sein hohes Arbeits- und Leistungssoll erfüllt und sich dabei keine Ruhe und Erholung mehr gegönnt. Im Umgang des Seelischen mit dem Physischen verweigerten Beine und Knie zuerst ihren Dienst und standen kurz vor dem Zusammenbruch. Dieser kam dann schließlich auch, wie er einmal sagte, fast von selbst. Von *ihm* selbst? Ja, er selbst war daran aktiv beteiligt. Doch diesem rastlosen Leben ohne persönliche Möglichkeiten wollte er ein Ende bereiten. Der lange Weg durch den Wald, von dem er träumte, war der anfängliche Weg in das Unbewußte, der ihm aber nicht das Ende zeigte, sondern einen lichtvollen Durchbruch nahebrachte. Jenseits des dunklen Tunnels warteten neue Gefühlskräfte auf ihn, die seither darniedergelegen waren. Was P. auch in dieser Zeit nie aufgegeben hatte, war das Gebet. Ja, gerade jetzt hatte er noch vermehrt seine Gebetszeiten eingehalten und sie auch ausgedehnt. Dennoch konnte er seiner suizidalen Gefährdung dadurch nicht ganz entgehen. Was hatte ihm gefehlt? Mit seinen eigenen Worten war es ein Glaube, der ganz neu zur Welt kommen mußte! Es war nicht der Glaube, der an Pflichten und rastlosen Arbeiten gebunden war, sondern der neue, junge und anfängliche Glaube gemeint, der aufnahmefähig war und offen wie ein Kind. Darin war es für ihn zum Bruch gekommen, daß er zwar an andere weitergegeben hatte, was ihm wichtig war, aber selbst nichts davon hatte. In der früheren familiären Konstellation war ihm der Auftrag der Verantwortung zuteil geworden. Dafür wurde er auch weithin entlohnt. Doch jetzt blieb die Anerkennung aus. Von anderen bekam er eine immer größere Distanz wie eine große Wand zu spüren, die nur durch spitze Pfeile tiefer Kränkungen zu durchbrechen war. Er erlebte sich immer verlassener und verschlossener. Der immer Gebende hatte das Empfangen zu lernen. Anders läßt sich wohl dem harten knechtenden Gesetz nicht beikommen als durch ein »Du darfst«, das im Namen Christi ausgesprochen und im Leben eingelassen wird. Das dichte und nahezu perfekte Gefüge einer Pflicht- und Sollensstruktur ist nur durch eine bewußte Willens-Äußerung zu ändern, die aus dem Kontakt mit dem Unbewußten selbst entspringt und sich darin respektiert. Es ist auffallend, daß die doppelte Anima-Gestalt, die fordernde und die schenkende Frau, den eigentlichen Kampf zu führen hatte und die Gestalt der echten Liebe jetzt hervortrat. Opfer waren von seinem Leben genug gefordert worden. Nicht zuletzt von der »so liebevollen Mutter«. Nun durfte Christus wachsen und das zur Welt kommen, was seither vom Leben ferngehalten worden war. Es galt, von Christus her Barmherzigkeit zu bejahen und nicht Opfer (Mt 9,13).

Was ihn gerade in der Zeit der schweren Gefährdungen gehalten hatte, war das Gebet und eine kämpfend geduldige Beharrlichkeit darin. »Ich muß es, sonst komme ich nicht zur Ruhe.« Eine letzte, hartnäckige und atemlose Angst hatte ihn dazu getrieben. So eingeschlossen er sich auch fühlte – hier empfand er eine Öffnung und einen Ausweg. Danach aber war er wieder von grübelnder Unruhe umschlossen. Dennoch entdeckte er die Psalmworte des Vertrauens für sich wieder ganz neu: Ps 62,6-8; 42,10-43,5; 32,1-6; 73; 91. Am Tagesende wollte er nur dies eine beten: »Herr, auf dich vertraue ich, in deine Hände lege ich mein Leben.« Ein unermüdliches Leben hatte ihn an den Rand und an die Wand gedrängt, da nur noch das Gebet möglich war und als letztes Vertrauen sich artikulierte. Der neue Glaube hatte ihn auch in eine neue Beziehung zum Selbst, zum Nächsten und zu den Dingen geführt.

4. Zwei Beispiele von Trauerverdrängung und ihre Folgen

Daß Trauerverdrängungen zur Depression führen, hat sich in der Begegnung mit depressiven Menschen immer wieder bestätigt. Solche Depressionen werden zumeist durch ein Ereignis ausgelöst, das mit dem Verstorbenen in einem mittelbaren Zusammenhang steht. Sie entstehen aus dem Druck ungelöster Situationen, die regressive Prozesse in Gang setzen, vor allem dann, »wenn Feindseligkeit, aggressive Gefühle dem Verstorbenen gegenüber bestehen und diese nicht zugelassen werden dürfen«[115].

Die auslösende Situation:
Als der Junge 14 Jahre alt war und sein Geburtstag gefeiert wurde, ergab sich bei dem festlichen Mittagessen ein lebhaftes Gespräch über seinen früh verstorbenen Bruder, der mit 2 Jahren durch einen Unfall ums Leben gekommen war. Der um zwei Jahre ältere Bruder erlebte damals eine große Anteilnahme bei der Beerdigung mit und sah das schöne Leichengewand, das mit vielen Blumen geschmückt war. »Ich habe gesehen, wie sie alle weinten und ergriffen waren. Meine Mutter hat mich an der Hand genommen und sagte: ›Wir aber sind jetzt ganz tapfer.‹ Ich selbst habe etwas verspürt, was ich keinem Menschen sagen konnte: Ich war froh, daß mein Bruder endlich weg war, denn er hatte alle Aufmerksamkeit auf sich gelenkt. Wohin er kam – alle hatten ihn gern, und er war immer im Mittelpunkt.« (Stg)
Einige Tage nach der Geburtstagsfeier nahm der Junge eine hohe Dosis Schlaftabletten, da er erlebt hatte, daß er selbst, für den die Feier eigentlich gedacht war, wiederum am Rande stand und auch in der Schule versagt hatte.
Und dann stellten sich all die Fantasien ein, mit denen sich der 14jährige schon lange befaßt hatte: »Für mich ist der Tod eigentlich etwas Schönes. Ich dachte mir, dann sind sie alle für mich da und betten mich in Blumen. Ich stellte es mir immer vor, vor allem dann, wenn ich merkte, daß meine Eltern viel mehr für die anderen Geschwister taten als für mich.« Das lange zurückliegende Gefühl der Rivalität und des Neides dem kleinen Bruder gegenüber mußte in aller Intensität zuerst einmal zugelassen und abgetragen werden. »Nach mir fragte niemand. Mir hat niemand Blumen gebracht.« »Du warst ganz

allein und hättest wenigstens einen Menschen gebraucht, der jetzt ganz für dich da ist!« Das war der Augenblick, da der Junge anfing zu weinen, ganz lange und heftig. Am Ende war er gelöst und sagte, daß er jetzt Blumen dem Bruder auf sein Grab bringen möchte. Denn er hatte ihn oft sehr vermißt. Er sah, daß ihm der Bruder fehlte, mit dem er viel besprechen könnte und der ihn auch verstehen würde. »Ich bete manchmal für ihn; denn es ist ja alles gut.«
Hier ist die pubertäre »Faszination des Todes« nur eine unzureichende Beschreibung für die Todessehnsucht, weil die aggressiven Haßimpulse und die intensiven Liebes- und Lebenswünsche offen zutage lagen.

Zweites Beispiel:
P., 40 Jahre alt, hatte nach ihrem Umzug ihre Arbeit wieder aufgenommen. Sie wurde an ihrem neuen Wohnort und Arbeitsfeld herzlich aufgenommen. Nach einigen Monaten aber zeigten sich so schwere depressive Verstimmungen, daß es nicht mehr ging. Sie wollte mit ganzer Kraft dasein und merkte, wie sie noch an dem hing, was sie zurückgelassen hatte. Sie hatte eine Freundschaft mit einer Witwe ihres Alters, mit der sie sich gut verstanden hatte und für deren Kinder sie sich mit verantwortlich fühlte. Fast unmittelbar daran anschließend, erzählte sie, daß es ihr jetzt so gehe wie als Neunzehnjährige: Sie hatte eben das Abitur gemacht, als ihre Mutter starb. Sie war darauf nicht vorbereitet. »Eigentlich hätte ich es ja wissen können, denn mit Mutter stand es wirklich nicht gut. Doch sie sagte immer wieder selber: ›Bis Pfingsten bin ich ganz gewiß wieder zu Hause.‹ Ich fühlte mich für meine vier Geschwister verantwortlich, und das war mir alles zuviel. Eine Krankenschwester sagte, ich solle Haltung bewahren, damit sich meine Geschwister an mir ein Beispiel nehmen können. Dem Pfarrer gegenüber äußerte ich vorsichtig, daß ich Gott nicht verstehen könne. Doch der meinte, wir dürfen nicht so denken wie die Griechen, daß es Strafe sei für eine Verfehlung, wenn wir einen Menschen verlieren. Gott würde keine Fehler machen.« P. war immer wieder alleine ans Grab der Mutter gegangen, um mit ihr zu sprechen und zu ihr zu rufen. Das aber sei nicht christlich. Ein Christ soll fröhlich sein und hat keinen Grund zu trauern. Das hätte sie nicht weitergebracht, sondern sie immer wieder in Situationen und

Stimmungen großer Traurigkeit geführt. In jenen Tagen bekam P. einen Ausschlag im Gesicht, da sie versuchte, allen gegenüber freundlich und verständnisvoll zu sein. Immer wenn es zu Hause dazu kam, daß die Geschwister zu weinen anfingen, mußte P. sie trösten und holte dazu immer die Autorität der Mutter, die nicht wollte, daß jetzt »die Heulerei« wieder anfängt. P. ging noch einige Zeit an das Grab und betete auch dort, doch bald unterließ sie es. »Ich stellte nicht einmal ein Bild meiner Mutter auf wie meine Geschwister, dies hielt ich alles für einen unchristlichen Totenkult. Die Grabpflege habe ich an einen Verwandten abgegeben.« 15 Jahre lang war P. nicht mehr ans Grab der Mutter getreten, bis sie einer Frau begegnete, die in Aussehen und Sprache der Mutter sehr ähnlich war und plötzlich ein Traum ihr das durch den Todeskampf entstellte Gesicht der Mutter wieder vor Augen führte. »Ich mußte sie versorgen, sie mit einem Tuch zudecken und ihr selbst noch etwas Wichtiges sagen und das Abendmahl geben. Ich aber sagte immer nur: Ich armer sündiger Mensch bekenne vor Gott alle meine Sünden in Gedanken, Worten und Werken.«

Als P. diesen Traum erzählte, war sie 40 Jahre alt und Ärztin geworden. Sie hatte bei den vielerlei Beanspruchungen und Diensten, denen sie gewissenhaft nachgekommen war, unter starken Kopfschmerzen und unter Schlaflosigkeit zu leiden. Ihr Beruf führte sie oft mit Verlust- und Trauererfahrungen anderer zusammen. »Doch ich war jedesmal hinterher fix und fertig.« Sie fühlte sich dann leer und erschöpft und verspürte darüber bitteren Ärger, daß ausgerechnet sie so viele Schwerkranke zu betreuen hatte. Sie bekam Angst, wenn sich wieder ein Todesfall anzeigte. »Dabei ist mir das Osterzeugnis das Wichtigste am christlichen Glauben. Wenn ich das nicht glauben könnte, was gäbe es dann überhaupt noch Lohnenswertes?« Über eine lange Reihe von ca. 30 Gesprächen kam dann heraus, wie sehr P. von ihrer Mutter schon immer in die Pflicht genommen worden war. Mit 11 Jahren verlor sie bereits ihren Vater und hat von da an mitgesorgt und mitgeholfen, wo sie nur konnte.

»Am Muttertag habe ich mich besonders angestrengt. Doch als ich einmal erfahren habe, daß meine Mutter mich eigentlich gar nicht wollte und daß ich zu einer ganz unangemessenen und ungeschickten Zeit zur Welt gekommen bin, da verstand ich die Welt nicht mehr.«

P. erinnerte sich, wie oft sie allein und verlassen war, weil die Eltern nie zu Hause waren, sondern immer im Geschäft bei der Arbeit gewesen sind. Manchmal sei sie vor Angst auf die Straße gerannt und habe nach ihnen gesucht. Der Vater hätte sie nach Hause getragen. Auch hätte man sie einmal in der Nacht mit schmerzlichen Magenkrämpfen ins Krankenhaus getragen, doch nach ein paar Tagen sei sie wieder entlassen worden.
»Wie konnten sie mich in die Welt setzen und alleine lassen, als ich sie brauchte?« Nach langem, schmerzvollen Weinen konnte sie von ihrer Mutter sagen: »Man kann dennoch nicht mehr geben, als was sie gegeben hat. Ich gewinne sie immer lieber.«
Als Kind hätte man sie immer für ein ordentliches und gescheites Mädchen gehalten, doch »meine Anerkennung mußte ich mir draußen holen«. Auch ihr Glaube sei ein suchender Glaube gewesen. Sie fühlte eine große Last und in der Verantwortung für ihre Patienten und für die Mitarbeiter ein Ungenügen, daß sie nie genug tue. »Doch mein Glaube erhält mich und erfüllt mich immer wieder, weil ich erlebte, daß es wahr ist. Jetzt habe ich mich umschauen gelernt, um wie Elia den Krug Wasser und das Brot, alles, was mir geschenkt ist, zu entdecken. Mir tat es weh, wenn ich hören mußte, daß Gott richtet und Dinge aufdeckt, die unheimlich sind. Doch heute sehe ich das anders. Hätte ich nur früher davon mehr verstanden. Das kann ja nur einer aufdecken, dem ich wichtig bin und der nicht will, daß alles so gefährlich wird wie bei mir.« Dann schilderte sie immer wieder, daß böse Gedanken ihr zu schaffen machten und sie mehrmals unter großer Selbstmordgefahr gestanden hätte. Das wäre dann der Fall gewesen, wenn sie völlig erschöpft und am Ende war, und auch, wenn sie sich eines Fehlers oder unerwünschter Gedanken schuldig gemacht hätte. »Dabei suchte ich eigentlich nur Verständnis für mich.« Sie erinnerte sich, daß sie mit 35 Jahren immer wieder unter Kreislaufschwächen zusammengebrochen war, bis es dann nicht mehr ging. Man gewährte ihr jeweils einen längeren Krankheitsurlaub, wo sie wieder Kräfte sammelte. Es hat nicht viel Raum und Zeit für sie selbst gegeben. Den Alltag bewältigte sie oft nur unter größter Mühe. Von der Anerkennung, die sie sich bei vielen Menschen erworben hatte, konnte sie wenig annehmen; einer beiläufigen Kritik gegenüber empfand sie sich ohnmächtig und war bis in die Tiefen verletzt. »Wie oft

hätte ich am liebsten alles hingeworfen und wäre gegangen. Dann spürte ich, wie sehr ich außer mir war. Ich suchte auf einsamen Wegen wieder zu mir zu kommen. Am meisten half mir aber, daß eine Freundin dann Zeit für mich hatte und mit mir ging und mich auffing.«

»Als wir über den 139. Psalm sprachen, merkte ich, daß ich getragen bin und ausgehalten werde in allen Spannungen. Vor allem, wenn ich auf dem Boden gehe und stehe, fühle ich mich gehalten und stark. Ich habe heute große Freude an jedem Baum und an jeder Pflanze, die gedeiht. Auch das Sterben sehe ich viel umfassender. Jeder Mensch hat etwas für uns dagelassen, und jeder Mensch ist in erster Linie nicht für mich da, sondern zuerst für Gott. Ihm kann ich ihn überlassen.«

Es war ein weiter Weg, den P. zu gehen hatte. Vor allem war es das immer wiederkehrende Gefühl der Einsamkeit und Verlassenheit, das sie auszudrücken versuchte. Danach entdeckte sie, daß anstelle von Erwartungen das Zugehen und Zupacken, anstelle von vielfältigem In-sich-Gehen das Aus-sich-heraus-Gehen zu ihrer Lebensaufgabe gehört und zu einem neuen Inhalt geworden ist.

»Heute spreche ich viel mehr mit Menschen; ich frage sie und überlege etwas mit ihnen zusammen; ich teile die Ruhe und Besinnung mit ihnen; ich rede auch wieder anders mit Gott selbst.«

Sowohl bei dem 14jährigen Jungen als auch bei der 40jährigen Frau waren es lange zurückliegende Verlusterfahrungen, die durch negative Gefühle wie gebannt darniederlagen. Erst durch neu ausgelöste parallele Situationen kamen die latenten Verletzungen sowie Angst- und Haßgefühle ans Licht, die nicht bestraft und gerichtet wurden, sondern sich – ihrer Gefährlichkeit entkleidet – im Glaubenszusammenhang als eine befreite Kraft für eine verstehende Liebe erwiesen haben. Die authentische Situation hielt auch das authentische Gefühl gefangen. Daß es ans Licht kam, geschah im Vertrauen auf den, der größer ist als das menschliche Herz und sich von Anfang an als zuverlässig erwiesen hat. Er hält auch das Gefährlich-Unannehmbare aus.

Die Begleitung des depressiven Menschen in der kirchlichen Seelsorge

Die psychiatrische und psychotherapeutische Sichtweise hat den depressiven Menschen in seiner prämorbiden und in seiner Krankheitszeit gezeigt. Im Umgang des Leiblichen mit dem Seelischen und des Seelischen mit dem Leiblichen hat sich eine Kette von Krankheitssymptomen darstellen lassen. Die Unterscheidung von endogener Depression und psychogener Depression war wichtig und hat auch für die Seelsorge Konsequenzen erbracht. Während in der schweren Zeit der endogenen Depression die Seelsorge zu einem stellvertretenden, zuverlässigen Beistand herausgefordert ist, soll sie dem psychogen erkrankten Patienten in der zuverlässigen Beziehung sowohl Vertrauen als auch Zumutung, sowohl den Weg zurück als auch den Weg in die Gegenwart, sowohl die vita passiva als auch die vita activa, sowohl die Selbstlosigkeit der Nächstenliebe als auch die Verwirklichung aus dem Glauben ermöglichen. Wie jeder Kranke, so will der depressive Patient zu einer anderen neuen Ganzheit und Heilung gelangen. So lag es vor allem im Wesen der depressiven Erkrankung und Lebenskrise selbst, daß durch sie die Frage nach einem ganzheitlichen Seelsorge-Verständnis durch den Patienten aufgeworfen ist.
Man wird in vielen poimenischen Entwürfen dem Begriff der Ganzheit begegnen können. Sie haben jene menschliche Wirklichkeit im Blick, die daran leidet, daß es ihr an Ganzheit und Einheit weithin mangelt. Thurneysen erkannte gerade darin die Symptomatik des erlösungsbedürftigen Menschen: »Wenn etwas unseres Lebens Elend ausmacht, so ist es die immer neue Erfahrung, daß wir wahrhaftig diese unzerteilten, einheitlichen, diese wirklichen Lebensmenschen und Friedensmenschen nicht sind. Wir sind wahrhaftig zerteilte, zerrissene, zersplitterte und darum zerfallende und friedlose Wesen.«[1]
Für Thurneysen bestand das Ziel der Seelsorge im Frieden des Einsseins mit Gott: »Eins sein, keinen Widerstreit kennen zwischen Geist

und Leib und zwischen Seele und Geist«[2]. Dieses Ziel hat ihn mit v. Weizsäcker verbunden. Für den von Gott angeredeten und gerechtfertigten Menschen setzte Thurneysen den Begriff der Seele ein, im Sinne des paulinischen πνευμα. »Das ist die Seele, um die es einzig gehen kann in der Seelsorge.«[3] Für ihn bedeutete Seelsorge nicht Seelsorge um die Seele des Menschen, sondern »Sorge um den Menschen als Seele«. Der Schöpfungsakt, in dem der Mensch als Seele geschaffen wurde, verliert dann aber seinen geschöpflich-kreatürlichen Ursprung und wird zur christologischen und soteriologischen Mitte erhoben. »Der Mensch wird aufgrund der Rechtfertigung gesehen als der, den Gott anspricht in Christus. Dieses Sehen des Menschen als einen, auf den Gott seine Hand gelegt, das ist der primäre Akt aller wirklichen Seelsorge.«[4] Darum ist Seelsorge für Thurneysen zuerst und vor allem Verkündigung des Wortes Gottes an den einzelnen Menschen. Weil es um einen Akt des Glaubens geht, ist eine psychologische Feststellung oder Beschreibung nicht gefragt. An dieser Stelle setzte vor allem v. Weizsäckers Kritik an, weil »man in kalvinistischer Weise die beiden Dinge voneinander trennt, so, als ob die ärztliche Handlung ganz für sich und streng nach natürlichen oder psychologischen Gesetzen zu verfahren habe, das Werk der Gnade aber ebenso abgesondert aus sich selbst und ohne menschliche Weiterwirkung geschehen müsse«[5].

Diese reduzierende Vereinfachung Thurneysens hatte ihre Konsequenzen. Denn dann hat sich die Seelsorge nur um das Heil des neuen Menschen zu mühen, während sich Medizin und Psychotherapie um das Wohl des alten Menschen sorgen müssen. Doch haben es nicht beide mit demselben Menschen zu tun, und darf Heil und Heilung noch einmal voneinander getrennt werden, wie es schon früh geschehen war? Das widerlegen die Heilungsgeschichten des AT ebenso wie die des NT. C. Westermann hat gezeigt, wie Heilung und Heil auf denselben »Bewirker« zurückgehen. Die Heilung gehört in den Segensbereich Gottes, »und das Segenswirken Gottes ist begründet in der Schöpfung«[6].

Jede Heilung ist Ausdruck dieses Segenshandelns. »Der Unterschied liegt vielmehr darin, daß der eine in der Heilung selbst eine personale Erfahrung macht, oder, anders gesagt, daß er in dieser Heilung dem Heilenden begegnet und der andere nicht.«[7] Das rettende und das heilende Handeln Gottes verhelfen dem Menschen wieder ins Leben. Freilich lag in der Entwicklung eine deutliche Akzentuierung der Seelsorge hin zur Rettung und Vergebung. Doch die Erfahrung von Heilung und von Heil geschieht in der Begegnung Gottes mit den Menschen. Für den Schöpfungsbegriff hat Chr. Link noch einmal festgehalten, »daß Schöpfung also die Welt ist, sofern sie nicht aus den Konsequenzen ihrer festgelegten Wirklichkeit, sondern ›Zug um Zug‹ aus der Verwirklichung nicht planbarer Möglichkeiten hervorgeht, sofern also die Entscheidung zwischen dem, was wirklich wird, und dem, was wirklich werden könnte, es aber nicht wird, als Aufgabe des Subjekts anerkannt und übernommen wird«[8].

Lange nach dem Widerspruch v. Weizsäckers wurde durch die in der Seelsorge jetzt teilweise aufgenommene psychotherapeutische Reflexion in den Positionen Pipers, Scharfenbergs und Stollbergs die Auffassung Thurneysens einer harten Kritik unterzogen. Sie geschah mehr mit anthropologischen als mit theologischen Argumenten, die sich gegen die vermeintlichen Gesprächsstrukturen richteten. Man warf der verkündigenden Seelsorge vor, daß sie gleichsam »auf der Kanzel« geblieben ist.[9] Dadurch hätte sie ein Gefälle von Oben und Unten und eine autoritäre, bevormundende Situation geschaffen, die dem wirklichen Menschen nicht gerecht würde. Durch die Öffnung zur Gesprächstherapie hin, wie sie vor allem durch C.R. Rogers vermittelt wurde, sollte mittels einer partner- und klientenzentrierten Methode dem Menschen wieder Gerechtigkeit zukommen. »Wir befinden uns in einem Strukturwandel von einer paternalistischen zu einer fraternalistischen Gesellschaft.«[10] Dann geht es in der seelsorgerlichen Begegnung zuerst um »das Ausharren beim Nächsten« und um das Eingeständnis einer Doppeldeutigkeit, weil beide noch unterwegs sind. Der seelsorgende Partner verzichtet darauf, »den Zweifel zu nehmen, um den Glauben zu stärken«[11]. Obwohl also ein solidarischer und kommunikativer Aspekt durch die Rückbesinnung auf das Wesen des Gesprächs herausgekommen ist, ist wiederum in den Hintergrund getreten, daß des Menschen Heil, dessen er bedarf, noch aussteht. Denn es kommt als das Fremde und Andere, als das richtende und tröstende Wort Gottes allein auf ihn zu. Es geschieht immer, wie v. Weizsäcker betonte, in der Einheit von Wahrnehmen und Bewegen, von Handeln und Erkennen. »Das Sehen des Menschen aufgrund der Rechtfertigung geschieht nicht jenseits sinnlicher Wahrnehmung«, sondern in, mit und unter seinen psychischen Voraussetzungen. »Seelsorge lehrt den Menschen eschatologisch sehen, Psychologie sieht am Menschen, was vor Augen ist.«[12] So wird also die Aufgabe einer begleitenden Seelsorge darin gesehen, daß sie den Menschen von der Heiligen Schrift her zu dem begleitet, was er noch nicht ist, wohl aber nach Gottes Willen werden soll und werden darf.

Die Seelsorge am ganzen Menschen

Damit wird ein Weg aufgenommen, der bereits vor der non-direktiven, partner- oder klienten-zentrierten Methode um das Subjekt-Sein des Patienten bemüht war und seine theologische Entsprechung in der Lehre von der Gott-Ebenbildlichkeit des Menschen hat. In diesem Begriff, der den Menschen als den originalen Partner und Zeugen Gottes meint, sind drei Aspekte enthalten, die das Ganze des Menschseins umschreiben: Verantwortlichkeit, Frage nach dem Sinn und Sprachlichkeit.[13] Es ist für den Umgang mit dem kranken Menschen wichtig, daß ihm sein Erlebnis-Raum zugedacht wird, in dem er das Menschsein in der Gott-Ebenbildlichkeit zu entdecken vermag. Denn es geht ja nicht nur um die Anforderung, allein sich selbst zu begegnen und zu verwirklichen, sondern der vorausgehenden Partnerschaft Gottes, die sich in Christus dem Menschen verbündet hat, zu begegnen. Denn in ihm hat Gott sich den Träger des göttlichen Ebenbildes gewählt (Kol 1,15.17; 2,1; 1. Joh 1,1ff.; 2,13). In ihm ist Menschsein ausgefaltet. Er geht dem Menschen voraus, so daß seine Wirklichkeit transzendiert wird. D. Rössler bezeichnete die von der Verkündigung herkommenden Seelsorgelehren als »transzendent« in einem doppelten Sinn. Sie sind bestimmt durch Gottes Wort, das allem Menschenwort zuvorkommt und den Menschen nur auf dem Wege der Offenbarung von außen erreicht.[14] Dadurch transzendieren sie aber auch das menschliche Leben und Verstehen, denn »Verkündigung des Wortes Gottes in der Seelsorge geschieht nur, sofern es wirklich zu einem solchen Überschreiten kommt«. Daß Gott hier allem Menschlichen gegenübersteht, wird interpretiert:

a) unter einem formalen Aspekt:
Es kann hier nicht um einen Verhandlungsgegenstand gehen, der menschlicher Beurteilung unterliegt.

b) unter einem materialen Aspekt:
Während die Wissenschaft den Menschen objektivierend, distanzierend und isolierend betrachtet, geht es im seelsorgerlichen Gespräch gerade um seine Herauslösung »aus dem Raum der bloßen Psychologie, der gesellschaftlichen Ideologie und des moralischen Urteilens, so gewiß in diesem Gespräch das Betreten und Durchschreiten dieses Raumes unvermeidlich ist und mit ganzem Ernst zu erfolgen hat«[15].

Schließlich muß der Mensch unter dem profanen Aspekt ein Geheimnis bleiben. Die Psychologie als Naturwissenschaft wird ganz dem objektivierenden Denken zugewiesen. »Die Menschlichkeit des Menschen als seine mögliche Differenz zum Natürlichen kann deshalb vom Ansatz her nicht in das Blickfeld der so interpretierten profanen Anthropologie treten.«[16] So nötig die »Reduktion des Menschenbildes« in der wissenschaftlichen Frage ist, in der Seelsorge findet sich der Mensch, »wie Gott ihn sieht und annimmt«[17].
Rössler sah in den von Thurneysen her geprägten Seelsorgeentwürfen die Forderung: »Dieser Bereich des natürlich-menschlichen Lebens, dessen bestimmende Struktur in der gegenständlichen Erfahrung gesehen wird, kann und muß im Geschehen der seelsorgerlichen Verkündigung transzendiert werden.«[18] Die Seelsorge steht dann auch vor einem sprachlichen Problem. Sie »muß sich neue Ausdrucksmöglichkeiten für die göttliche Wirklichkeit schaffen«, in deren Vordergrund dann »personale und geschichtlich-aktuale Begriffe« oder auch »Bilder und Metaphern« stehen. Ihre Aufgabe ist es, »diese neue Wirklichkeit zu nennen und anzuzeigen, daß sich ihr Verständnis doch nur wieder im Ereignis der Verkündigung selbst erschließt«[19]. In der Erfahrung dieser neuen Wirklichkeit sieht Rössler den eigentlichen Kern des seelsorgerlichen Gesprächs. Es geht um die Erkenntnis der Sünde und der Vergebung, die beide durch die Macht des Wortes Gottes kommen. In dieser Wirklichkeit erfährt der Mensch aber noch einmal eine andere Dimension seines Lebens, als er es von sich aus verstehen könnte. Er erfährt, »daß der Grund seines Lebens

nicht in ihm selbst oder in der von ihm überschaubaren Welt liegt, sondern in transzendenter Jenseitigkeit. Hier erfährt er, daß die Wurzeln seines Leidens weit über die ihm zugänglichen Verkettungen von Kausalzusammenhängen hinaus liegen, und hier erfährt er, daß deshalb eine Heilung allein von der neuen Wirklichkeit her möglich ist«[20]. Die neue Wirklichkeit aber kann nur in der christologischen Mitte gesucht und gefunden werden, wie sie Thurneysen, Seitz, Klostermann, Tacke und Bohren[21] als Ursprung und Ziel der Seelsorge verstanden haben. Es wird gerade die evangelische Botschaft in jenen vier Richtungen enthalten sein, die im anthropologischen Konzept von Seitz zu entfalten ist.[22] Nicht nur, daß ein Mensch in der Bewährung und Bewältigung dieser vier Richtungen steht, sondern auch, daß die Familie oder die Gemeinde betroffen ist und in ihrer Verschränkung mit dem Patienten in Verbindung steht, stellt die Aufgabe, den Gestaltkreis zu erfassen. Die cura animae als cura specialis bedarf der cura generalis. Damit hat es also die Seelsorge mit dem ganzen Menschen zu tun.

Der ganze Mensch im Alten und Neuen Testament

Ein auf die Ganzheit verweisendes Wort im AT heißt המים aus der Wurzel tmm = vollständig, ganz werden/sein. Es geht um einen dynamischen Prozeß und um die Entfaltung dessen, was im betreffenden »Gegenstand oder Menschen schon angelegt ist und durch immanente Notwendigkeit zu gutem oder bösem Ende führt«[23]. Es kann das Sterben gemeint sein und alles, was der Mensch seinerseits dazu beiträgt. In 4. Mose 14,33 ist es die Schuldenlast der Hurerei, die zu tragen ist, bis die »Leiber ganz aufgerieben sind«. In Thr 4,22 wurde die Schuldenlast durch die Zerstörung Jerusalems vollendet. Das Substantiv meint in den Sprüchen die Vollständigkeit eines Menschen, der in Gemeinschaft bleibt und dem das zukünftige Heil gewährt wird (Spr 10,9). Das Substantiv החם in Ps 38,4 + 8 und in Jes 1,6 bezeichnet die heile, gesunde Stelle am Körper. Gesundheit und Krankheit liegen hier in der Verantwortung des Menschen und seines folgenschweren Tuns. Die von Gott verheißene Ganzheit umfaßt also auch die körperliche Gesundheit. Der Parallelbegriff ist ישר – Geradlinigkeit (1. Kön 9,14; Ps 25,21). Mit dem fem. Substantiv תמה ist »weniger das Tun, als das Ergehen im Rahmen einer übergreifend gedachten, schicksalwirkenden Guttat – Heils-Sphäre« und damit die Vollkommenheit eines glücklichen Lebens bezeichnet.[24]

Das Adjektiv תמים ist dem kultischen Opferritual entnommen. Das Opfertier soll תמים sein, um als Brandopfer verwendet zu werden. Auf der anderen Seite dient es dazu, die Opfernden makellos zu machen. Mit diesem Verhältnisbegriff also wird z.B. in 1. Mose 17,1 Abraham in die Ganzheit seiner Gottesbeziehung gerufen, in der sich auch das Dunkle und Gefährliche nicht mehr isoliert. Der Begriff kann aber auch für den zwischenmenschlichen Umgang gebraucht werden, z.B. Am 5,10! In den Psalmen und Sprüchen wird תמים in Verbindung mit Wörtern von Weg und Wandel gebraucht. Schließlich wird das Wort auch für Gottes Einsicht, für sein Werk und für die Thora gebraucht, nicht aber für Gott selbst (5. Mose 32,4; 2. Sam 22,31). K. Koch sah auch in diesem Begriff, wie bei vielen anderen im AT, die Doppelseitigkeit eines »in der Gemeinschaftsbeziehung zu Gott adäquaten menschlichen Tuns« und ein »glückhaftes menschliches Ergehen«. Dem lag die atl. Auffassung zugrunde, daß eine schicksalwirkende Tatsphäre aus Guttat oder Übeltat auf den Menschen durch Jahwes Eingreifen zurückkommt. Der Mensch »hat es also weitgehend selbst in der Hand, sich der Strahlkraft des Unheils oder des Segens auszusetzen«. Diese Vorstellung war so tief im Denken Israels verwurzelt, »daß sich niemand in Israel, auch die Propheten nicht, von ihr emanzipierten«[25].

Die menschliche Geschichte also kann gelingen oder auch verfehlt werden. Der Mensch kann mitgehen oder zurückbleiben, zustimmen oder sich verweigern. Es geht um die Ganzheit, die im NT ihren Höhepunkt in Mt 5,48 findet, wo die τελειότης im Unterschied zu Mt 5,20 die bessere Gerechtigkeit umfaßt. Sie ruht nicht in sich selbst, sondern hat teil am Wesen des Vaters, das in Christus zum Ziel gekommen ist. Diese Vollkommenheit ist ein dynamischer Vorgang und lebt von jener Bewegung, die sich als Barmherzigkeit des Vaters auch gegen »die Undankbaren und Bösen« erweist (Lk 6,35). Es geht um ein umfassendes Denken und Handeln, das durch die Gottesgemeinschaft ermöglicht wird. Sie hat darin ihre Besonderheit, daß sie alles auf ein Ziel ausrichtet. Vom Ziel her geschieht eine Relativierung aller

Trübsale, die einem Sinngefüge zugeordnet werden (Röm 5,1ff.). Sie haben sich in einen Verweisungszusammenhang einzufügen und werden so umgewandelt in Geduld, Bewährung und Hoffnung, weil »die in unsere Herzen durch den Heiligen Geist ausgegossene Liebe Gottes« (Röm 5,5) auch das Scheitern noch durchdringt und im Sterben Jesu die menschliche Schwachheit angenommen hat. Wo es um das gegenwärtige Reich Gottes, um seine Nähe und Erfahrbarkeit geht, da macht Christus die Schöpfung sichtbar. Sie kann unbesorgt leben (Mt 6,25). Das Leben des Menschen in seinen physischen und psychischen Bedürfnissen bekommt Wert durch die tägliche Versorgung und Zuwendung. Es ist zu achten auf das Gegenwärtige und auf das Wirkliche. Der weite Raum des Heute kann zur Entdeckung werden. Das Kreatürliche ist da, wenn es um das Reich Gottes geht. Dem leibhaftigen Menschen wird geholfen. Ja, der in Not Geratene erfährt Hilfe. Das ist Gegenwart, und das ist Zukunft.

Die leib-seelische Ganzheit

Die Leiblichkeit hat bei Christus zu ihrem Recht gefunden, weil er die Bedürftigkeit der Menschen ernst genommen hat. So wichtig ist diese Tatsache, daß sie in jedem Evangelium vorkommt: Jesus hat vier- bis fünftausend Menschen gespeist und satt gemacht. Er hat sich den nach Sättigung Hungernden nicht verweigert, sondern gab, wonach sie verlangten. Doch dann, als sie merkten, wie schön es war, satt zu sein, wollten sie ihn greifen und in Besitz nehmen, um ihn zum König zu machen und allezeit dieses Brot zu haben (Joh 6,15.34). Er aber durchschaute ihr Verlangen und entzog sich ihrem Zugriff. »Ihr sucht mich nicht, weil ich Zeichen gesehen, sondern weil ihr vom Brot gegessen habt und satt geworden seid. Mühet euch nicht um die Speise, die vergeht, sondern um die Speise, die ins ewige Leben führt« (Joh 6,27f.). Und dann sagte er von sich selbst: »Ich bin das Brot des Lebens« (Joh 6,48). Sie hätten also mehr begreifen können als die Väter in der Wüste – und haben doch weniger erkannt. Sie blieben fixiert auf ihre oralen Bedürfnisse, anstatt sich einladen zu lassen zur Nachfolge hinter dem vorausgehenden Jesus her. Seine Einladung wollte sie ermutigen zu einem sehr freien und bewegten Leben, das

Bestand hat und nicht vergeht. Es sollte ihren wahren Hunger stillen, wenn sie sich ganz riskierten und ihren Glauben auf den von Gott Gesandten richteten (Joh 6,29). In seinem Wort und Geist werden die Menschen mehr erfahren als Sättigung und Stillung der Bedürfnisse. Vor allem in den Berichten der Krankenheilungen ging es um die Aufrichtung der darniederliegenden Lebensgestalt. Die Kranken empfingen die unverbrüchliche Gemeinschaft, die keinen verlorengehen ließ, sondern jedem ewiges Leben verbürgte. Der biblische Begriff der Ganzheit in der Ebenbildlichkeit ist in seiner Struktur ein dynamischer Begriff. Im AT ist dabei das Element der subjektiven Verantwortung stärker hervorgehoben als im NT, wo die Verheißung aus Zuwendung zum belasteten und kranken Menschen ein besonderes Gewicht hat. Die Ganzheit bleibt Ziel, doch im Vorläufigen fängt sie an. Sie kommt durch die Entlastung auf den Weg und lernt im austauschenden Geschehen, eigene Last abzugeben, und erfährt dadurch Heil, daß Christus den Menschen für eine tragbare Last wieder tragfähiger macht. Nicht das Schwer-Nehmen und Noch-mehr-Nehmen ist zu üben, sondern das Leichter-Nehmen und Weniger-Tragen als ein Akt des Glaubens.

Die exemplarische Christusbotschaft in der seelsorgerlichen Begegnung

In der Seelsorge geht es in erster Linie um den Austausch, den Christus in Gottes Namen anbietet und gewährt. Vor allen anderen sind die dazu eingeladen, die beladen und belastet sind: »Kommt her zu mir, alle ihr Mühseligen und Beladenen, so will ich euch zur Ruhe bringen. Nehmt mein Joch auf euch und lernt von mir, denn ich bin milde und demütigen Herzens. So werdet ihr Ruhe finden für eure Seelen. Denn mein Joch ist gut zu tragen, und meine Last ist leicht« (Mt 11,28-30). Hier geht es um jenes Transzendieren in doppeltem Sinn: als von außen kommende und geschehende Einladung und als ein Überschreiten der engen, menschlichen Begrenztheit und Gehemmtheit. Es ist geradezu ein therapeutisches Programm, wenn hier in »paradoxer Intention« (V.E. Frankl) dem Menschen, der vom Gesetz seines Mühens erschöpft und am Ende ist, die Freiheit der Ruhe angeboten wird. Sie tritt an die Stelle von Hasten und Haschen. Sie nimmt den Belasteten heraus aus rastloser Aktivität und gewährt ihm das »Stillwerden, in dem der Mensch sein Leben als Geschenk Gottes verstehen darf und zum wirklichen Dienst für Gott und seinen Nächsten frei wird«[26]. Darin liegt das Wesentliche der Einladung Christi, daß er Ruhe verspricht, indem er in neue Bewegung versetzt. Er bietet Entspannung an, indem er aufs neue einspannt. Er bietet den Tausch an: menschliche Last gegen seine Aufgabe, das Gesetz der Knechtschaft gegen das Gesetz Christi. Er befreit von der Mühe dessen, was einer hat lernen und erfahren müssen, und eröffnet einen Prozeß neuen Lernens. Was zu lernen ist, sind zwei einfache Dinge:

1. »Denn ich bin milde und demütigen Herzens.« Ziel dieses Lernens also ist es, alles in die erbarmende Zuwendung Jesu Christi zu stellen. Hier werden die gesetzlichen Leistungsforderungen durch sich selbst oder durch andere einer anderen Instanz, der Sichtweise Gottes unterstellt.

2. »Denn mein Joch ist gut zu tragen, und meine Last ist leicht.« Dem niedergedrückten und erschöpften Menschen wird die Aufforderung zuteil, sich einer neuen Beweglichkeit anzuschließen und ihr sich zu öffnen. Es ist eine Beweglichkeit, die aus sich herausgeht und sich nicht zurückzieht und zurückhält. Seinem Zuspruch darf der Mensch zur Verfügung sein und unter seinem zugemessenen Auftrag wieder aufatmen. Nichts ist daran Überforderung. Dieses Joch ist tragbar. Niemand wird unter ihm zusammenbrechen, so wie unter selbst auferlegten Lasten.

Es ist ein ermöglichender Weg, der in jeder Hinsicht seine, des Christus Verheißung hat. Diese Einladung fand in ihm zur exemplarischen Gestalt. Er hat die Kleinen und Unscheinbaren, die vom Gesetz her Strafwürdigen und Angreifbaren, die Gefallenen und Verlorenen damit bedacht. All jenen hat er seine Nähe gewährt, die das Gesetz verstoßen hätte. Ja, gerade zu den Kranken, Gelähmten und Gehemmten ist er gekommen und hat sie in die Mitte genommen (Mk 2,17).

Das im Glauben angenommene Leiden

Als Beispiel für eine begleitende Seelsorge ist der 73. Psalm gewählt, der die Glaubensgeschichte eines Menschen zur Sprache bringt, der sich in seiner Leidenserfahrung nicht ausgeschlossen, sondern von der Heilstreue Gottes umschlossen wußte. Darin wird die schwerste Situation aufgenommen, die einer zu bestehen hatte, über den das Leid uneinsehbar hereingebrochen ist und ihn, der unfähig und untätig sein mußte, den Fähigen und Tätigen gegenübergestellt hat. Dieser Psalm hat sich für die Seelsorge deshalb nahegelegt, weil er vielen Menschen bekannt ist und eine erinnernde Wiederholung finden kann. Vor allem aber sind in ihm auf dem Weg zum vertrauensvollen Bekenntnis (V 23ff.) am Schluß die unterschiedlichen Stationen zugelassen und zur Sprache gebracht worden, die ein depressiver Mensch zu erleiden hat und oft nicht aus-drücken kann: gefährliches Scheitern, schmerzhafte Leiberfahrungen, Überdruß, Neid, Frustration, Aggressionen, quälende Gedanken und die Einsamkeit des Unverstandenen. – Dann aber ist in diesem Psalm die Wendung angedeutet und freigelegt, die nach vollzogenem Ortswechsel zur Gemeinschaft mit Gott und mit den Menschen zum festen Halt im Gegebenen und im Kommenden geführt hat.

Die Form

Der 73. Psalm schien so lange als »Lehrgedicht« gesichert, bis S. Mowinkel, E. Würthwein und A. Ringgren darin ein kultverwurzeltes Lied entdeckten. Sie sahen in V 17 die Begründung. Dafür wäre notwendig in V 1 דישואד zu lesen, was dem parallelismus membrorum aber eindeutig widerspräche. Als das in V 2 genannte Subjekt wurde der König gesehen. Diese Randbeobachtungen können gewiß nicht zum Ausgangspunkt einer Interpretation gemacht werden, die »Schilderung, Bericht und Bekenntnis« (M. Buber) in einer Erfahrungs- und Erkenntnisgeschichte enthalten, von der Kraus zum Ergebnis kam: »Ps 73 ist in erster Linie Erzählung und erst in zweiter Linie Lehre. Das Ineinander von Erlebnis und Lehre müßte demnach besonders beachtet werden.«[27] Dieses Danklied eines einzelnen hat seine deutliche Prägung durch die Weisheitsdichtung erhalten.

Ein geplagter leidender Mensch (V 14) kommt hier zur Sprache. Das Gewicht seiner Klage liegt auf dem Ringen mit dem dunklen Handeln Gottes, das gerade sich dem aufzwingt, der sich mit Ernst und Hingabe an Gott gehalten hat. Die Frage ist unausweichlich, warum die Frevler gedeihen und die Frommen leiden müssen. Hier wird das Hiobproblem als die tiefste Anfechtung des Glaubenden angesprochen. Am Ende aber steht eine nicht geahnte und gekannte Gewißheit, die die Anfechtung durchkämpft und bestanden hatte. In diesem dankbaren Bekenntnis ist gleichzeitig die Mitteilung als Erfahrungswissen an die Gemeinde enthalten, daß das Böse begrenzt, aber die Treu-Erweisungen Gottes unbegrenzt sind. Gleichsam wie die Grundlage, auf der die komplexe Situation des leidenden Beters erst errichtet werden kann, steht über und hinter der Erfahrungsgeschichte des Beters der Anfang in V 1:

Voller Güte ist Gott gegen den Aufrichtigen,
Jahwe gegen die, so reinen Herzens sind.

Was immer jetzt dagegen stehen mag, dieses Bekenntnis der Gemeinde steht thetisch für den leidenden Menschen ein und gibt dem Schweren und Unerträglichen einen Raum.

Der Raum der Klage und der Anklage (V 1–16)

Ich wäre fast gestrauchelt mit meinen Füßen,
mein Tritt wäre beinahe geglitten (V 2).

Es hätte nicht viel gefehlt, daß einer von dem einmal im Vertrauen auf Gott zurückgelegten Weg wieder abgekommen wäre. Was diese unmögliche Möglichkeit für ihn bedeutete, steht wie ein Abgrund hier offen. In einer Wahrhaftigkeit, die sich nicht schont, werden Stimmen und Stimmungen genannt, die einen Menschen fast außer sich geraten ließen, so daß er nicht mehr bei sich selber war. Schmerzen vom Leibe her hatten diesen Beter niedergedrückt. Jeden Morgen waren sie da. Zum Denken unfähig sah er sich »wie ein Tier« (V 22); seine aufgestaute Bitterkeit trat jetzt hervor. Er, der zum Leiden und Tragen und zum Untätigsein verurteilt war, vermochte nur noch zu vergleichen. Sein Blick kannte nur die eine Richtung von ihm zu den anderen, vom Unglück ins scheinbare Glück, vom Überdruß in den Überfluß. Er sah auf die, die anders waren als er; sie schienen keine Rückschläge zu kennen. Ihr unwahrscheinliches Glück kam wohl nur zustande, weil sie sich über alle Schranken des guten Rechtes und der von Gott gegebenen Ordnung hinweggesetzt hatten. »Es ist nicht Neid, was er empfindet, es ist die Eifersucht, daß sie – gerade sie! – von Gott sichtlich bevorzugt sind.«[28] Die Prahlenden machten ihn unsicher. Ganz nahe stand er vor dem Abgrund der »Losigkeiten«: hoffnungslos, glaubenslos, lieblos, gottlos. »Ja, umsonst hielt ich mein Herz rein, wusch ich meine Hände in Unschuld« (V 13).

Doch durch einen Reinigungseid machte der Psalmist deutlich, »daß sein schweres Leiden (V 14) nicht auf eine Verfehlung zurückzuführen ist«[29]. Seine körperliche Qual aber erfuhr er täglich, besonders am Morgen, als eine schwere Züchtigung. Was in V 2 angedeutet ist, das wird danach in Erwägung gezogen:

> Wenn ich erwog: Ich will reden wie diese,
> so hätte ich verraten das Geschlecht deiner Söhne!
> Und ich sann nach, dies zu verstehen –
> es war eine Qual in meinen Augen! (V 15)

Der Psalmist hat damit aufgehört, eine Krankheitsursache zu ergründen. Wohl aber übernahm er Verantwortung für sein gegenwärtiges Tun und bedachte die Folgen eines Glaubensverrates. Damit hätte er auch die ihn tragende Gemeinschaft des Gottesvolkes verlassen und sie aufgekündigt. Daß er sehen konnte, wen er mit seinem Tun getroffen hätte und wem sein Schlag gegolten hätte, das zeigte ihm die Wucht und Gewalt seiner unbändigen aggressiven Kraft an, der er selbst nicht Herr werden konnte. Sein Nachsinnen, das einem Grübelzwang gleichkam, quälte ihn und brachte keine Wende.

Der Raum der Hinwendung

> bis ich kam zum Heiligtum Gottes.
> Erkennen will ich ihr Ende (V 17).

Wiederum trat der Leidende als Handelnder hervor und vollzog einen Ortswechsel. Er überschritt die Schwelle zum Heiligtum Gottes und begab sich damit an den Ort, da die Stimme allein laut wird, die all seine Stimmungen von Leid und Minderwertigkeit durchdringen konnte. Hier lernte er das Letzte vom Vorletzten zu unterscheiden. Er schaute aus nach dem, was wirklich und am Ende prägt. »Im Lichte der Wirklichkeit Gottes wird im tiefsten Sinn des Wortes ›etwas Letztes‹ aufgedeckt – eine Wahrheit, die durch alle Verhüllungen und Widersprüche des Lebens und der Geschichte hindurchbricht.«[30] Während ihm zuvor die »Gesunden« in einem faszinierenden, aller Gotteswirklichkeit hohnsprechenden Lichte erschienen sind, erkannte er jetzt ihre ungeschminkte Realität. Eine Desillusionierung der Gottlosen fand statt. Ihre scheinbare Sicherheit war entlarvt. Plötzlich sah er (V 18–20) die Begrenztheit des Bösen und lernte in der Ohnmacht, mit Gottes Macht zu rechnen. Wie fremd dem Psalmisten diese Erkenntnis war, das ist noch einmal in V 21–22 sichtbar geworden, wo er daran erinnerte, wie er selbst einmal dran war in seiner Erbitterung, die ihn fast verzehrte. Man wird das Sich-Verzehren nicht ohne weiteres als eine suizidale Gefährdung interpretieren dürfen, doch daß hier eine gegen sich selbst gerichtete Kraft umschrieben ist, wird man auch nicht übersehen können.

Der neue Lebensraum

> Und doch – vor dir, bei dir bin ich stets.
> Du hältst mich bei deiner rechten Hand (V 23).

Im Heiligtum erkannte er, der sich verloren und verlassen glaubte, daß Gott ihm seine Achtung und Wertschätzung erweist, »wie sie im altorientalischen Königsritual dem Regenten zukam«[31]. Er wußte sich von Gott an der Hand genommen, geleitet und geführt. Er mußte sein Geschick nicht mehr als von außen bestimmt hinnehmen, um einen Komplex von Minderwertigkeit, Wertlosigkeit, Hoffnungslosigkeit zu fixieren, sondern erkannte in Gott sein Gegenüber, das ihm verdunkelt war.

Ein Mensch ist also am Ziel. Er hat die Mitte gefunden. Er atmet auf. Er ist allein, doch nicht einsam. Er sieht wieder klar und weiß, wo er hingehört. Er hat gelernt, daß er mehr zum Leben braucht, als *man* zum Leben braucht. Er brauchte zum Leben auch, womit er sterben kann. Er hat in Gott seinen festen Halt gewonnen. Mitten in der Haltlosigkeit, die in ihm und um ihn war, hat er sich von ihm erreichen lassen. »Du hältst mich bei deiner rechten Hand.« Das heißt: Nicht ich halte dich, nicht ich suche dich, nicht ich will dich verstehen, sondern du hältst mich, du findest mich, du verstehst mich. Ein tragender Grund und eine bergende Kraft – das ist Gott. Der Mensch ist beschützter, als er weiß. In Gottes Schutz konnte er gegen alle Befürchtungen und Enttäuschungen seine Bleibe finden, denn er ist zuverlässig. Bei allem Wechsel und bei aller Veränderung in der Zeit – diesen festen und einzigen Halt konnte er behalten.

Was für das Leben gilt, gilt auch für das Sterben:
am Ende – Herrlichkeit!
Du nimmst mich an! (V 24)

Wenn einer selbst nichts mehr kann und vermag, dann ist Gott noch am Werk. Er hilft dem Menschen, das Leben festzuhalten und nicht wegzuwerfen, und hilft ihm ebenso, es wieder loszulassen, damit er sich nicht am Leben aufhält. Wenn sich das Leben des Menschen auflöst, löst Gott seine Zusage ein.

Dieser Psalm vermittelt die Erfahrung, daß im Aufenthalt bei Leid und Resignation ein Mensch weder zu sich selbst noch zu den Menschen noch zu Gott fand. Erst der vollzogene Ortswechsel stellte ihn unter Gottes Einfluß. Die Seelsorge schuldet dem depressiven Menschen diesen Zugang. Sie wird ihn nicht dort stehenlassen, wo er sich selbst hinstellt, sondern ihn einladen, jenen Ortswechsel vorzunehmen, der Gottesdienst, persönliche Andacht oder stille Zeit heißt, um das Wort zu hören, das »einen mehr tröstet, als einen seine Mutter tröstet« (Jes 66,13).

Das Liebesgebot als Heilung von Ich-Schwäche und Ich-Haftigkeit

Dort, wo im AT von der Liebe des Menschen zu Gott die Rede ist, ging Gottes Liebe zu den Menschen als seine Rettungstat voraus, die die Gebundenen aus dem Knechtshaus herausgeführt hat (Ex 20,2). In großem Abstand zu dieser Voraussetzung ist danach von der Liebe des Menschen zu Gott die Rede. Sie beantwortet wie in den Heiligkeitsgesetzen (Lev 19,17f.; 19,34 und Dtn 6,4ff.) jene herausführende Tat Gottes und wendet sich schließlich auch den Fremden zu. Diese Nächstenliebe, die gerade auch den Fremdansässigen gilt, ist formal zu bestimmen als Zuwendung zu sich selbst und zum anderen. Sie kann wohl nicht Liebe sein, wenn sie die eine Seite auf Kosten der anderen verstärkt oder verkürzt. Sie wird die Bedürfnisse des einen nicht zu Lasten des anderen stillen, denn »die Besinnung auf die eigenen Wünsche wird zum Antrieb liebevollen Handelns am andern und damit im Blick auf Jahwes Tat an Israel zur Überwindung der Selbstliebe«[32]. Wen Gott geachtet und in seiner »Selbstverpflichtung«[33] angenommen hat, der ist auch der eigenen Selbstachtung wert und fähig.

Im NT wird in der Markusfassung (12,28-34) das erste Gebot, das jeder Jude kannte und täglich wiederholte, mit dem Gebot der Nächstenliebe verbunden. In Mt 22,39 sind das 1. Gebot und das Liebesgebot ausdrücklich als gleichwertig genannt. In Lk 10,27 reiht sie der Evangelist ohne Unterbrechung aneinander. Diese Verklammerung beider Gebote ist aber in Mk 12,31b schon genauso deutlich vorhanden und hat in dem Einssein Gottes seinen umfassenden Ursprung, aus dem Gottes Menschenliebe hervorgeht. Dann ist die Frage auch geklärt, wie das »wie dich selbst« zu verstehen sei. Denn das eigene wie das fremde Leben bekommt seinen Wert und seine Würde durch die vorausgegangene umfassende Liebe Gottes selbst. In diesem Sinne also kann von der Selbstliebe als einem antwortenden Geschehen innerhalb der Gottesbeziehung geredet werden.

Besteht auch die Zuwendung des Depressiven zum anderen in einem zu hohen Maß, so muß als nötige Korrektur die Besinnung auf sich selbst erfolgen. Sie wird in der Entdeckung eigener Wünsche und Bedürfnisse bestehen. Was kann ich selber tun, und worum muß ich einen anderen bitten? Eine einzige konkrete Bitte zu äußern ist schwieriger, als stille und unausgesprochene Erwartungen weiter zu pflegen. Doch Äußerung und Erfüllung eines eigenen Wunsches läßt oft auch das Recht des anderen sehen und damit umgehen. Man wird geradezu von der Balance der Liebe sprechen können, die dem Selbst und dem anderen zugute kommen soll. Es geht dann jeweils um sehr konkrete Dinge, die in dieser Selbst- und Nächstenliebe zur Regelung kommen und entschieden werden sollen. Den anderen nicht sehen zu können, weil sich jemand selbst aus dem Wege ging, oder sich einem anderen versagt zu haben, weil eigene Bedürfnisse verhindert wurden – das stellt den Patienten in den Zusammenhang mit jener austauschenden Seelsorge, die dem Christusruf entsprechen soll (Mt 11,28-30).

Die Eingliederung des Depressiven und die Integration seiner Gaben

F. Riemann schrieb in »Grundformen der Angst« dem gesunden Menschen der depressiven Struktur eine besondere Fähigkeit zur Einfügung in die Gemeinschaft und zum Verständnis für andere Menschen zu. Ebenso fand er bei ihm ein religiöses Interesse, das ihn vor anderen auszeichnet. Es sei besonders »die Erlösungsidee, die Erlösung vom Leiden und die Vergebung der Schuld«, die ihn beeindrukken. Im christlichen Glauben sei die Demut und das läuternde Leiden für ihn von herausragender Bedeutung. Alles, was seine Selbstvergessenheit und Loslösung vom Ich bewirkt, spricht ihn an. In seiner kindlichen Weise würde der Depressive gerne an ein besseres Jenseits glauben, um die Härten in diesem Leben besser ertragen zu können. Deshalb hätten die Erkenntnisse der modernen Naturwissenschaften depressive Menschen am ehesten erschüttert, weil sie nicht imstande seien, das oft einseitig Rationale und Meßbare auch als einen Teilaspekt des Lebens zu verstehen. Gleichzeitig aber würde der Depressive dazu neigen, »Gott und dem Teufel zuviel zu überlassen«[34]. Der gesunde Mensch mit depressiven Seiten wäre in seiner Religiosität aber zu großer »Innigkeit und Tiefe« fähig, weil er den Tod als Erlösung und die Demut des Sterbens begreifen kann. »In der Ethik nimmt er oft Gebote und Verbote zu wörtlich, fühlt sich dadurch überfordert und in seiner Schuldgefühlsbereitschaft bestärkt. Entsagung, Verzicht, Opfer und Askese liegen ihm, können aber auch zu einem Mittel für ihn werden, sich der Welt und der Auseinandersetzung mit ihr zu entziehen.«[35] Diese pauschale Charakterisierung geht auch in der Wiedergabe des persönlichen Glaubens nicht über Allgemeines hinaus: »Er entwickelt oft eine tiefe Frömmigkeit, nicht unbedingt in kirchlichem Sinn, eher als eine Lebensfrömmigkeit, die um unsere Abhängigkeiten und Gefährdungen weiß und trotzdem ›ja‹ sagt zum Leben und es liebt. Ausharren und Ertragenkönnen sind Haupttugenden von ihm ... Sie sind in der Tiefe dankbar für das, was sie haben; was ihnen glückt, schreiben sie weniger sich selbst und ihren Fähigkeiten zu, als daß sie es als Geschenk und Gnade empfinden, so die Demut in echtem Sinn lebend.«[36] Man wird hier wohl eher die Perspektive des Verfassers denn konkrete Äußerungen depressiver Menschen zu erblicken haben. Die Zuwendung zu anderen Menschen und das Dasein für andere wurden weiter oben schon beschrieben. So liegt es nahe, daß jemand mit dieser besonderen Begabung in der Gemeinde auch Aufgaben und Verantwortung wahrnimmt, die nur er sieht und annimmt. Deshalb ist auf die gemeindliche Situation und die Leibgestalt Christi mit ihren unterschiedlichen Funktionen hinzuweisen, die dem depressiven Menschen seine Selbsteinschätzung erleichtern kann, um sich wirklich einordnen zu können.

Das Zusammenwirken verschiedener Gaben

Nach Röm 12,3ff.; 1. Kor 12,1ff. u.a. sind die verschiedenen Gaben zur Funktionsgestalt des Leibes Christi verliehen. Sie sollen gebraucht und zur Verfügung gestellt werden. Sie weisen aber auch auf die Begrenztheit und Konzentrierung auf dieses Eine und Besondere hin. Nach Erschöpfungsdepressionen, die im Zusammenhang mit der Arbeit in der Gemeinde entstanden sind, kam es darauf an, nicht nur eine Entpflichtung, sondern auch eine Reduzierung auf die wirkliche Be-gabung vorzunehmen. Die pathischen Kategorien des Dürfens, Sollens und Könnens zeigen an, was verantwortlich geschehen kann. »Soll gerade ich dies tun?« und: »Soll es überhaupt getan werden?«, »Kann ich es wirklich, und vor allem kann ich es auf meine Weise tun? Und ist es verbunden mit der beschränkten Beauftragung in der konkreten Lebenssituation?«, das sind die Fragen, denen sich der depressive Mensch oft entzieht. Es geht darum, die hohe Verpflichtung und Sollnorm eines zu großen Auftrages zu ersetzen und in einen kleineren treuen Dienst zu überführen. Die Realität des Leibes mit seinen verschiedenen Organen besagt, daß die Bindung und Verbindung zum Ganzen im Vordergrund steht und nicht die Häufung oder Anzahl von Funktionen, die einer allein wahrnehmen kann. Alle Häufungen von Angaben und Pflichten enthalten für den depressiven Menschen eine gefährliche, geistlich wie physisch überbordende Sollnorm, die eines seelsorgerlichen Korrektivs bedarf, das die Last tragbar macht.

Damit ist der Auffassung Sievers' eine andere Wendung und Deutung gegeben, der »deutliche Wechselbeziehungen zwischen Christentum und neurotischer Depression« gesehen hat. Er hat gefordert, daß derjenige, der zu »echter Tugend« bereit ist, gleichzeitig »um seine tatsächlichen Triebwünsche weiß«[37]. Es kommt darauf an, das Wesen der Gemeinde und ihre seelsorgerliche Aufgabe gleichsam als Schutzfunktion vor der Überforderung hervorzuheben, um gerade das »Organische« zu betonen. Eine echte Integration der Gaben wird sich dort erreichen lassen, wo der Begabte sich selbst in Freude und Leid zu erkennen gibt, um dadurch andere teil-nehmen zu lassen und anderen teil-geben zu können wie in einer lebendigen Gemeinschaft (1. Kor 12,26).

Die Wahrnehmung der Not der Angehörigen

Da es sich bei der Krankheit Depression um einen »hochinfektiösen« Vorgang handelt, ist die depressive Mitleidenschaft der Nahestehenden bedingt. Geht es um die Einweisung in eine Klinik, so ist gleichzeitig der diakonische Dienst der Gemeinde in Absprache mit dem Sozialdienst von Krankenhaus oder Gesundheitsamt gefragt. Die Angehörigen haben meist schon eine belastete Zeit hinter sich, nachdem sie von der Krankheit überrascht und von der Erfahrung her ohne Ahnung erschreckt worden sind. Dabei ist die nahe und verständnisvolle Lebensgemeinschaft einer Ehe am meisten betroffen. Der gesunde Partner ist oft darum bemüht, durch seine Einfühlung den anderen zu verstehen. Er vermag sich biographische Erklärungen zurechtzulegen oder unmittelbar vorausgehende, auslösende Faktoren mit der Erkrankung in Zusammenhang zu bringen. Dem »Gefühl der Gefühllosigkeit« steht er aber fassungslos gegenüber. Es kommt alles darauf an, den erkrankten Partner in seine Krankheit hinein freizugeben und selber zu einer realistischen Hilfe fähig zu werden. Die Gefahr freilich bleibt bestehen, daß der gesunde Ehepartner der zu tragenden Belastung nicht gewachsen ist und dies seinerseits zum Zusammenbruch, zu einer Krankheit oder auch zu einer depressiven Reaktion führen kann. Vor allem aber ist der Ausbruch aus der Ehe, nachdem vom Ehepartner die emotionale und sexuelle Gemeinschaft nicht gelebt werden konnte, ein naheliegender Konflikt, der den depressiv erkrankten Partner freilich erst nach seiner Gesundung betrifft und ihn dann in ein erneutes Gefühl der Wertlosigkeit und der Schuld zurückstößt. Hier ist ein ernstes und wichtiges Stück Arbeit für beide zu leisten und dem gesunden Partner auferlegt, Abschied zu nehmen von einer allzu verwöhnenden, allzeit gesicherten und selbstverständlich funktionierenden ehelichen Lebensgemeinschaft. Das einmal gegebene Trauversprechen ist zu erneuern und vermag die beiden Ehepartner in einem tieferen Verständnis einander näherzubringen, um sich in der Treue der guten und der bösen Tage zu bewähren.

Viele der 32 Depressionssymptome, die K.A. Achté zusammengestellt hat, bedeuten auch eine Beziehungsstörung in der Familie: Nachlassen der Energie, Weinerlichkeit, Überdrußgefühle, spürbare Schwankungen der Stimmungslage, erhöhte Reizbarkeit u.a.[38]

Wo immer Familienangehörige in der Lage sind, die nötigen Schritte zur Behandlung einzuleiten, sollten sie dazu ermutigt werden. Wenn der Patient aber zu Hause behandelt werden kann, bedarf es eines selbstverständlichen Beistandes des Mittragens und Begleitens. Da oft genug der Makel einer psychischen Erkrankung Menschen von der Gemeinschaft isoliert, was im ländlichen Raum unter anderen Vorzeichen ebenso drastisch wie im anonymen städtischen Bereich gefährlich sein kann, wird es wichtig sein, zur Familie und zum Patienten hin Kontakt zu halten.

Wo die Möglichkeit besteht, den Angehörigen im Rahmen der Gemeinde ein Zusammenkommen zu verschaffen, sollte dies als Informations- und Erfahrungsaustausch in einem geschützten Raum auch geschehen. Weil Ängste, Schuldinhalte und Selbstmordabsichten die Angehörigen in einsame Betroffenheit bringen, ist es gut, gemeinsame Erfahrungen einander zu erschließen, um aus der Vereinzelung herauszuführen. Die Frage: Warum gerade ich?, die sich der Patient oft stellt, läßt sich auch für seine Angehörigen nur beantworten, wenn die Realität der Betroffenen erfahrbar geworden ist. Da die Gaben der Gemeinde dem Ganzen zugute kommen sollen, kann der Erfahrungshorizont des einzelnen auch zur Ermutigung für andere werden.

In Gruppen psychisch Kranker und ihrer Angehörigen wurde geäußert: »Seit ich mit meiner kranken Frau leben muß, gab es schon viele Krisen. Gleich nach der Hochzeit begann die schwere Depression.

Wie oft stand ich allein. Und die Freunde haben mir geraten, mich von meiner Frau zu trennen. Doch heute nach 15 Jahren weiß ich, daß mich diese Belastung zum Wesentlichen geführt hat. Ich weiß, daß das Leben nicht aus Geld und Besitz und dessen Vermehrung besteht, sondern in der Liebe und einem aufrichtigen Glauben. Ich habe dazu gefunden. Ich habe gelernt, für meine Frau am Morgen den Anfang zu machen und die ersten Stunden am Tag allein zu arbeiten. ›Wenn du anfängst, schaffe ich es auch‹, war ihre Antwort.« (Landwirt, 37 Jahre)

Eine Frau (48 Jahre): »Seit mein Mann erkrankt ist, nehmen wir uns mehr Zeit füreinander. Wir gehen miteinander und reden mehr als zuvor miteinander und sind sehr dankbar dafür.«

»Manchmal kommt es noch, daß ich einfach nicht mehr will. Dann hilft mir schon der gute Blick meiner Frau. Ich muß nichts sagen und erklären. Sie läßt mir Ruhe und schützt mich. Ich falle manchmal von einem Ernst in einen Unernst. Alles Seichte und Dumme ist eine Gefahr. Dann brauche ich den Menschen, der mir etwas Wesentliches sagt. Ich würde gerne viel von der Bibel hören.« (Mann, 74 Jahre)

»Es gab Zeiten, da ist es immer wieder gekommen. Eine Angst, eine unheimliche Angst stieg in mir hoch. Meine Mutter und meine Schwester hatten sich ja schon das Leben genommen, als ich erst 17 Jahre alt war. Doch dann rufe ich meinen Mann an. Er hat mich nie im Stich gelassen und ist immer daraufhin gekommen. Wir gingen zusammen meinen ›Anfechtungsweg‹ über die Wiese bis zum Waldrand. Er sollte mir nur meinen Denk-Spruch sagen: Gott ist unsere Zuversicht. – Aber ich muß dann kämpfen ... Ich will jedem sagen: Kämpfen Sie!« (Frau, 61 Jahre)

Solche Erfahrungen zeigen auch anderen Menschen eine Seite dieses Krankheitsgeschehens, die sie selbst nicht gesehen haben, und verhelfen in einer Gemeinde zu tieferen Kontakten.
Für Kinder und heranwachsende Jugendliche kann die Zeit der Erkrankung eines Elternteils zu einer großen Belastung werden. Der Patient fordert Rücksicht, die er nicht aussprechen, sondern nur lei-

dend, fast erdrückend und erpressend anzeigen kann. Kinder bekommen dann plötzliche Ausbrüche von Wut und Zorn zu spüren. Die Freudlosigkeit herrscht vor, und eine zunehmende Isolierung überträgt sich auf die ganze Familie. Das hypochondrische Klagen hat die anderen mit eingespannt und sie vor allem unsicher gemacht. Daß dieses Milieu einen depressivogenen Einfluß ausübt, erfahren Angehörige immer wieder an sich selbst. Auch sie brauchen Zuwendung und besondere Beachtung in der Zeit der Erkrankung, wenn andere von ihnen abrücken. Schwer ist es, solche Angehörigen zu begleiten, die mit einem Patienten in seiner unheilbaren Altersdepression zusammenleben, deren Sinn und Schwere nicht auszumachen ist. Hier ist eine stabile und geduldige Zuwendung gefordert, die dem Pflegenden Gewähr gibt, daß dieses Leid und Leiden verstanden und begleitet wird. Diese Angehörigen müssen von idealen Vorstellungen loskommen, als müsse der alte Mensch sich mit den Abbauvorgängen stillschweigend abfinden, sich in die Anspruchslosigkeit schicken und sich mit der Beeinträchtigung seiner zwischenmenschlichen Lebensbeziehungen einverstanden erklären. Daß solches aber in der Tat schwer ist, gehört zu den einfühlbaren Anforderungen, die das eigene wie das fremde Leben stellt.

Die Gemeinde als Lebensraum für Trauer und Freude, für Arbeit und Fest – die Möglichkeit für einen bejahenden Rhythmus

In vielen Depressionsbildern kehrt das Arhythmische, Ungefügte und Aus-der-Ordnung-Sein wieder. Was Tellenbach als »Abwandlung des Rhythmischen« bezeichnete, in dessen Gefolge das Schlafen und Wachen, Arbeiten und Ruhen, Essen und Trinken auseinandergefallen ist und seine ganzheitliche Einheit verloren hat, gilt auch für andere Depressionsformen. Wo immer das Rhythmische zum Tragen kommen will, z. B. im Sprechen,[39] in der Musik, im Tanz, vor allem aber in der Tages- und Lebensordnung und auch »im gemeinverbindlichen Rhythmus«[40] des Kirchenjahres, da ist jetzt das arhythmische Sich-auf-der-Stelle-Bewegen vorherrschend. Damit türmt sich ein unübersteigbarer Berg vor dem Menschen auf, der ihn in seiner Massie-

rung niederdrückt. Denn der Rhythmus hat in seiner »ursprünglichen Bedeutung die Ordnung der Bewegung quantifizierend festgelegt«[41]. »Als elementare, gemeinschaftsstiftende Macht hat er für kultische Begehungen und Feste, Arbeit und Spiel, Erziehung und Heilung fundamentale Bedeutung.«[42] Immer wieder erscheint auch das Musik-Hören als etwas schmerzlich Entbehrtes. Mehr aber als das Hören ist das aktive Musizieren, Singen und Sich-im-Rhythmus-Bewegen eine Hilfe. Luther hat es so erfahren: Der böse Geist als ein »geist der traurigkeit, und kan nicht bleiben, wo ein hertz Geistlich frölich ist«[43]. Die Musik soll »excitare tristem animum«[44]. In der zweiten Psalmenvorlesung von 1519/21 ermahnte er die Studenten: »Si tristatur anima tua, incipe iucundam aliquam cantionem... et mox senties levamen...«[45] Deshalb hat das Singen in der Gemeinde, je zugänglicher und verständlicher es geschehen kann, eine wichtige und helfende Funktion und wird darin auch positiv aufgenommen.
Die Entdeckung des Rhythmus bleibt aber auch ein wesentliches Erkenntnis- und Handlungsziel für die Tagesordnung aus der biblischen Grundgestalt des Tages und der Woche heraus. Der neue Tag beginnt in der Bibel nach Sonnenuntergang (Ex 12,18; Lev 23,32). Die Arbeit ist dem Tag vorbehalten (Ps 127,2; 1. Thess 5,7), und die Ruhe ist der Nacht zugewiesen. Der neue Tag beginnt also mit der Ruhe. Dementsprechend beginnt die Woche der Arbeit mit dem Ruhetag am Sabbat und hilft die tiefere Ordnung einzuüben, daß Gott vor das Tun das Empfangen und vor die Arbeit des Menschen das Fest und die Feier der Taten Gottes gesetzt hat.
Auch der Tag selbst hat seine innere Struktur im Tageslauf. »Es ist unserer Seelsorge noch fast unbekannt, geistliche Ratschläge zu geben, Meditationsaufgaben zu stellen, damit der bedrohte Mensch das gefährliche Vakuum, den vom dämonischen Überdruck bedrohten Raum ausfüllen kann.«[46] Manche Patienten haben selbst danach verlangt, ihrem Tag eine geistliche Ordnung zu geben. Einige von ihnen haben besonders das Mittagsgebet gesucht und geübt. Es ist ja in der Regel vom Tagesablauf des depressiven Menschen her eine aufgehellte, aufnahmefähige Phase. In der Frühe schon kommt der Beter zu Wort: »Gott, du bist mein Gott, frühe wache ich zu dir. Es dürstet meine Seele nach dir, mein Fleisch verlangt nach dir in einem trockenen und dürren Lande, da kein Wasser ist.« (Ps 63,2) Oder:

»Der Herr ist mein Licht und mein Heil, vor wem sollte ich mich fürchten? Der Herr ist meines Lebens Zuflucht, vor wem sollte ich erschrecken?« (Ps 27,2) Dabei ist das Gebet nicht als Aufforderung zur Leistung zu begreifen, sondern als Antwort auf Gottes Einladung hin, der sich freut, wenn einer zu ihm hoffend und vertrauend kommt. »Ich hoffe aber darauf, daß du gnädig bist; mein Herz freut sich, daß du so gerne hilfst« (Ps 13,6). Wenn die verschiedenen Tageszeiten durch das Tagzeitengebet wieder ihren Rhythmus bekommen sollen, so bedürfen sie eines gemeinsamen Übens in der Gemeinschaft. Daß aber der Tag am Abend im Dank und in der Bitte um Vergebung seinen Abschluß findet, ist für einen persönlichen Ausdruck geistlicher Ordnung besonders geeignet. Am Abend wird der apostolischen Wendung entsprechend die Möglichkeit zum Innehalten gegeben: »Lasset die Sonne nicht über eurem Zorn untergehen!« (Eph 4,26), denn am Ende des Tages sind in der Regel Gedanken und Kräfte des Depressiven eher zur Verfügung als am Morgen und dürfen das Erlebte bedenken in Dank und Fürbitte. Jetzt ist Gelegenheit gegeben, den Zorn zuzulassen, sich seiner zu erinnern, ihn auszudrükken und ihn zu benennen. Keinesfalls aber ist er zu übersehen oder zu umgehen.

Das Kirchenjahr hat seine besondere Bedeutung, zumal der depressive Mensch den Verlauf des Jahres ohnehin mit eigenen Schwerpunkten versieht. Während das Frühjahr und der späte Herbst, vor allem aber die Weihnachtszeit ihn besonders gefährden, haben in dieser Zeit die Gemeinde und der kirchliche Gottesdienst besondere Höhepunkte. Es wäre ein großer Gewinn, wenn bestimmte Phasen des Kirchenjahres durch eine Vertiefung ins Bewußtsein und damit als Angebot zur persönlichen Bewältigung nahegebracht werden könnten. Man wird es nicht bloß als Säkularisierung der kirchlichen Feste bezeichnen können, wenn zu Ostern und Weihnachten ein besonderer Aufwand an Arbeit und Mühe anfällt. Wohl aber ist es eine Herausforderung an die kirchliche Praxis der Gemeinde, diese Zeiten ganz anders denn als übergroße Aktivierung zu verstehen und sich in der empfangenden Haltung einzuüben. Wenn das Fest der Menschwerdung Gottes als Verpflichtung zur größten Aktivität des Gebens und Spendens verstanden wird, dann reißt es den depressiven Menschen in einen Strudel, der alles in das Gegenteil verkehrt: Das Angebot eines geschenkten und bejahten Lebens wird zum Verbot am eigenen Lebensvollzug, und die Armut des Menschen wird durch einen äußerlich bereitgestellten Reichtum abgelöst. Dies wird mit einem Hinweis von G. Kunze deutlich, der Ostern aus der Fastenzeit hervorgehen sah, die auch eine Zeit der »freilich völlig außerprivaten Trauer«[47] in der Urkirche gewesen ist und auf Tod und Auferstehung zugleich bezogen war. »Der entscheidende Augenblick war es, in dem man von der Trauer über den Tod zur Freude über die Auferstehung überging.«[48] Das wird heute in der Einführung einer Feier der Osternacht in der Gemeinde wieder zum Ausdruck kommen können. Gewiß hat aber die Verkündigung, die im Gemeindegottesdienst und beim besonderen Kasus der Beerdigung geschieht, ihren Auftrag in der stellvertretenden Klage und im Zuspruch des in Christus begründeten Trostes. Eine Hilfestellung vermag die kirchliche Seelsorge dort zu leisten, wo man in der Erschöpfungsdepression gemeinsam nach einer neuen Ordnung des Tagesablaufes sucht. Daß aus Abend und Morgen sich der neue Tag zusammenfügt und mit der rechtzeitigen Ruhe am Abend beginnt, ist der erste Schritt zu einer heilsamen Bejahung dieser Ordnung. Denn zuvor war es nur die Rastlosigkeit eines Mühens, das nichts mehr zuwege brachte und nur noch auf der Stelle trat.

Wann ist die Arbeit niederzulegen, und wie ist der Abend zu feiern? Durch neue aufwühlende Eindrücke und Anstrengungen oder durch ein Lassen, Loslassen und Geschehenlassen?

»Ich stand jeden Morgen um vier Uhr auf, um mit meiner zusätzlichen Arbeit, die man mir übertragen hatte, noch fertig zu werden. Das Essen ließ ich mir in mein Büro bringen. Nebenher konnte ich Gespräche führen und arbeiten. Das Essen wurde mir überhaupt immer lästiger. Die Kinder sah ich nur noch schlafend und war froh, daß dann dort wenigstens Friede war. Als aber meine Frau mir die ersten Vorwürfe machte, daß da nichts mehr geht und der älteste Sohn plötzlich ausgezogen ist, da fingen meine Spannungen an. Jetzt weiß ich, daß ich nur auf Kosten anderer gelebt habe.« (Mann, 46 Jahre)

In jener Situation war es fast unausweichlich, daß eine außereheliche Beziehung eine zusätzliche Konfliktsituation heraufbeschworen hatte. Für den Patienten war es früher einmal wichtig gewesen, in einem

Einverständnis des Glaubens mit seiner Ehefrau zu leben. Doch dies war zerbrochen. An seine Stelle trat eine Flut von Verpflichtungen. Die Krise (ein sog. Nervenzusammenbruch, bei dem sich keine organischen Befunde herausstellten) war vor allem durch das Gespräch mit der sterbenden Mutter ausgelöst worden, was über viele Jahre hin nicht mehr stattgefunden hatte. (»Ich hielt mich nicht für ihren Liebling, denn sie hatte meine Schwester mir immer vorgezogen.«) Das einzige, was der in seinen Plänen und Kräften Gescheiterte jetzt begehrte, war, nach langer Zeit wieder einmal am heiligen Abendmahl teilzunehmen. »Ich erwartete mir davon eine ordnende Kraft.« Alles, was sonst einmal Bedeutung für ihn hatte, Lesen und Musikhören, Wandern und Malen, war ihm abhanden gekommen. Er suchte nach dem Gebet und fand danach auch wieder zur Aufnahme verschütteter Bedürfnisse seiner Lebensentfaltung.

Deshalb besteht eine wesentliche Aufgabe darin, dem depressiven Menschen mit einer ihm gemäßen Übung beizustehen und ihm zurückzugeben, was er jetzt verloren glaubt. F.O. Bollnow hat aufgezeigt, was geschieht, wenn das Üben abhanden gekommen ist und einem ruhelosen Drang zum Neuen Platz machen muß. »Es gilt vielmehr zu erkennen, daß die Übung von den ersten Tagen der Kindheit bis hinein ins höchste Alter wesensmäßig und lebenslang in einer Weise zum Menschen gehört, daß er nur in beständiger Übung sein eigenstes Wesen erfüllen kann.«[49] Es wird nach dem zu fragen sein, was einmal diesen Menschen im Glauben getragen hat und ihm zu eigen war. »Welches Lied hat Sie einmal begleitet? Welcher Vers gab Ihnen Trost? Welches Bibelwort ist Ihnen vertraut, das Sie jetzt wieder aufnehmen möchten?« – »Nur was man schon vorher kennt, kann man üben, und nur darauf bezieht sich das Können.«[50] Es war bei psychogen Depressiven auffallend, daß ganz einfache und vielfach verlegen geäußerte Kurzformen von Strophen und biblischen Versen aus der Erinnerung hervorkamen: Jesu, geh voran; Weil ich Jesu Schäflein bin; Breit' aus die Flügel beide; Gott ist die Liebe, er liebt auch mich; Der Herr ist mein Hirte; Ich bin der Weg und die Wahrheit und das Leben; Siehe, ich bin bei euch, alle Tage bis an der Welt Ende.

Allen Liedern aber, die Worte von Sünde, Tod und Sterben enthielten, wurde Ablehnung und Widerstand entgegengebracht, bis dahin, daß die 5. Bitte im Vaterunser nicht gebetet wurde. Heißt das nicht, daß vor allem die Patienten einer psychogenen Neurose den Glauben in einer Ersatzfunktion des Mütterlich-Beschützenden erlebten und darin ihre passive Sehnsucht ausdrückten, während sie das aktive, verantwortliche Element der lebendigen Auseinandersetzung im Ringen von Unglaube und Glaube unterlassen haben, weil sie sich dabei verloren und verlassen glaubten. Bei einem jungen Mann rief es großes Erstaunen hervor, daß er einsehen konnte, daß Jesus selbst den Menschen mit Ärger und Zorn begegnete und vor allem nur unter Klagen und Schreien sich Gott ganz überlassen konnte.

Während der endogen erkrankte Patient geradezu nach den Stellen des Gerichtes sucht, war bei den psychogen Erkrankten das Umgekehrte zu beobachten: die Flucht vor der Auseinandersetzung hin zu der ersehnten Liebe einer securitas. Der nicht mitgewachsene und gereifte Glaube machte den Eindruck eines transitorischen Objektes, das jetzt aufgegeben und verlassen werden sollte (1. Kor 13,11). Ist das nicht die Grundsituation der Anfechtung, in der lieber einer zurückweicht, als nach vorne in das unbekannte Neuland einer zukünftigen Gotteserfahrung hindurchzustoßen?

Die Sinnhaftigkeit der Depression – die Frage nach dem Sinn als Frage nach Glaube, Liebe und Hoffnung

Die psychotherapeutische Antwort

Am Ende seiner Untersuchung über »Depression und Melancholie« kam R. Bucher zu dem Ergebnis, daß bei der Depression tatsächlich ein Feldwechsel ins Somatische stattfindet. Er wurde ausgelöst durch ein Nicht-angenommen-Sein (Akzeptationsproblematik) und durch eine schwere Kränkung (Denarzissierung). Jeder Mensch besitzt eine endogen verankerte Reaktionsbereitschaft. Der Faktor der Vererbung bedingt letztlich die Auslösung einer Depression und auch ihren Schweregrad. Da es sich um eine tiefe Störung im Ich-Kern handelt und gleichzeitig die Beziehung zur Umwelt nicht mehr realisierbar ist, ordnete Bucher die Melancholie der Psychopathie zu, die bei

L. Szondi schon gleich nach Verwahrlosung und Sucht in der psychopathologischen Einordnung zu stehen kam. Neben der Somatisierung bezeichnete er die »Haltlosigkeit« als Ergebnis der depressiven Abwandlung in der Erkrankung. Da diese Frage nach dem Halt, die Bucher als eine weitgehend ungeklärte Aufgabe der psychopathologischen Forschung bezeichnet hat, immer wieder auftrat, soll eine Antwort versucht werden.[51] Denn auch in der Flucht zu einer frühen Glaubensform liegt das Verlangen nach Annahme, Bejahung und Vertrauen.

Es gehört zum Wesen des kranken Menschen, daß er – wenn Lebenszusammenhang und Sinnkontinuität unterbrochen sind – nach dem Woher und Wohin, nach dem Warum und Wozu fragt. Daß der Sinnfrage eine wesentliche Bedeutung zukommt, hat V.E. Frankl in seinem großen Werk der Logotherapie eröffnet. Wenn nach dem Sinn gefragt wird, »vollzieht sich im Patienten ein Einstellungswandel der ganzen Person, eine ›existentielle Umstellung‹, die ein totales vollmenschliches Geschehen in Gang bringt: Die Suche nach dem gegenwärtigen Sinn«[52].

Es hat zuvor Antworten gegeben, die die Sinnfrage zufriedenstellten. Daß sich jemand in seinem Beruf eingesetzt und seine Pflicht getan, sich für andere und anderes verwendet hatte, seine Ordentlichkeit und Gewissenhaftigkeit bewies, in vielerlei Beziehungen und Bezügen tätig war und sich selber wenig gönnte, das war ein Zustand der relativ fraglosen Sicherheit und Sinnhaftigkeit. Mit der einbrechenden Krankheit und dem Verlust der Durchsetzungskraft ist dieses weite Feld gewohnter und geübter Tätigkeiten zur Frage geworden. Die Sinnfrage vermag den gesamten Lebenszusammenhang einzureißen und aufzulösen und eine Sinnkrise heraufzubeschwören. Görres hat Freuds Antwort auf die Sinnhaftigkeit psychischer Erkrankungen zusammengefaßt und auf den dreifachen Sinn von Krankheitssymptomen hingewiesen: »Symptome sind sinnvoll, wenn sie aus seelischen Ereignissen der Vergangenheit in einer verständlichen Weise hervorgehen. Symptome sind sinnvoll, wenn sie eine dechiffrierbare Bedeutung haben. Symptome sind sinnvoll, wenn sie Produkte einer bewußten oder unbewußten Absicht sind, d.h. wenn sie entstehen oder festgehalten werden um eines Wertes willen.«[53] Hinzu kommt, daß der Patient an einem Widerstand festhält, der einem »inneren und äußeren Krankheitsgewinn« gleichkommt. Er ist in die Krankheit geflohen und kann sich in der Neurose Befriedigung verschaffen. Er sichert sich im neurotischen Krankheitssymptom noch ein »mögliches Existenzoptimum an Lust und Glück«[54]. Die Neurose wird zu einer »höchst sinnvollen Zwischenlösung... Diese neurotische Störung hatte ja einmal einen Sinn, war eine Lösung, ein Rettungsversuch, vielleicht eine Schein- oder Kompromißlösung... Mit der Zeit aber wurde die scheinbare Lösung zu einer Belastung«[55]. Zu einem ähnlichen Ergebnis ist auch C.G. Jung gekommen. Für ihn galt es als sicher, daß der Mensch selbst es ist, der sich den Sinn erschafft. Jung hat die Psyche als ein sich selbst regulierendes System betrachtet. Die psychischen Prozesse folgen dabei dem Prinzip der Kompensation von Bewußtem und Unbewußtem. Sie sind auf das Ziel der Individuation oder die Gewinnung einer neuen Vollständigkeit hin ausgerichtet. Kranksein wäre dann mit Sinnverlust gleichzusetzen, und Gesundwerden würde Sinnfindung bedeuten, die den Sinnverlust der Krankheit wieder aufhebt. Aber: »Eine Neurose ist dann wirklich erledigt, wenn sie das falsch eingestellte Ich erledigt hat. *Nicht sie wird geheilt, sondern sie heilt uns.* Der Mensch ist krank, die Krankheit aber ist der Versuch der Natur, ihn zu heilen.«[56] Im Alter freilich hat Jung sowohl Sinn wie Sinnlosigkeit nebeneinander konstatiert und lediglich eine vage Hoffnung auf Sinn hin noch erkennen können.[57] Demgegenüber hat Frankl die Sinnfrage zur Mitte seiner Therapie, ja zur Aufgabe jedes Menschen gemacht. Ausgehend von der »Grundfeststellung, daß ja unser Leben selber Befragtsein heißt und daß so nach seinem Sinn füglich nicht gefragt werden kann, da dieser Sinn jeweils im Antwortgeben besteht«[58], war für ihn die »Selbst-Transzendenz« der aufgetragene Schritt, für den Kranken ebenso wie für den gesunden Menschen. Das kann dann nur bedeuten, daß es nicht um Selbsterfüllung und Selbstverwirklichung an sich geht, sondern um die Erfüllung von Aufgaben und Forderungen von außen, die der Mensch zu beantworten bereit ist.[59]

Die Antwort der psychosomatischen Medizin

Die psychosomatische Medizin hat diese Sinndeutung von Krankheit weithin übernommen. Dann werden Krankheiten gedeutet als »List der psychischen Natur, in der unbewußte Ziele verwirklicht, ungelebtes Leben verleiblicht, unerkannte Konflikte ausgetragen werden«[60]. Der Kranke ist nicht nur der Erleider, sondern auch der Produzent und Autor seiner Krankheit. Auch das zeitliche Auftreten einer Krankheit ist dann zu beachten, wenn sie oft »wie gerufen« kommt und eine Verweigerung gegen die Anforderungen von außen und von innen bezeugt. Denn »Krankheit ist notwendige Folge einer fürchterlichen Natur, in der es nicht nur ein paradiesisches und biologisches Prinzip der Ordnung, der Harmonie und der gegenseitigen Hilfe, sondern auch ein Prinzip der Unordnung, des Unfriedens, des Hasses und der Zerstörung gibt, nicht nur einen Lebens- sondern auch einen Todestrieb«[61]. Die Krankheit zwingt nicht, aber sie drängt dazu, nach dem Sinn des Daseins zu fragen. Görres nahm eine Antwort der Theologie nach dem Sinn des Lebens und Leidens auf. Ausgehend von der Geschichte des Menschen als Naturgeschichte und seiner eigenen Freiheitsgeschichte, sind Krankheit und Tod durch die Sünde in die Welt gekommen, doch sie sind nicht Symptome »göttlicher Rachsucht, sondern Zeichen jener unendlichen Festigkeit, in der ein Heiliger Gott, der seiner nicht spotten läßt, die Bosheit und den Ungehorsam verwirft. Die frohe Botschaft ist nicht so froh, wie wir sie uns wünschten«[62]. Der gewünschte und illusionär erdachte Gott würde dem Menschen eine viel großzügigere Lösung möglich machen. Doch Krankheit heißt auch Sühne und informiert ein »falsches Bewußtsein« über die Heiligkeit und den Ernst des wirklichen Gottes.[63] Weil diese Welt aber von Anfang an Gottes Setzung ist, kann es nur darum gehen, in allem Leid jenes Vertrauen zu bewahren, das zwar nicht den Sinn erklärt, aber den Glauben behält. Dann sind Lust und Glücksgewinn nicht die Hauptsache des Lebens, sondern daß der Mensch sich bekehre, umkehre und sich ändere und also übereinstimmt mit dem Herrn des Lebens. Zu solchem Einverständnis kann er im Leiden finden.

Auch das Buch Hiob beginnt mit der Erforschung und der Frage nach Ursache und Sinn des Leids. Israel hatte »mit allen Völkern des Altertums die Leiden mit dem Bösen in einen ursächlichen Zusammenhang gebracht. Es war ihm tiefste Überzeugung, daß mit jeder bösen Tat ein Unheil in Lauf kam, das früher oder später auf den Täter zurückwirken mußte«[64]. Dies freilich ist bei Hiob keine stoisch hingenommene Auskunft und Antwort, die ein Verstummen zur Folge hätte, sondern geradezu der Beginn eines kämpfenden Ringens mit Gott selbst. Denn Hiob verweigerte die Anerkennung eines solchen Schuldzusammenhangs, der für ihn dennoch schmerzlich spürbar war (Hiob 16,7f.). Nach all den Antworten und Ratschlägen seiner Freunde trat Hiob allein Gott gegenüber (Hiob 9,32f.). Mit dessen Freiheit und Souveränität setzte er sich auseinander. Er erhoffte eine Rechtsentscheidung und hielt an seiner Gerechtigkeit und »Ganzheit« fest (Hiob 27,5f.). Nach dem Reinigungseid (9,21) käme am Ende Gott selbst als Schuldiger in Frage, und der gerechte Herr stünde vor dem gerechten Knecht zur Verantwortung. Doch so einfach war seine Klage nicht. Er wußte, daß ihn der Schuldspruch Gottes dennoch überholte (Hiob 9,20.30; 14,4; 9,2). So rief er ihn an (16,19-21) und suchte bei ihm nach, daß er sein Recht preisgebe (27,2) und sich als sein Rechtshelfer erweise, dem er trauen wollte. Dieser Glaube kam am deutlichsten in 19,25 zum Ausdruck: »Ich weiß, daß mein Erlöser lebt und mir über dem Staube ein Vertreter entsteht.« An ihm also, den er kurz zuvor (19,6-12) der Gewalt und grundlosen Anfeindung bezichtigte, hielt er um seiner Gerechtigkeit und »Ganzheit« willen fest (Hiob 27,5f.). Hiob appellierte ad Deum contra Deum, ad Deum revelatum contra Deum absconditum.
Die eigentliche Antwort Gottes auf diese Anklage Hiobs erfolgte in Hiob 38ff., wo er ihm, der Gott nur vom Hörensagen her gekannt hatte, das Wunder und Geheimnis seiner Schöpfung vor Augen führte (Hiob 42,5). Das wirklich Überraschende geschah in der Zurechtweisung seiner Freunde (Hiob 42,7). Dort wurde das Reden der Freunde als unwahr bezeichnet, während die streitbare, hadernde und klagende Auseinandersetzung, die der Knecht Hiob geführt hatte, jetzt Recht und Anerkennung erfuhr. Am Schluß blieb also die in Hiob 2,9

schon aufgeworfene Frage nach der Ganzheit mit der umfassenden Antwort an Hiob, daß Gottes Gerechtigkeit seiner ganzen Schöpfung gilt und er sie fürsorgend trägt. »Diese Gerechtigkeit Gottes kann freilich vom Menschen nicht begriffen, sie kann nur angebetet werden.«[65] Die biblische Antwort an Hiob hieß also nicht in erster Linie, eine unüberwindbare Grenze hinzunehmen, sondern aus der Enge seines Leidens hinausgeführt, die Weite einer Geschöpflichkeit zu entdecken, die er, gerade weil er in sich so gefangen war, noch gar nicht sehen konnte. Jetzt aber ist er in der Lage, sie im Glauben als tragfähig und durchwaltet zu erfahren. Diese Sichtweise des Glaubens ist eine wichtige Erweiterung gegenüber aller psychoanalytischen Behandlung: daß der Mensch in seinem Leid ganz ernst genommen und gleichzeitig in einen Raum hineingeführt wird, den er zuvor nicht gesehen hat, doch in der Haltung der Anbetung (Ps 145,7-15) annehmen und anerkennen darf.

Die verbleibende Verantwortung des Patienten

Geht es in der Psychotherapie um die Beantwortung des Selbst- oder auch des Weltbezuges, so hat die Seelsorge ihre weitergehende Aufgabe darin zu sehen, den Menschen in der Verantwortung und Erneuerung der Gottesbeziehung zu stärken. Darin wird der besondere Dienst der Seelsorge zu finden sein, daß sie den Sinn des Leidens zu erarbeiten hilft oder auch, wo dessen Sinn verborgen bleibt, sich der seufzenden Hoffnung (Röm 8,19ff.) nicht verschließt, sondern sie stellvertretend zu bewahren hat. Denn »die unerledigte Frage nach Sinn, Ziel und Hoffnung« (Frankl) liegt den meisten neurotischen Störungen zugrunde. Dabei soll nicht beteuert werden, daß man alles verstehen und begreifen könne. »Melancholische lehren uns, daß sie sich – so paradox es klingen mag – in der stillschweigenden Anerkennung der Unverständlichkeit ihres Zustandes unter Umständen besser verstanden und angenommen wissen als unter der etwas aufdringlichen Beteuerung der Einfühlbarkeit.«[66] Doch auch hier, in diesem schweren Zustand, so fordert Frankl, besteht ein »Rest von Freiheit«, an den appelliert werden soll.[67] Es ist gerade das Menschliche, die eigene und besondere Weise des Erlebens, die Auseinandersetzung des

Menschen mit dem Krankhaften in ihm, daß er trotz der »vitalen Baisse der Melancholie« ansprechbar bleibt. Das vorherrschende Insuffizienzgefühl ist die erlebte »Spannung zwischen dem eigenen Sein und dem eigenen Sollen«[68]. Der Melancholiker hat Angst vor der Zukunft und lebt nicht seine Gegenwart, sondern lebt sein Leben zurück. Seine Grundstimmung ist das Erlebnis des »dies irae in Permanenz«[69]. Dennoch wird er dann erst verstanden, wenn ihm Verantwortung und auch Widerstand zugemutet werden. »Unseres Erachtens kann auch noch der im Sinne einer endogenen Depression leidende Mensch dieser Depression trotzen.«[70] Dem Affekt der Angst und der Trauer des Melancholikers entspricht beim Maniker der Affekt des Übermutes. Während der eine aus der Gegenwart in die Vergangenheit flieht, flieht der andere in die Zukunft. Noch schwerer aber wiegt beim Melancholiker die vitale Entwertung seiner selbst und folgerichtig auch seiner Umwelt. Deshalb geht es zuerst darum, Distanz zu schaffen zwischen dem organisch bedingten Zustand und der psychischen Reaktionsweise des Kranken. Sie entsteht, »indem die Krankheit angenommen wird und der Patient die Depression über sich ergehen läßt«[71]. Diese Krankheit geht vorüber. Wenn das aus innerer Überzeugung mitvollzogen werden kann, wird der Patient schließlich »instandgesetzt werden, seine endogene Depression vorüberziehen zu lassen wie eine Wolke, die zwar die Sonne verdunkeln kann, aber nicht vergessen läßt, daß es trotzdem die Sonne gibt . . .«[72]. Der Patient bleibt in der schweren Zeit der Erkrankung auf seine Verantwortung hin ansprechbar, auch wenn sie noch so eingeschränkt erscheint. Es vollzieht sich schrittweise eine Ablösung »von einem idealen, vielleicht idealisierten Objekt, dem ein ebenso hoch-idealisiertes Selbst entspricht«[73]. Er muß aber lernen, sich mit dem Grau des Alltags zu versöhnen und das »allgemeine Elend anzunehmen. Das vermag man nur, wenn man im Kontext der Liebe . . . die aggressiven, das sind die Todestendenzen, befreit und damit . . . den durch den Objekt-, den Liebesverlust typischen Affektzustand des Schmerzes und somit des ›inständigen Todes‹ tolerabel macht«[74]. Aus der »wiedergewonnenen Eigenverantwortung« (Frankl) heraus ist seine eigene Antwort möglich.

Der seelsorgerliche Beitrag zur Sinnerfahrung

Die psychotherapeutische und psychosomatische Deutung der Sinnfrage bleibt eine Herausforderung auch an die Seelsorge, das biblische Krankheits- und Lebensverständnis immer wieder neu zu bedenken. Nimmt die Seelsorge den Verlauf und den Ernst der Krankheit nicht wahr, so wird sie dem Menschen nicht gerecht. Bleibt sie jedoch darin gefangen, so verschließt sie sich der Sinngewährung durch den richtenden und rettenden Gott. So war gerade am Beispiel Hiobs und vor allem an der Theologie der Anfechtung von Luther das Subjekt-Sein des Menschen betont, der nicht durch fremde Antworten, sondern durch seinen persönlichen Kampf und durch seine eigene Annahme sich selber aussetzte und so aus dem Tal der Enge des Leides sich herausführen ließ. Ja, in der Krise der Krankheit erfährt sich der Mensch zuerst in seiner Begrenztheit und Bedürftigkeit (Mk 2,17). Hiob verstand seine Krankheit als eine Heimsuchung, durch die Gott seinen Glauben stärken wollte (Jak 5,11). Und Paulus sah in dem ihm auferlegten »Pfahl im Fleisch«, um dessen Entfernung er mehrmals gebeten hatte, den Hinweis Gottes, gerade in dieser Schwäche zu bleiben und nicht auf die eigene, sondern auf Gottes Kraft zu setzen (2. Kor 12,7). Ein Zusammenhang von Sünde und Krankheit bleibt im Aufruf zur Umkehr unübersehbar. In der Wirkungsmacht Jesu aber können Leib und Seele ihre Heilung erfahren. Diese Möglichkeit steht im Glauben offen. Als die Jünger jedoch sich der kausalen Diagnose bemächtigen wollten, um die Sünde des Blindgeborenen zu erfahren, da gab ihnen Jesus zur Antwort: »Es hat weder dieser gesündigt, noch seine Eltern« (Joh 9,1-3). Und als er in Lk 13,2-5 gefragt wurde, ob die Galiläer oder die 18 beim Turmunglück Getöteten größere Sünden getan hätten als andere, rief er die Fragenden zur eigenen Umkehr auf. Das ist wohl die biblische Antwort, die gleichzeitig die Freisetzung und Würde des Erkrankten bedeutet: daß der Mensch als das Subjekt seiner Krankheit ernst genommen wird, selbst wieder rufen lernt und die Gerufenen seinem Rufen zu entsprechen wissen (Jak 5,14f.).

Bei der endogenen Depression

Für die Zeit der schweren Erkrankung ist es wichtig, eine gute und zuverlässige Beziehung durchzuhalten. Dies kann durch einen nahen Angehörigen, durch eine Schwester oder einen Pfleger, durch einen Arzt oder einen Seelsorger geschehen. Die Tragfähigkeit in der Seelsorge lebt von der grundlegenden Bejahung des Menschen in Christus und gilt dem Begleiter und dem Hilfesuchenden gleichermaßen. In jeder Phase geht es um drei Entsprechungen, die sich im Dableiben, Aushalten und Bezeugen ausdrücken.

1. Das Beistehen
In der schweren Zeit, da Raum und Zeit geschrumpft sind und die »Losigkeiten« vorherrschen, geht es um das Beistehen in einer ruhenden Festigkeit und um die Zusicherung, daß die Krankheit vorüberzieht. Das aufrichtige Bezeugen der Gegenwart Gottes ist jetzt geboten. Die geistliche Wegzehrung besteht im Darreichen der Einladung, wie sie z.B. Mt 11,28 enthält.

2. Das Mitgehen
Was immer zum Ausdruck kommen will, das soll jetzt seine Gestalt finden und gleichzeitig zu einem austauschenden Geschehen geführt werden. Alles in die erbarmende Zuwendung Christi zu stellen und Milde und Freundlichkeit von ihm zu lernen, das läßt darauf achten, daß Selbstverurteilungstendenzen jetzt aufgehoben werden und keine neuen Kränkungen erfolgen. Eine neue, äußere Ordnung ist zu suchen, um den Tageslauf zu erleichtern. Die guten und die schweren Stunden sind zu beschreiben. Dadurch stellt sich auch ein neuer Rhythmus von Arbeiten und Ruhen, von Schlafen und Wachen ein. Es ist wichtig, von Überforderungen zu entpflichten und vom Unerträglichen zu entlasten.

3. Die Zuwendung zur Lebensgeschichte
Christus ist dem Gekränkten und Verletzten zugewandt. Die Teilnahme an früheren Schmerzen und Kränkungen in der entlastenden

Klage und der belastenden Anklage geben den Weg zur Erinnerung frei. Wichtige Markierungen können sein: die Stellung im Geschwisterkreis; frühe Krankheits- und Einsamkeitserfahrungen; Enttäuschungen bei festlichen Anlässen: Heiliger Abend; Geburtstag; Kommunion; Konfirmation; Hochzeit; erste Begegnungen mit der Wirklichkeit des Glaubens. (Verlusterfahrungen verdienen besondere Beachtung.) Negative Gefühle, vor allem Wut- und Haßimpulse haben den Vorrang. Der Zurückgebliebene ist wichtiger als der Verlorene. Unerlöste Gefühle sind Ausdruck ungelöster Konflikte. Es geht um die Hinführung zur Trauer (d.h. zur Liebe) und zum Fähig-Werden zur Reue (d.h. zur Vergebung).

4. Die Mitfreude an der neuen Selbständigkeit. Das tragbare Joch
Je mehr der depressive Mensch zu seiner Selbständigkeit findet, um so besser läßt sich die seelsorgerliche Begleitung wieder lösen. Sie wird gefördert durch die Mitfreude an der neuen Selbständigkeit. Das von Christus angebotene tragbare Joch ist das Maß. Die Eindeutigkeit von Ja und Nein erschließt einen Raum, der Angst und Stärkung zugleich erfahren läßt. Die Einsicht in die eigene Begrenztheit und die Aussicht auf Gottes Beistand weisen den Weg zu einem ganzheitlichen Leben, das in dankbarer Zustimmung sich äußern will.

Bei psychogenen Depressionen

Weil psychogene Depressionen oft nicht erkannt und behandelt werden, kommt dem seelsorgerlichen Gespräch eine besondere Verantwortung zu. Die Seelsorge wird dafür offen sein, sowohl die Verletzungen aus der Kindheit wie auch aus der Gegenwart, sowohl die Sorgen um die täglichen Verpflichtungen als auch um den zukünftigen Fortgang ganz ernst zu nehmen. Zusammen mit dem leidenden Menschen wird zu begreifen sein, was Vorrang hat. Das Ziel sollte sein, die wirkliche Schwere des Lebens leben zu lassen und seine Spuren nicht zu verschütten. Denn sie führen hin zu Schmerz und Versagung, zu Abschied und Verlust und damit zur Ursache der hohen Verletzlichkeit und Kränkbarkeit. Es geht nicht um das Durchschreiten bestimmter Phasen. Viel eher gleicht das depressive Syndrom einem Kranz, dessen Elemente einzeln zu erfassen sind.

1. Die Beachtung der auslösenden Situation

Im Wahrnehmen und Beachten der eine Depression auslösenden Situation liegt ein Schlüssel für die Richtung der Begleitung. Der vorausgehende Konflikt kann sich in beruflicher, familiärer, alters- oder krankheitsbedingter, aber auch in religiöser und wertbestimmter Hinsicht manifestieren.

Wenn die Krise in die suizidale Gefährdung geführt hat, dann sind zuerst das Suizidthema und die damit verbundenen Vorstellungen offen anzusprechen.

2. Das Bewährte erheben – das Bewahrende bezeugen

Es gilt nach dem zu fragen, was bisher getragen hat, und gemeinsam nach dem zu suchen, was Halt geben und behalten werden kann. Die Anfechtung des Glaubens fordert eine ringende und kämpfende Haltung heraus, um unter dem Nein Gottes sein heimliches Ja zu entdekken.

3. Den dunklen Gefühlen Raum geben

Zögernd geäußerte Gefühle von Wut und Zorn, Schmerz und Enttäuschung dürfen nicht wiederum abgewehrt, sondern sollen jetzt ertragen und ausgehalten werden. Denn solche Gefühle der Sinnlosigkeit, der Leere und des Ausgestoßenseins bestimmten die primäre depressive Situation. Sie mußten aus Verlustangst abgewehrt und durch Allmachtsgefühle ersetzt werden.

4. Der Abschied von Allmachtsansprüchen an sich selbst und an andere

Es geht sowohl um die wirkliche Auseinandersetzung und um das Opfer einer fordernden Person als auch um die Preisgabe der Selbstaufopferung im eigenen Überforderungsgefüge. Ausdrücke wie »man muß«, »man sollte noch viel mehr«, »das bin ich mir einfach schuldig« sind gefährliche Vorsatzformeln dieses depressiven Zustandes.

5. Expression statt Depression
Alles, was zu motorischer und emotionaler Entlastung führt und sich zur eigenen Freude aktivieren läßt, bedarf einer verstärkenden Unterstützung:
Gehen, Wandern, Laufen, Schwimmen, Tanzen, Malen, Musizieren, Singen, Schreiben, Sprechen, Basteln, Gestalten, Klagen, Bitten, Beten. Jede kleine Aktivität ist besser als die große lähmende Passivität.

6. Die Bejahung des minderen Wertes
Im kompensierten Allmachtsgefühl ging die Einschätzung für die realen Möglichkeiten verloren. In der wahrhaftigen Annahme seiner selbst liegt die Erkenntnis der wirklichen Be-gabung.

7. Die Freude an der Wahrnehmung
Dem Gefühl des Ausgeschlossenseins vom Tisch des Lebens und der Unfähigkeit, sich etwas zu holen, tritt die Wahrnehmung alles Lebendigen gegenüber. Vieles wartet darauf, wahr-genommen und in seinem schöpfungsmäßigen Subjekt-Charakter beantwortet zu werden.

8. Die Entdeckung des eigenen Lebensrechtes
Weil Gott das Leben von Anfang an gewollt und geliebt hat, hat es einen Sinn, die eigene Aufgabe zu entdecken und vom Glauben her zu verwirklichen.

9. Schattenanteile dürfen ans Licht treten
Die unerlaubten Gefühle von Haß und Wut, Neid und Rivalität, wie sie in vielen Trauminhalten ins Bewußtsein treten, müssen nicht mehr abgespalten und verbannt werden. Auch in biblischen Gestalten begegnen sie in vielfacher Hinsicht. Sie enthalten das Bedürfnis nach Anerkennung und wirklicher Vergebung.

10. Die Umgestaltung des Tages aus der neuen Einstellung
Die evangelische Grundwahrheit des Glaubens heißt: Die Ruhe steht vor dem Tun, das Empfangen kommt vor dem Geben und das Dürfen vor dem Sollen und Müssen.

11. Das Spiel mit dem Tod beenden

Weil Christus dem Tode die Macht genommen hat, wird die Todesgrenze zum Übergang. Die Bleibe in ihm kann das Spiel mit dem Tod beenden und alle Dinge zu ihm hin lenken und sehen lernen.

12. Die Aussöhnung mit den Grenzen des täglichen Lebens, erfahrbar in den Gegensätzen:

Das Leben ist schön – das Leben ist schrecklich. Das Leben ist behütet – das Leben ist gefährdet.

Die Antwort der Seelsorge
Der Halt in der Haltlosigkeit

»Ich suche einen Halt; ich bin so leer. Es müßte etwas sein, was mit mir geht. Ich könnte nicht sagen, daß Gott mich liebt.« (Mann, 38 Jahre alt, Stg)

Hier ist angezeigt, wie haltlos, leer, einsam und ungeliebt sich ein Mensch fühlte. Nach anderen ihn bedrängenden Nöten war dies seine eigentliche Not, die er nach mehreren Gesprächen erst aussprechen konnte. Dabei hat es einmal eine Zeit in seinem Leben gegeben, da ihm der Glaube ein selbstverständlicher Lebensinhalt war. Seit er aber krank wurde und die anderen Mitpatienten sah, die viel leichter lebten, hat er ihn verloren. Er war als Jüngster von acht Geschwistern aufgewachsen und hatte als einziger in der großen Familie eine eigene Beziehung zum Glauben. Für ihn bedeutete Anfechtung, die Verlusterfahrung des Glaubens erleben zu müssen. Auf der anderen Seite aber suchte er danach, wieder einen festen Halt im Glauben zu finden.

Die personale Glaubensentscheidung in der anhaltenden Christusbegegnung:

Das Aussein auf Glauben

Luther hat gezeigt, daß es im Glauben um das »für mich« persönliche Heilsgeschehen geht, um eine Gewißheit, die in der Anfechtung zu entschwinden droht. Daß Glauben auch ein Kämpfen, Mühen, Laufen und Agieren bedeutet, das hat er am Beispiel der Kanaanäerin

(Mt 15,21-28) deutlich gemacht. Bei ihr fand er »angezeiget die rechtschaffene art des glaubens«. Dieser Glaube kann nicht erkannt noch erspürt werden, »er werde denn versucht und angefochten mit grossen püffen und kempffen«[75]. Diese Frau ist geradezu typisch für alle, die glauben wollen, »denn wie es hie diesem Weibe gehet, also mus es allen gehen, die den glauben haben«[76]. Auf ihren ersten Anruf hin widerfährt ihr die Abweisung. »Damit ist angezeygt, wie unser hertz stehet ynn der anfechtung. Wie sichs fület, so stellet sich hie Christus. Es meynet nicht anders, es sey eytel neyn da und ist doch nicht war. Drumb mus sichs von solchem fülen keren und das tieffe heymliche Ja unter und uber dem Neyn mit festem glauben auff Gotts wort fassen und hallten, wie dis weyblin thut, und Gotte recht geben ynn seynem urteyl uber uns, so haben wyr gewonnen und fangen yhn ynn seynen eygen worten.«[77] Sie hält fest, obwohl sie abgewiesen wird. Es erfolgt keine Flucht in die Einsamkeit und in die Kränkung. Mit einem erneuten Anlauf setzt sie sich ein, um an ihr Ziel zu kommen. Sie bleibt bei dem, was ihr fehlt, und steht zu dem, was sie braucht. Bei ihr vollzieht sich mit jedem Mal ihres Bittens die Veränderung, die sie selbst in jene Demut führt, die am Ende Christus allein recht geben kann, um dann ihre Erhörung zu empfangen (Mt 15,27). Luther hat diese Anfechtung mit derjenigen verglichen, die über einen Menschen kommt, der meint, von der Vorsehung Gottes verworfen zu sein. Doch gerade ihm widerfährt die Kraft des Glaubens. Er hofft auf das, was er nicht sieht. Er setzt auf die Wirklichkeit der Möglichkeit (Hebr 11,1). Er riskiert sich und setzt alles dran. Das ist die überwundene Depression.

Bleibt auch die Antwort der Zuwendung allein der Souveränität Christi überlassen, so hat Gnade doch Antwortcharakter insofern, als sie nicht am Ruf des Glaubenden vorbeigeht, sondern in seine Situation hinein erfolgt. Der Glaube gewinnt persönliche Form und bleibt auf diese Weise lebendig. Ja, jetzt wird der innere Mensch zu Gott hin so geschaffen, daß »sein Sein nicht mehr in sich selbst ruht, sondern außerhalb in Gott«[78]. Er wird beständig zu freier Gewissensentscheidung aufgerufen. »Auch der sich an Gott verlierende Mensch muß sich immer wieder selbständig und frei im Gewissen, das dann mit dem Glauben eins ist, entscheiden.«[79]

Da der Mensch Sünder bleibt und deshalb auch immer des Gesetzes als Mittel der Buße bedarf, steht seine Heiligkeit nicht zu seiner Verfügung. Freilich ist das Wort auch erfahrbar und schenkt innere Erfahrung. »Empfindestu es nicht, so hastu den glauben nit, sonder das wort hanget dir an den oren und schwebt dir auff der zungen, wie der schoum ist auff dem wasser.«[80] Deshalb gilt es in der Anfechtung, sich auf das Verheißungswort außerhalb unserer selbst zu stützen. »Es gehet also zu mit dem glauben, das offt der, so da meinet, er glewbe, nichts uberall glewbe, und widderumb, der da meinet, er glewbe nichts, sondern verzweivele, am aller meisten glewbe.«[81] Darum ist der Glaube das beständige Wagnis einer Möglichkeit von Wirklichkeit, die ganz von sich weg auf das Wort hin sich riskiert. Die Konsequenz für die Seelsorge besteht nicht darin, viele einzelne Sünden zu eruieren, sondern diese Bewegung zu unterstützen und mit der Einladung des Evangeliums zu begleiten, damit der Glaube in seiner Richtung sich bewegen kann.

Das Aussein auf Liebe

Von allen, die sich um eine therapeutische Einstellung zum depressiven Menschen bemüht hatten, wurde eine zuverlässige und verstehende Haltung gefordert. Denn sie entspricht gerade dem Entbehrten und Ersehnten. Sie vermag endlich den ganzen Menschen in seinen negativen und aggressiven Seiten anzunehmen und gewährt ihm, sich selbst auszuhalten. Für Jacobsen erstreckte sich diese zuverlässige Basis, die eine feste Beziehung ermöglicht, über Jahre und Jahrzehnte. Die therapeutische Kur geht über in eine cura animae. Das mag als die Antwort auf die Frage an die Seelsorgepraxis, wie lange ein Mensch zu begleiten sei, viel bedeuten. Die Türe und der Zugang sollten für den Depressiven offenbleiben, ohne ihn in eine erneute Abhängigkeit zu bringen. Dennoch kann die Antwort der Seelsorge sich nicht im menschlichen Angebot des Seelsorgers erschöpfen. Denn die echte Frage des Depressiven an die benötigte und gewährte Liebe war ja die, ob sie ausreichend ist und überhaupt ausreichend sein kann und ob sie in einer menschlichen Antwort hinreichend erfolgen kann. Die gewährte Liebe hat sich ja von den Eltern, vom Partner und vom Mitmenschen her als brüchig erwiesen und wird es auch in ihrer Begrenztheit immer bleiben. Doch jetzt geht es darum, daß die Geschichte, die ein Christ mit seiner Taufe bekommen hat, als die Unverbrüchlichkeit des Gottesbundes mit in sein Leben geht und ihn trägt. Doch das Tragende will behalten sein. Immer wieder ist im Zusammenhang mit der in Christus angebotenen Liebe Gottes die Grundhaltung des Menschen angesprochen.

Nach all den quälenden Schuldgefühlen kann es bei einem Menschen jetzt zu der eigentlichen Schulderfahrung kommen, die präzise und konkret, gewiß schmerzlicher, aber auch tragbarer ist als zuvor.

»Ich kann jetzt Gott an meine verborgenste Wunde heranlassen und meine Bedürftigkeit damit zugeben, um etwas von dem zu erfahren, was Gnade heißt... Daß ich ihrer bedürftig bin, macht mich solidarisch mit allen anderen Menschen und hilft mir, von dem zwar wohlwollenden, aber bei genauer Betrachtung doch von oben herabblikkenden Anschauen der Menschen, denen ich begegne, freizukommen.« (Tb, Mann, 59 Jahre)

Erfährt sich der depressive Mensch, entgegen allen früheren Erfahrungen, dennoch als geliebt und gewollt, so kann er einen neuen »Dialog« beginnen und sich halten lassen. Dies wird sich zeigen im täglichen Umgang mit seiner Sorge und mit seiner Angst wie auch im Empfangen und Geben. Aus der empfangenen Liebe wird eine Liebe des Verstehens, die sich um das Ja und um das Nein müht, weil sie Gnade und Gericht in einem, in Christus selbst erfahren hat.

Das Aussein auf Hoffnung

Die Hoffnungslosigkeit gehört zu den frühen Eigenschaften, die der Depressive sich erworben hat. Bleibt die Antwort der Hoffnung aus, so daß das Kind ins Leere greift und niemand erreicht, an den es sich zuverlässig halten könnte, so kann es keine Hoffnung bereitstellen. Denn Hoffnung besteht auch in der Ermutigung, aus sich herauszugehen, um dem anderen Menschen zu begegnen, auf einen anderen zu warten, um sich an ihm aufzurichten. Wird diese Strebung nicht erwidert, so muß sie sich zurückziehen und fortan zurückgehalten werden. Sie gibt sich im depressiven Haltungsgefüge selbst die Antwort. Dieses besagt, daß es aussichtslos und hoffnungslos ist, sich dem Gegebenen anzuvertrauen. Die Hoffnungslosigkeit, wie sie R.A. Spitz in der Hospitalisierung kleiner Kinder festgestellt hat, bleibt dann zurück und spricht aus großen fragenden Augen. Sie findet sich wieder in der neurotischen Depression, wenn es darum geht, die Endlichkeit zu bejahen und sich von falschen und unerfüllbaren Hoffnungen zu trennen. Wenn Hoffnung im Alter gebraucht und oftmals entbehrt wird, will sie sich auf eine menschlich tragende Verläßlichkeit stützen. Die Ursache dieser Erscheinung liegt wohl in der ständig rückwärtigen Bewegung, die sich dem Zukünftigen nicht öffnen kann und will. »Der neurotisch kranke Mensch beschäftigt sich vorwiegend mit seiner Vergangenheit. Er ist in Gefahr, wie Lots Weib beim Zurückschauen zur Salzsäule zu erstarren.«[82]

Während in der endogenen Depression die Hoffnung schrumpft und fast erstirbt, steht sie jenseits der Erkrankung wieder bereit als ein tragfähiger und sich neu füllender Inhalt des Lebens. Doch wo die erste Beziehungsstörung vorausgegangen ist, da kann sie nur durch ein Heilwerden einer tragfähigen Beziehung zustande kommen. So ist Hoffnung fast synonym mit dem Glauben, der sich als vertrauendes Wagnis riskieren kann. In diesem Sinn konnte Luther mit dem Begriff Hoffnung den Glaubensvorgang beschreiben: »Allein das passive Leben ist ganz rein... Alles muß von uns weggenommen werden, so daß nicht einmal die besten Gaben Gottes, d.h. die Verdienste, übrig bleiben, auf die wir vertrauen könnten, damit die ganz reine Hoffnung sich ganz rein auf Gott richtet (spes purissima in purissimum deum)... In den Stürmen unseres Gewissens und unter den Trümmern unserer Verdienste kämpft die Hoffnung gegen die Verzweiflung, ja fast gegen sich selbst, vielmehr gegen Gott, dessen Zorn sie über sich fühlt... Und doch, wenn der Mensch ausharrt und wider Hoffnung auf Hoffnung hofft, wird er erprobt befunden und in diesem Aufruhr seiner Verdienste entkleidet und in Ewigkeit mit der unzerstörbaren Krone gekrönt werden. Denn Gott ist nicht wirklich erzürnt und will unsere Schulden nicht unvergeben lassen, aber er prüft uns (tentat nos), ob wir mehr auf seine reine Barmherzigkeit als auf unsere Verdienste hoffen.«[83] Das bedeutet für den depressiven Menschen, daß er es als Realität anzunehmen lernt, daß Gott durch die Auferstehung Jesu Christi mit der Taufe seine Hoffnung gerade auf ihn setzt (1. Petr 1,3). Das ist lebendige Wiedergeburt, wenn er sich nicht mehr als hoffnungslosen und unbrauchbaren Menschen sehen muß, sondern als lebendige Hoffnung empfangen darf. Das Gebet kann dazu in Einübung und Erfahrung der Ort sein, an dem die Hoffnung tätig wird. Diese Bewegung kann im Zusammenhang von Lk 11,5-13 stehen, wo aus dem Mangel und der Not heraus zu bitten, zu suchen und zu klopfen aufgefordert wird. Daraufhin läßt Gott nicht das Gegenteil und die Versagung erfolgen, sondern schickt jenen Geist, der die Gaben anzunehmen lernt (Lk 11,13). Hoffnung wird sich also in jener immer neuen Bewegung zeigen, die von ihm her sich zu riskieren lernt, so wie Petrus, der aller Frustration und Erfahrung zum Trotz dem Wort Christi sich anvertraut und sein Netz ausgeworfen hat (Lk 5,5).

Die Seelsorge wird dann ihren Kreisprozeß nachvollziehen, wenn sie vom umfassenden Christus her den Menschen sieht und begleitet und wenn sie gleichzeitig vom Menschen her in der Umfassung Christi ihren Halt bekommt. Sie ist in einer letzten Herausforderung zum Zeugnis der Gegenwart und des Sieges Gottes aufgerufen, obwohl in der »Devitalisierung« und Stagnation des Lebens davon wenig zu spüren, aber alles zu erwarten ist. Diesen Weg mitzugehen und einen Menschen damit nicht alleine, d.h. seinen Kränkungen und seinem Leiden zu überlassen, das ist der Anruf des depressiven Menschen an die kirchliche Seelsorge.

Anmerkungen

Einleitung/Erster Teil

1 Resch, A.: Depression, S. 7; Pöldinger, W.: Umfragen zum Thema »Die Behandlung der Depression in der täglichen Praxis«, S. 123ff. Dagegen stellte Bucher, R.: Depression und Melancholie, S. 15ff., alle Zahlenangaben grundsätzlich in Frage. Für ihn bestand in der »Verleiblichung« der Depressionsformen die Veränderung.

2 Kielholz, P.: Diagnose und Therapie der Depression für den Praktiker, S. 9. Auf die durch die ärztliche Praxis nicht erfaßten Zahlen wiesen u.a. Haase, Irle, Jacobsen hin: Haase, H.J.: Depressionen. Er hat »unter Berücksichtigung der Medikamentenumsätze in der BRD mehr als 95% der verordneten antidepressiv wirkenden Medikamente außerhalb von psychiatrischen Krankenhäusern gefunden«. S. 181. Irle, G.: Depressionen. Er hielt »die Erschöpfungsdepressionen für besonders häufig: Ihre Zahl ist sehr viel höher, als das gemeinhin den Anschein hat, wenn man in die Nervenkliniken sieht. Diese Patienten finden sich in großer Zahl bei den niedergelassenen Nervenärzten und Ärzten für Allgemeinmedizin. Sie finden sich in internistischen Abteilungen und in Sanatorien, in Kurheimen und in Bädern, kurz, diese Krankheitsbilder werden viel öfter verkannt als etwa eine endogene, eine neurotische oder eine Altersdepression.« S. 77. Jacobsen, E.: Depression. Von der psychoanalytischen Praxis ausgehend, stellte J. fest, »daß die depressive Konstitution sehr viel weiter verbreitet ist als die eigentlich klinisch-depressive Erkrankung«. S. 324

3 Häfner, H.: Sind psychische Krankheiten häufiger geworden?, S. 132

4 aaO, S. 120

5 Pflanz, M.: Sozialer Wandel und Krankheit, S. 70ff.

6 Dörner, K. /Plog, U.: Irren ist menschlich, S. 50ff.

7 Barth, K.: Kirchliche Dogmatik III 4, S. 423

8 Johannes vom Kreuz: Dunkle Nacht, 2. Band. Die dunkle Nacht ist »mit ihrer Trockenheit und Leere das Mittel, um Gott und sich selbst kennenzulernen«. S. 57

9 Kretschmer, E., zitiert von Schulte, W., in: Welt des psychisch Kranken, S. 30

10 Freud, S.: Trauer und Melancholie, S. 198

11 aaO, S. 205
12 Schultz-Henke, H.: Der gehemmte Mensch, S. 276
13 Schulte, W.: Das Glaubensleben in der melancholischen Phase. »Auch wäre der Schluß ganz verfehlt, nun etwa bei solchen Kranken die Seelsorge aufzugeben. Der Auftrag dazu verstummt an den Grenzen auch solcher Krankheit trotz aller Hinweise auf manche Blockierung nicht. Nur sollte sie nicht mit dem Anspruch, damit einen medizinischen Heileffekt erzielen zu können, in Tätigkeit gesetzt werden. Hier liegt eine andere Dimension vor...« S. 405
14 Hole, G.: Der Glaube bei Depressiven, S. 29
15 Lenz, H.: Der Wandel des Bildes der Depression, S. 529
16 Weizsäcker, V. v.: Medizin und Seelsorge, S. 120
17 aaO, S. 125
18 Guardini, R.: Vom Sinn der Schwermut, S. 35
19 aaO, S. 48
20 aaO, S. 60
21 Ott, E.: Untersuchung zur geistlichen Dimension der Schwermut, S. 147
22 Weber-Gast, J.: Weil du nicht geflohen bist vor meiner Angst, S. 36
23 aaO, S. 44
24 Muhr, C.: Depressionen, S. 5
25 aaO, S. 172
26 Thurneysen, E.: Seelsorge im Vollzug, S. 95
27 Becker, J.: Handbuch der Seelsorge, S. 433, oder auch Thomas, K.: Handbuch der Selbstmordverhütung, S. 376
28 Uhsadel, W.: Der depressive Mensch in theologischer Sicht, S. 307ff. Daß depressive Menschen besonders häufig zur Seelsorge kommen, haben sowohl Adams als auch Schütz vermerkt. Adams, J.: Befreiende Seelsorge: »Es gibt wohl kein Problem, mit dem der Berater häufiger zu tun hat als Depressionen.« S. 102, Anm. 9. Schütz, W.: Seelsorge: »Depressive, die an sich selbst zweifeln, begegnen dem Seelsorger besonders häufig in seiner Sprechstunde.« S. 197
29 Allwohn, A.: Evangelische Pastoralmedizin, S. 143
30 z.B. Spiegel, Y.: Der Prozeß des Trauerns
31 Tacke, H.: Glaubenshilfe als Lebenshilfe, S. 10
32 aaO, S. 32
33 aaO, S. 89
34 aaO, S. 94
35 aaO, S. 96
36 aaO, S. 101
37 aaO, S. 237
38 aaO, S. 241

39 aaO, S. 243
40 aaO, S. 128
41 aaO, S. 129
42 Adams, J.: Befreiende Seelsorge, S. 4ff.
43 aaO, S. XVII
44 aaO, S. XIX
45 aaO, S. 89
46 aaO, S. 17
47 aaO, S. 33
48 aaO, S. 17
49 aaO, S. 40
50 aaO, S. 40
51 aaO, S. 43
52 aaO, S. 44
53 aaO, S. 86
54 aaO, S. 95
55 aaO, S. 100
56 aaO, S. 102, Ziff. 9
57 Adams, J.: Handbuch der Seelsorge, S. 271
58 dito
59 aaO, S. 272
60 aaO, S. 273
61 aaO, S. 275
62 aaO, S. 278
63 Augsburgische Konfession, S. 56; 63f.
64 Tellenbach, H.: Melancholie, S. 4
65 aaO, S. 5, Hippokrates zitiert nach Hole
66 aaO, S. 7
67 aaO, S. 16f., Hildegard von Bingen zitiert nach Hole
68 aaO, S. 20f., Heinroth zitiert nach Hole
69 aaO, S. 22
70 Schneider, K.: Zur Aufdeckung des Daseins durch die cyclothyme Depression, S. 193f.
71 Hole, G.: Pathologische Versündigungsideen und echte Versündigung bei endogenen, reaktiven und Involutionsdepressionen
72 Schulte, W./Tölle, R.: Psychiatrie, S. 204
73 Pfeiffer, W.M.: Transkulturelle Psychiatrie, S. 37ff.
74 Wyss, D.: Beziehung und Gestalt, S. 347
75 aaO, S. 348f.
76 aaO, S. 357
77 aaO, S. 358

78 aaO, S. 359
79 dito
80 aaO, S. 360
81 dito
82 dito
83 aaO, S. 361
84 aaO, S. 363
85 aaO, S. 364
86 aaO, S. 365
87 aaO, S. 366
88 Kielholz, P.: Diagnose und Therapie, S. 17
89 aaO, S. 21
90 Tellenbach, H.: Melancholie, S. 18
91 Rad, G.v.: Theologie des Alten Testaments, Band 2, S. 115ff.
92 Tellenbach, H.: aaO, S. 20
93 aaO, S. 23
94 Schulte, W.: Nicht-traurig-sein-Können im Kern melancholischen Erlebens, S. 314ff.
95 Tellenbach, H.: aaO, S. 31
96 aaO, S. 27
97 vgl. Kehrer, F.A.: Vom seelischen Altern
98 Tellenbach, H.: aaO, S. 31
99 aaO, S. 35
100 aaO, S. 52f.
101 aaO, S. 53
102 aaO, S. 54
103 aaO, S. 56
104 aaO, S. 65ff.
105 aaO, S. 65
106 aaO, S. 65
107 aaO, S. 69ff.
108 aaO, S. 71ff.
109 aaO, S. 71
110 aaO, S. 74
111 aaO, S. 74 (Zitat von F.J. Ayd)
112 aaO, S. 75 (Zitat von P. Matussek)
113 aaO, S. 75
114 aaO, S. 75ff.
115 aaO, S. 78
116 aaO, S. 81ff.
117 aaO, S. 81

118 aaO, S. 82
119 aaO, S. 84
120 aaO, S. 84ff.
121 aaO, S. 87
122 aaO, S. 88ff.
123 aaO, S. 94
124 aaO, S. 97ff.
125 aaO, S. 102
126 aaO, S. 107ff.
127 aaO, S. 107
128 aaO, S. 110
129 aaO, S. 111
130 aaO, S. 111
131 aaO, S. 121
132 aaO, S. 121
133 aaO, S. 121
134 Zutt, J.: Über Daseinsordnungen, S. 177
135 Tellenbach, H.: aaO, S. 124ff.
136 aaO, S. 124
137 aaO, S. 131
138 aaO, S. 127
139 aaO, S. 128
140 Binswanger, L.: Melancholie und Manie, S. 36
141 Tellenbach, H.: aaO, S. 134
142 aaO, S. 145
143 aaO, S. 148ff.
144 aaO, S. 152
145 aaO, S. 160
146 aaO, S. 166ff.
147 aaO, S. 167
148 aaO, S. 191
149 aaO, S. 191
150 Kielholz, P.: Diagnose und Therapie, S. 37
151 aaO, S. 38
152 dito
153 aaO, S. 40
154 Schulte, W.: Psychotherapeutische Bemühungen bei der Melancholie, S. 21ff.
155 aaO, S. 26
156 dito
157 aaO, S. 27

158 aaO, S. 29
159 aaO, S. 31
160 aaO, S. 32
161 aaO, S. 35
162 Schulte, W./Tölle, R.: Psychiatrie, S. 65
163 Brocher, T.: Psychoanalytische Aspekte der Depression, S. 271
164 Spitz, R.A.: Vom Dialog. Spitz hat den von Freud eingeführten Objektbegriff später abgelöst und ihn durch den des Dialogs ersetzt. Er wollte die Stelle erforschen, an der das Kind beginnt, »das Lebendige vom Nichtbelebten« zu unterscheiden. Das führte ihn gleichzeitig an den Ursprung der Sprache heran. Denn gerade sie fehlt den leblosen Objekten. Die Beziehung zu einem solchen Objekt, das ein Kind etwa als ein weiches Spielzeug besitzt, hat mehrere Funktionen: Es gewinnt Autonomie vom libidinösen Objekt, andererseits kann es damit seine durch Konflikte entstandenen Aggressionen gegen das libidinöse Objekt abführen. S. 16ff.; S. 25ff.
165 Spitz, R.A.: Die Entstehung der ersten Objektbeziehung, S. 55
166 aaO, S. 55
167 Brocher, T.: aaO, S. 271
168 Spitz, R.A.: Vom Dialog, S. 70
169 Erikson, E.H.: Kindheit und Gesellschaft, S. 241
170 Loch, W.: Die Krankheitslehre der Psychoanalyse, S. 85
171 aaO, S. 85
172 Brocher, T.: aaO, S. 272
173 Loch, W.: Krankheitslehre, S. 86
174 vgl. Freud, S.: Das Ich und das Über-Ich (Ich-Ideal), S. 296ff.
175 Loch, W.: aaO, S. 86
175a Freud, S.: Trauer und Melancholie, S. 200
176 Brocher, T.: aaO, S. 273
177 Kuiper, P.C.: Die seelischen Krankheiten des Menschen, S. 228
178 Erikson, E.H.: aaO, S. 268
179 aaO, S. 264
180 aaO, S. 265
181 Kuiper, P.C.: aaO, S. 228
182 aaO, S. 229
183 Brocher, T.: aaO, S. 274
184 aaO, S. 274
185 Kuiper, P.C.: aaO, S. 235
186 Brocher, T.: aaO, S. 276
187 Kuiper, P.C.: aaO, S. 234
188 Jacobsen, E.: Depression. Sie erinnert an dieser Stelle an S. Radó, der

1928 erstmals auf den zweifachen Introjektionsvorgang hingewiesen hatte. Danach wird das gute Objekt ins Über-Ich introjiziert. Von dort aus kämpft es gegen das böse Ich an, in dem die negativen Anteile inkorporiert sind. Jacobsen selbst differenzierte noch mehr und sah die Introjektion der entwerteten schlechten Eltern in der Selbstimago und die aufgewerteten, guten oder schlechten, strafenden Eltern im Über-Ich. »So kann das Kind immer noch die Hoffnung haben, daß es wieder Liebe, Lob und Sicherheit von den strafenden Eltern erhalten wird, während es von den abgewerteten Eltern nichts mehr erwarten kann. Dieser Restitutionsversuch ist allerdings zum Scheitern verurteilt, und die grenzenlose Feindseligkeit kann sich doch gegen das Selbst richten und zur Selbstzerstörung führen.« S. 285

189 Brocher, T.: aaO, S. 278

190 Freud, S.: Trauer und Melancholie, S. 202

191 Brocher, T.: aaO, S. 279

192 aaO, S. 279

193 aaO, S. 281

194 aaO, S. 282

195 aaO, S. 283

196 Fischer, J.: Die Lebensalter der Ehe, S. 55. Fischer hat sich nicht damit begnügt, allein durch die Mutter-Kind-Beziehung den Lebensanfang eines Menschen bestimmt sein zu lassen, sondern beschrieb die eheliche Grundsituation, die gelingen kann, als »Eu-Pareunie« oder aber, wo sie scheitert, als »Dys-Pareunie«. Damit steht der Vater in gleicher Verantwortung. »Das Menschenkind, das gerade in den ersten Lebensjahren so angewiesen ist auf liebende, harmonische Geborgenheit, lebt in wunderbarer Weise fortdauernd auch von diesem Zentrum ehelicher Gemeinschaft, die ihm irgendwann einmal auch biologisch zum Leben verholfen hatte.« S. 59f.

197 Riemann, F.: Grundformen der Angst, S. 59f.

198 aaO, S. 60

199 aaO, S. 61

200 aaO, S. 61

201 aaO, S. 62

202 aaO, S. 100

203 aaO, S. 104

204 Jung, C.G.: Versuch einer Darstellung der psychoanalytischen Theorie, S. 87ff. Gesammelte Werke 4. Band, S. 112ff.

205 ders.: Über die Grundbegriffe der Libidotheorie, Gesammelte Werke, 8. Band, S. 42

206 Dieckmann, U.: Ein archetypischer Aspekt in der auslösenden Situation von Depressiven, S. 99

207 dito
208 aaO, S. 100
209 aaO, S. 101
210 Wilke, H.-J.: Die Bedeutung des Widerstandskonzeptes, S. 291
211 aaO, S. 294
212 Herzog-Dürck, J.: Menschsein als Wagnis, S. 104
213 dito
214 Bitter, W.: Der Verlust der Seele, S. 43
215 Wyss, D.: Beziehung und Gestalt, S. 354
216 aaO, S. 355
217 aaO, S. 355
218 aaO, S. 356
219 Kielholz, P.: Diagnose und Therapie, S. 48
220 aaO, S. 48
221 aaO, S. 49f.
222 aaO, S. 51
223 aaO, S. 55
224 Irle, G.: Depressionen, S. 77
225 Bräutigam, W.: Reaktionen, S. 29
226 Resch, A.: Depressionen, S. 17
227 Kielholz, P.: aaO, S. 56
228 aaO, S. 57
229 aaO, S. 58
230 aaO, S. 59
231 Lewinsohn, P.M. / Libet, J.: Angenehme Ereignisse, Aktivitätspläne und Depression, S. 24
232 aaO, S. 25
233 Jackson, B.: Behandlung der Depression durch Selbstverstärkung, S. 50
234 aaO, S. 54
235 Hoffmann, N.: Bemerkungen zur Zielsetzung und Strategie verhaltenstherapeutisch-kognitiv-orientierter Therapie bei depressiven Reaktionen, S. 276ff.
236 aaO, S. 280
237 aaO, S. 281
238 Steinmeyer, E.-M.: Depression, S. 32ff.
239 Shaw, B.F.: Ein Vergleich von kognitiver und Verhaltenstherapie, S. 240
240 Bucher, R.: aaO, S. 173
241 Weizsäcker, V. v.: Begegnungen und Entscheidungen, S. 24
242 Weizsäcker, V. v.: Medizin und Seelsorge, S. 120
243 aaO, S. 120
244 aaO, S. 120

245 aaO, S. 121
246 aaO, S. 122
247 aaO, S. 123
248 aaO, S. 123
249 aaO, S. 125
250 aaO, S. 125
251 aaO, S. 125
252 Kümmel, W.G.: Römer 7 und das Bild des Menschen, S. 180
253 Weizsäcker, V. v.: aaO, S. 134
254 Weizsäcker, V. v.: Der Gestaltkreis, S. 21
255 Wyss, D.: Die tiefenpsychologischen Schulen, S. 306
256 Weizsäcker, V. v.: Der Gestaltkreis, S. 21
257 aaO, S. 22
258 Wyss, D.: aaO, S. 309 und Weizsäcker, V. v.: Pathosophie, S. 190
259 Weizsäcker, V. v.: Der Gestaltkreis, S. 22 und Arzt und Kranker I., S. 194ff.
260 Weizsäcker, V. v.: Der Gestaltkreis, S. 170
261 aaO, S. 170
262 aaO, S. 173
263 Christian, P.: zitiert aaO, S. 141
264 Weizsäcker, V. v.: Pathosophie, S. 362f.
265 Wyss, D.: aaO, S. 362
266 Weizsäcker, V. v.: Pathosophie, S. 60ff.
267 Wyss, D.: aaO, S. 418
268 aaO, S. 418

Zweiter Teil

1 Seitz, M.: Exemplarische Seelsorge – Begriff, Aufgabe und Methode, S. 111
2 Weizsäcker, V. v.: Begegnung und Entscheidung, S. 168
3 Seitz, M.: Was ist Seelsorge – und wie geschieht sie durch Gemeindeglieder?, S. 73
4 Haenchen, E.: Die Apostelgeschichte, S. 160
5 Hole, G.: Der Glaube bei Depressiven, S. 15ff.
6 aaO, S. 197
7 aaO, S. 197
8 aaO, S. 95
9 aaO, S. 198
10 aaO, S. 198

11 aaO, S. 198 f.
12 aaO, S. 199
13 aaO, S. 199
14 aaO, S. 200
15 aaO, S. 113
16 aaO, S. 201
17 aaO, S. 202
18 aaO, S. 127 und 203
19 aaO, S. 202
20 aaO, S. 203
21 aaO, S. 204
22 aaO, S. 204
23 aaO, S. 205
24 aaO, S. 143
25 aaO, S. 151 (nach A. v. Orelli)
26 aaO, S. 207
27 aaO, S. 207
28 aaO, S. 207
29 aaO, S. 208
30 aaO, S. 208
31 aaO, S. 208
32 aaO, S. 210
33 aaO, S. 213
34 aaO, S. 213
35 aaO, S. 214
36 Schulte, W.: Das Glaubensleben in der melancholischen Phase, S. 406
37 aaO, S. 406
38 aaO, S. 406
39 Gerson, Tauler, v. Staupitz
40 Appel, H.: Anfechtung und Trost im Spätmittelalter und bei Luther, S. 108
41 Luther, M.: WA 2: Ein Sermon von der Betrachtung des heiligen Leidens Christi, S. 136–142
42 Luther, M.: WA 6, S. 104–134
43 Appel, H.: aaO, S. 129
44 Luther, M.: WA 24: »Denn ein solch mensch mus allen dingen gestorben seyn, dem guten und bösen, dem tod und leben, der hell und dem hymel und von hertzen bekennen, das er aus eygnen krefften nichts vermag.« S. 18, 31 ff.
45 Ratschow, C.H.: Der angefochtene Glaube, S. 294
46 aaO, S. 294

47 Holl, K.: Bd. 1, S. 383
48 Brecht, M.: Martin Luther, S. 56
49 aaO, S. 88
50 aaO, S. 91
51 Bainton, R.: Martin Luther, S. 325
52 Holl, K.: aaO, S. 408
53 Luther, M.: WA 44, S. 91–116. Luther hat in seiner Auslegung zu 1. Mose 32 erkannt, daß zwischen dem Gebet des Jakob 10-13 und dem Kampf mit dem Unbekannten ein Zusammenhang besteht in 29. Jakob kämpfte gegen Gott selbst, nicht gegen einen Engel oder Teufel, weil er ihm in feindseliger Gestalt erschien.
54 Seitz, M.: Die Predigt bei der Taufe, S. 49ff.
55 WA TR I, S. 64,1ff.
56 Beintker, H.: S. 98
57 aaO, S. 96
58 aaO, S. 98
59 aaO, S. 98
60 Schumann, F.-K.: Wort und Gestalt, S. 132
61 WA 5, S. 626,4
62 WA TR I, S. 49f.
63 Loewenich, W. v.: Luthers Theologia crucis, S. 202 und S. 209
64 WA 5, S. 270, 17ff.
65 Beintker, H.: aaO, S. 172
66 WA 5, S. 253,10ff.
67 Bornkamm, H.: Gestalt und Wirkungen, S. 22
68 Lowen, A.: Depression, S. 23
69 Loch, W.: Grundriß der psychoanalytischen Theorie, S. 36
70 aaO, S. 37
71 aaO, S. 188
72 aaO, S. 188
73 Kohut, H.: Narzißmus, S. 66
74 Kutter, P.: Psychiatrische Krankheitsbilder, S. 191
75 aaO, S. 204
76 Kohut, H.: aaO, S. 129ff.
77 Schultz-Henke, H.: Der gehemmte Mensch, S. 281
78 Tournier, P.: Echtes und falsches Schuldgefühl, S. 106ff.
79 Sievers, E.-F.: Bilder der Neurose heute, S. 60
80 Jacobsen, E.: Depression, S. 120,7
81 Abraham, K.: Versuch einer Entwicklungsgeschichte der Libido aufgrund der Psychoanalyse seelischer Störungen, S. 146
82 Freud, S.: Das Ich und das Es, S. 296ff.

83 Bucher, R.: Depression und Melancholie, S. 82
84 aaO, S. 83
85 Kielholz, P.: Diagnose, S. 45
86 aaO, S. 45f.
87 Kutter, P.: aaO, S. 206
88 aaO, S. 206
89 Jörns, K.-P.: Nicht leben und nicht sterben können, S. 145
90 Freud, S.: Trauer und Melancholie, S. 205
91 Kümmel, W.: Melancholie und die Macht der Musik, S. 189ff.
92 Westermann, C.: Tausend Jahre und ein Tag, S. 119
93 aaO, S. 119
94 Kutter, P.: aaO, S. 208
95 Klein, M.: Die Trauer, S. 73
96 Kraepelin, E.: Psychiatrie, S. 1266
97 Bleuler, E.: Lehrbuch der Psychiatrie, S. 414
98 Schmid, K.: zitiert bei Hole, G.: Glaube bei Depressiven, S. 50
99 Hole, G.: Glaube bei Depressiven, S. 165
100 Haefner, H.: Schulderleben und Gewissen, S. 29
101 aaO, S. 35
102 aaO, S. 134
103 Freud, S.: Trauer und Melancholie, S. 198f.
104 Jacobsen, E.: Depression, S. 113
105 Freud, S.: aaO, S. 198f.
106 aaO, S. 200
107 aaO, S. 200
108 aaO, S. 201
109 aaO, S. 202
110 Jacobsen, E.: aaO, S. 112
111 aaO, S. 114
112 Wilke, H.J.: Die Bedeutung des Widerstandskonzeptes, S. 287
113 WA 20, S. 380,9f.
114 Bayer, O.: Erhörte Klage, S. 251–259
115 Kast, V.: Trauern, S. 82

Dritter Teil

1 Thurneysen, E.: Rechtfertigung und Seelsorge, S. 207
2 aaO, S. 207
3 aaO, S. 209
4 aaO, S. 209

5 Weizsäcker, V. v.: Diesseits und Jenseits der Medizin, S. 117
6 Westermann, C.: Heil und Heilung, S. 2
7 aaO, S. 6
8 Rad, M.v.: Anthropologie als Thema von psychosomatischer Medizin und Seelsorge, S. 102
9 Piper, H.-Ch.: Das Menschenbild in der Seelsorge, S. 387
10 aaO, S. 386
11 aaO, S. 393
12 Bohren, R.: Prophetie und Seelsorge, S. 223
13 Neidhart, W./Ott, H.: Krone der Schöpfung?, S. 23
14 Rössler, D.: Der »ganze« Mensch, S. 56
15 Thurneysen, E.: Die Lehre von der Seelsorge, S. 126
16 Rössler, D.: aaO, S. 59
17 aaO, S. 54 und S. 60
18 aaO, S. 60
19 aaO, S. 61
20 aaO, S. 63
21 Thurneysen, E.: Die Lehre von der Seelsorge, S. 100ff.; Seitz, M.: Was ist Seelsorge – und wie geschieht sie durch Gemeindeglieder?; in: Praxis des Glaubens, S. 73ff. M. Seitz gibt 4 anthropologische Grundrichtungen an, in denen sich die menschliche Beziehungsfähigkeit ausformen soll: auf das Du Gottes hin, auf das Du des Menschen hin, auf die Sach- und Werkwelt hin – und auf sich selbst hin. Tritt in einer dieser Beziehungen eine Störung auf, so sind auch die anderen mitbetroffen. S. 76f.; Klostermann, F.: Gemeinde – Kirche der Zukunft, Bd 1, S. 55ff.; Tacke, H.: Glaubenshilfe als Lebenshilfe, S. 137ff.; Bohren, R.: Vom Heiligen Geist, S. 89
22 Seitz, M.: aaO, S. 76
23 Koch, K.: in: Theol. Handwörterbuch zum AT, S. 1047
24 aaO, S. 1047f.
25 Rad, G. v.: Weisheit in Israel, S. 171
26 Schweizer, E.: Das Evangelium nach Matthäus, S. 178
27 Kraus, H.-J.: Psalmen, 1. Teilband, S. 171
28 Buber, M.: Recht und Unrecht, S. 975
29 Kraus, H.-J.: aaO, S. 507
30 aaO, S. 507f.
31 aaO, S. 509
32 Wolff, H.W.: Anthropologie des Alten Testaments, S. 276
33 Kutsch, E.: Verheißung und Gesetz, S. 102ff.
34 Riemann, F.: Grundformen der Angst, S. 102
35 aaO, S. 102f.

36 aaO, S. 104
37 Sievers, E.-F.: Bilder der Neurose heute, S. 60
38 Achté, K.A.: Beziehung zwischen Depression und Soma, S. 295
39 Georgiades, T.: Musik und Sprache, S. 55: »Jedes Wort verlangt gebieterisch, daß es mit seinem ihm eigenen, durch die Bedeutung bedingten Nachdruck erklingt.«
40 Kalb, F.: Grundriß der Liturgik, S. 76
41 Georgiades, T.: Der griechische Rhythmus, S. 19
42 Brockhaus – Riemann: Musiklexikon, S. 394
43 Luther, M.: WA 54, S. 34,6ff.
44 Luther, M.: WA 3, S. 40,15f.: »excitare tristem, pigrum et stupidum animum«.
45 Luther, M.: WA 5, S. 182,19f.
46 Goltzen, H.: Der tägliche Gottesdienst, S. 290
47 Kunze, H.: Die gottesdienstliche Zeit, S. 451
48 aaO, S. 451
49 Bollnow, O.F.: Vom Geist des Übens, S. 19
50 aaO, S. 49
51 Bucher, R.: Depression und Melancholie, S. 178
52 Böschemeyer, U.: Die Sinnfrage in Psychotherapie und Theologie, S. 118
53 Görres, A.: Kennt die Psychologie den Menschen?, S. 152
54 aaO, S. 155
55 Schulte, W.: Studien zur heutigen Psychotherapie, S. 20
56 Jung, C.G.: Zur gegenwärtigen Lage der Psychotherapie, S. 195, Gesammelte Werke, 10. Band
57 Jung, C.G.: Erinnerungen, Träume, Gedanken, S. 360
58 Frankl, V.E.: Die Sinnfrage in der Psychotherapie, S. 123
59 Frankl, V.E.: Der Mensch auf der Suche nach dem Sinn, S. 75
60 Görres, A.: aaO, S. 155
61 aaO, S. 159
62 aaO, S. 162
63 aaO, S. 163
64 Rad, G. v.: Theologie des Alten Testaments, Band 1, S. 409
65 aaO, S. 415
66 Schulte, W.: Studien zur heutigen Psychotherapie, S. 35f.
67 Frankl, V.E.: Ärztliche Seelsorge, S. 218
68 aaO, S. 206
69 aaO, S. 208
70 Frankl, V.E.: Der Mensch auf der Suche nach Sinn, S. 103
71 Frankl, V.E.: Psychotherapie in der Praxis, S. 218
72 aaO, S. 222

73 Loch, W.: Über zwei mögliche Ansätze psychoanalytischer Therapie bei depressiven Zustandsbildern, S. 134
74 aaO, S. 134
75 Luther, M.: WA 21, S. 107,20ff.
76 Luther, M.: aaO, S. 116,31ff.
77 Luther, M.: WA 17, II, S. 203,29ff.
78 Bornkamm, H.: Luther, Gestalt und Wirkungen, S. 198
79 aaO, S. 199
80 Luther, M.: WA 10, I.2, S. 336,11ff.
81 Luther, M.: WA 26, S. 155,19ff.
82 Kühnle, M.: Der neurotische Mensch, S. 204
83 Luther, M.: WA 5, S. 180 zu Ps 5,12, zitiert in: Bornkamm, H.: aaO, S. 142

Literaturverzeichnis

Abraham, Karl: Psychoanalytische Studien zur Charakterbildung und andere Schriften, Frankfurt a.M. 1969; hrsg. v. J. Cremerius; daraus: Untersuchungen über die früheste prägenitale Entwicklungsstufe der Libido, S. 84ff.; Psychoanalytische Studien zur Charakterbildung, S.184ff.; Versuch einer Entwicklungsgeschichte der Libido aufgrund der Psychoanalyse seelischer Störungen, S. 113ff.

Achté, K.A.: Beziehungen zwischen Depression und Soma, in: Die Depression in der täglichen Praxis, hrsg. v. P. Kielholz, Bern–Stuttgart–Wien 1974, S. 292ff.

Adams, Jay E.: Befreiende Seelsorge. Theorie und Praxis einer biblischen Lebensberatung, Wuppertal 1977[4]

ders.: Handbuch für Seelsorge, Gießen 1976

Allwohn, Adolf: Evangelische Pastoralmedizin, Stuttgart 1970

Appel, Helmut: Anfechtung und Trost im Spätmittelalter und bei Luther, in: Schriften des Vereins für Reformationsgeschichte, Jahrgang 55, Heft 2 Nr. 164, 1938

Bainton, Roland: Martin Luther, Göttingen 1980[7]

Barth, Karl: Die Lehre von der Schöpfung, Vierter Teil, Zollikon–Zürich 1951, in: Kirchliche Dogmatik III,4

Bayer, Oswald: Erhörte Klage, in: Neue Zeitschrift für Systematische Theologie und Religionsphilosophie, 25/1983, Heft 3, S. 259ff.

Beck, Aaron T.: Depression, Philadelphia 1972

Becker, Ingeborg (Hg.): Handbuch der Seelsorge, Berlin 1983[2]

Die Bekenntnisschriften der evangelisch-lutherischen Kirche. Hrsg. vom Dt. Evang. Kirchenausschuß im Gedenkjahr der Augsburg. Konfession 1930, Göttingen 1976[7]

Beintker, Horst: Die Überwindung der Anfechtung bei Luther, Berlin 1954

Binswanger, Ludwig: Melancholie und Manie, Pfullingen 1960

Birkmayer, Walther: Depression – Biochemie, Klinik, Therapie, Köln 1977

Bitter, Wilhelm: Der Verlust der Seele, Freiburg 1973[3]

ders.: Die Angstneurose, München 1971

ders. (Hg.): Angst und Schuld in theologischer und psychotherapeutischer Sicht, Stuttgart 1971[5]

Bleuler, Eugen: Lehrbuch der Psychiatrie, umgearbeitet von Manfred Bleuler, Berlin–Heidelberg–New York 1966[10]
Böschemeyer, Uwe: Die Sinnfrage in Psychotherapie und Theologie, Berlin–New York 1977
Bohren, Rudolf: Prophetie und Seelsorge. Eduard Thurneysen, Neukirchen–Vluyn 1982
ders.: Vom Heiligen Geist. 5 Betrachtungen, München 1981
Bollnow, Otto-Friedrich: Vom Geist des Übens, Freiburg 1978
Bornkamm, Heinrich: Luther, Gestalt und Wirkungen, Gütersloh 1975
ders.: Martin Luther in der Mitte seines Lebens, Göttingen 1979
Bowlby, John: Das Glück und die Trauer, Stuttgart 1980
Bräutigam, Walter/Christian, Paul: Psychosomatische Medizin. Ein kurzgefaßtes Lehrbuch für Studenten und Ärzte, Stuttgart 1973
Brecht, Martin: Martin Luther. Sein Weg zur Reformation. 1483–1521, Stuttgart 1981
Brocher, Tobias: Psychoanalytische Aspekte der Depression, in: Wege zum Menschen, 1966, S. 267ff.
Buber, Martin: Recht und Unrecht. Deutung einiger Psalmen, in: Werke 2. Bd, S. 951ff.
Bucher, Richard: Depression und Melancholie, Bern–Stuttgart–Wien 1977

Dieckmann, U.: Ein archetypischer Aspekt in der auslösenden Situation von Depressiven, in: Analytische Psychologie, Nr. 2
Ditfurth, Hoimar von: Die Endogene Depression als Folge der Störung einer vegetativen Beziehung zur Umwelt, München
Dörner, Klaus/Plog, Ursula: Irren ist menschlich oder Lehrbuch der Psychiatrie/Psychotherapie, Rehberg-Loccum 1982[6]
Dührssen, Annemarie: Psychogene Erkrankungen bei Kindern und Jugendlichen, Göttingen 1972[9]

Erikson, Erik H.: Der junge Mann Luther, Reinbek 1970
ders.: Kindheit und Gesellschaft, Stuttgart 1974[5]

Fischer, Jochen: Ehe und Elternschaft, Band I, Hamburg 1956
ders.: Die Lebensalter der Ehe, Band II, Hamburg 1957
Frankl, Viktor E.: Ärztliche Seelsorge, München 1980
ders.: Der Mensch auf der Suche nach Sinn, Freiburg 1973[3]
ders.: Die Sinnfrage in der Psychotherapie, München 1981
ders.: Psychotherapie in der Praxis, Wien 1975[3]
Freud, Sigmund: Studienausgabe, Band I–X, 4. korrigierte Auflage, Frankfurt a.M. 1969–1975; besonders aus: Bd III, Formulierungen über die zwei Prinzipien des seelischen Geschehens, S. 13ff.

Gebsattel, Victor Emil von: Prolegomena zu einer medizinischen Anthropologie, Berlin–Göttingen–Heidelberg 1954
ders.: Das Ich und das Es, S. 273ff.
ders.: Das Ich und das Über-Ich (Ichideal), S. 296ff.
ders.: Trauer und Melancholie, S. 193ff.
Georgiades, Thrasybulos: Der griechische Rhythmus, Hamburg 1949
ders.: Musik und Sprache, Berlin–Göttingen–Heidelberg 1954
Görres, Albert: Kennt die Psychologie den Menschen?, München–Zürich 1978
ders.: Vorwort, in: Schottlaender, F.: Das Ich und seine Welt, Stuttgart 1959
Goldmann-Posch, Ursula: Tagebuch einer Depressiven, München 1985
Goltzen, Herbert: Der tägliche Gottesdienst, in: Leiturgia III, Kassel 1956, S. 99ff.
Guardini, Romano: Die Lebensalter, Würzburg 1963[7]
ders.: Vom Sinn der Schwermut, 1928, Neue Auflage Zürich 1968

Haase, Hans-Joachim: Depressionen – Entstehung – Erscheinung – Behandlung, Stuttgart–New York 1976
Häfner, Heinz: Schulderleben und Gewissen, Stuttgart 1956
ders.: Sind psychische Krankheiten häufiger geworden?, in: Der Nervenarzt 56/3 1985, S. 120–133
Haenchen, Ernst: Die Apostelgeschichte, in: Meyers Kommentar, 12. neu bearbeitete Auflage, Göttingen 1959
Harsch, Helmut: Das Schuldproblem in Theologie und Tiefenpsychologie, Heidelberg 1965
Hennig, Gerhard: Stärkt die Seelen! Grundlinien evangelischer Seelsorge und Seelsorgeausbildung, Stuttgart 1981
Henseller, Heinz: Narzißtische Krisen – Zur Psychodynamik des Selbstmords, Hamburg 1974
Herzog-Dürck, Johanna: Menschsein als Wagnis. Neurose und Heilung im Sinne einer personalen Psychotherapie, Stuttgart 1960
Hippius, H./Selbach, H.: Das depressive Syndrom, München–Berlin–Wien 1969
Hoffmann, Nicolas: Bemerkungen zur Zielsetzung und Strategie verhaltenstherapeutisch-kognitiv orientierter Therapie bei depressiven Reaktionen, in: Verhaltensmodifikation bei Depressionen, hrsg. v. R. de Jong/N. Hoffmann/M. Linden, München–Wien–Baltimore 1980, S. 276ff.
Hole, Günter: Der Glaube bei Depressiven, Stuttgart 1977
ders.: Pathologische Versündigungsideen und echte Versündigung bei endogenen, reaktiven und Involutionsdepressionen, Diss. Bonn 1962
Holl, Karl: Gesammelte Aufsätze zur Kirchengeschichte, Bd. I, Tübingen 1932[6]

Horney, Karen: Der neurotische Mensch unserer Zeit, Stuttgart 1951
Horst, Friedrich: Hiob, 1. Teilband, Bd XVI/1, in Bibl. Kommentar, Neukirchen-Vluyn 1968

Irle, Gerhard: Depressionen. Menschen in seelischer Not, Stuttgart 1974 (Maßstäbe des Menschlichen, Bd 6)

Jackson, Barry: Behandlung der Depression durch Selbstverstärkung, in: Jong, R. de/Hoffmann, N./Linden, M.: Verhaltensmodifikation bei Depressionen, S. 47ff.
Jacobsen, Edith: Depression, Frankfurt a.M. 1977
Jörns, Klaus-Peter: Nicht leben und nicht sterben können, Göttingen 1986[2]
Johannes vom Kreuz: Dunkle Nacht, 2. Bd, München 1970
Jong, Renate de/Hoffmann, Nicolas/Linden, Michael (Hg.): Verhaltensmodifikation bei Depressionen, München–Wien–Baltimore 1980
Jung, Carl Gustav: Erinnerungen, Träume, Gedanken. Aufgezeichnet und hrsg. von A. Jaffe, Zürich 1962
ders.: Gesammelte Werke: Freud und die Psychoanalyse, 4. Bd, Olten 1971; Symbole der Wandlung, 5. Bd, Olten 1973; Die Dynamik des Unbewußten, 8. Bd, Olten 1971; Zivilisation im Übergang, 10. Bd, Olten 1974

Kalb, Friedrich: Grundriß der Liturgik, München 1982[2]
Kast, Verena: Trauern, Stuttgart 1982
Kehrer, F.A.: Vom seelischen Altern, Münster 1952
Kielholz, Paul (Hg.): Diagnose und Therapie der Depressionen für den Praktiker, 3. vollständig überarbeitete Auflage, München 1971
ders.: Die Depression in der täglichen Praxis, Bern–Stuttgart–Wien 1974
Klein, Melanie: Die Trauer und ihre Beziehungen zu manisch-depressiven Zuständen, in: Das Seelenleben des Kleinkindes und andere Beiträge zur Psychoanalyse, hrsg. v. A. Thorner, Stuttgart 1962
Kleinknecht, Hermann: Artikel πνευμα, in: Theologisches Wörterbuch zum Neuen Testament, Bd 6, S. 330ff., Stuttgart 1959
Klostermann, Ferdinand: Gemeinde – Kirche der Zukunft, 2 Bände, Freiburg–Basel–Wien 1974
Koch, Klaus: Artikel tmm in: Theologisches Handwörterbuch zum Alten Testament, Bd II, S. 1047f., hrsg. von E. Jenni unter Mitarbeit von C. Westermann, München–Zürich 1976
Kohut, Heinz: Narzißmus, Frankfurt a.M. 1974
Kraus, A.: Melancholiker und Rollenidentität, in: Melancholie in Forschung, Klinik und Behandlung, Stuttgart 1969, S. 141ff.
Kraus, Hans-Joachim: Psalmen, 1. Teilband, Neukirchen-Vluyn 1960

Kühnle, Margot: Im Kampf mit der Neurose, Stuttgart 1957

Kümmel, Werner: Melancholie und die Macht der Musik. Die Krankheit Sauls in der historischen Diskussion, in: Medizinhistorisches Journal, Hildesheim, 4, 1969, S. 189–209

Kümmel, Werner Georg: Römer 7 und das Bild des Menschen im Neuen Testament, München 1974

Kuhn, R.: Die Therapie der larvierten Depression, in: Die larvierte Depression, hrsg. von P. Kielholz, Bern 1973

Kuiper, Piet C.: Die seelischen Krankheiten des Menschen – Psychoanalytische Neurosenlehre, Stuttgart 1976[4]

Kunze, Gerhard: Die gottesdienstliche Zeit, in: Leiturgia I, Kassel 1954, S. 437ff.

Kutsch, Ernst: Verheißung und Gesetz, Berlin–New York 1973

Kutter, Peter: Psychiatrische Krankheitsbilder, in: Die Krankheitslehre der Psychoanalyse, hrsg. v. W. Loch, 2. erw. Auflage, Stuttgart 1971, S. 163ff.

Lempp, Reinhart: Die Depression im Kindes- und im Jugendalter, in: Schulte, W.: Über das Wesen melancholischen Erlebens und die Möglichkeit der Beeinflussung, S. 36ff.

Lenz, Hans: Der Wandel des Bildes der Depression, in: Wiener Medizinische Wochenschrift 1957, Nr. 25/26, S. 528ff.

Lewinsohn, Peter M./Libet, Julian: Angenehme Ereignisse, Aktivitätspläne und Depression, in: Jong, R. de/Hoffmann, N./Linden, M.: Verhaltensmodifikation bei Depressionen, München–Wien–Baltimore 1980, S. 24ff.

Loch, Wolfgang (Hg.): Die Krankheitslehre der Psychoanalyse, 2. erw. Auflage, Stuttgart 1971

ders.: Grundriß der Psychoanalytischen Theorie, in: Die Krankheitslehre, S. 1ff.

ders.: Psychoanalytische Aspekte zur Pathogenese und Struktur depressivpsychotischer Zustandsbilder, in: Psyche Bd. XXI 1967, S. 758

ders.: Über Begriffe und Methoden der Psychoanalyse, Bern–Stuttgart–Wien 1975

ders.: Über zwei mögliche Ansätze psychoanalytischer Therapie bei depressiven Zustandsbildern, in: Melancholie in Forschung, Klinik und Behandlung, hrsg. von W. Schulte, Stuttgart 1969, S. 133ff.

Loewenich, Walther von: Luthers Theologia crucis, München 1929

Lowen, Alexander: Depression: Unsere Zeitkrankheit. Ursachen – und Wege der Heilung, München 1978[2]

Luther, Martin: Martin Luthers Werke. Kritische Gesamtausgabe, Weimar 1883ff. (zitiert: WA)

Luther, Martin: WA 2; Ein Sermon von der Betrachtung des heiligen Leidens Christi, S. 136ff.
ders.: WA 3; Dictata super Psalterium, 1513–1516
ders.: WA 5; Operationes in Psalmos, 1519–1521
ders.: WA 6; Tesseradecas consolatoria pro laborantibus et oneratis 1520, S. 104ff.
ders.: WA 10, I.2; Sommerpostille 1526 zu Matth 7,15-21, S. 332ff.
ders.: WA 17, II; Fastenpostille 1525 zu Matth 15,21ff., S. 200ff.
ders.: WA 20, S. 204ff., Predigten des Jahres 1526
ders.: WA 21; Winterpostille 1528 zu Matth 15,21-28, S. 106ff.
ders.: WA 24; In Genesin Declamationes 1527
ders.: WA 26; Von der Wiedertaufe an zwei Pfarrherrn, S. 137ff.
ders.: WA 54; Von den letzten Worten Davids 1543, S. 16ff.
ders.: WA Tischreden, 1. Teilband

Meyer, Rudolf: Artikel σαρξ, in: Theologisches Wörterbuch zum Neuen Testament, Bd 7, S. 98ff., Stuttgart 1964
Michel, Otto: Artikel Leiden, in: Religion in Geschichte und Gegenwart, hrsg. von K. Galling, Spalte 297ff., Tübingen 1957–1964[3]
Muhr, Caroline: Depressionen, Frankfurt a.M. 1982[5]

Neidhart, Walter/Ott, Heinrich: Krone der Schöpfung?, Stuttgart–Berlin 1977 (Maßstäbe des Menschlichen, Bd 10)

Ott, Elisabeth: Die dunkle Nacht der Seele, Elztal-Dallau 1981

Pfeiffer, Wolfgang M.: Transkulturelle Psychiatrie, Stuttgart 1971
Pflanz, Manfred: Sozialer Wandel und Krankheit, Stuttgart 1962
Piper, Hans-Christoph: Das Menschenbild in der Seelsorge, in: Wege zum Menschen, 33. Jg., Göttingen 1981, S. 381ff.
Pohlmeier, Hermann: Depression und Selbstmord. Neue Erkenntnisse, Untersuchungen und Informationen, Bonn 1980
ders. (Hg.): Selbstmordverhütung. Anmaßung oder Verpflichtung, Bonn 1978
Pöldinger, Walter: Umfragen zum Thema »Die Behandlung der Depression in der täglichen Praxis«, in: Die Depression in der täglichen Praxis, hrsg. von P. Kielholz, Basel 1974, S. 123ff.

Rad, Gerhard von: Theologie des Alten Testaments, Bd I, München 1957
ders.: Theologie des Alten Testaments, Bd II, München 1960
ders.: Weisheit in Israel, Neukirchen-Vluyn 1970
Rad, Michael von: Anthropologie als Thema von psychosomatischer Medizin und Theologie, Stuttgart 1974

Ratschow, Carl Heinz: Der angefochtene Glaube, Gütersloh 1978
Resch, Andreas: Depression. Formen, Ursachen, Therapie, Innsbruck 1976
Riemann, Fritz: Grundformen der Angst, 9. überarbeitete und erweiterte Auflage, München–Basel 1975
Riess, Richard: Perspektiven der Pastoralpsychologie, Göttingen 1974
ders.: Seelsorge. Orientierung, Analysen, Alternativen, Göttingen 1973
ders.: Zur Konzeption der Klinischen Seelsorge, in: Wege zum Menschen, 27. Jg., Göttingen 1975, S. 25ff.
Rössler, Dietrich: Der »ganze« Mensch, Göttingen 1962

Scharfenberg, Joachim: Seelsorge als Gespräch, Göttingen 1972
Schneider, Kurt: Zur Aufdeckung des Daseins durch die cyclothyme Depression, in: Der Nervenarzt 21, 1950
Schottlaender, Friedrich: Das Ich und seine Welt, Stuttgart 1959
ders.: Die Welt der Neurose, Stuttgart 1950
Schütz, Werner: Seelsorge. Ein Grundriß, Gütersloh 1977
Schulte, Walter: Das Glaubensleben in der melancholischen Phase, in: Der Nervenarzt 25, 1954, S. 401ff.
ders.: Die Welt des psychisch Kranken, Göttingen 1974
Schulte, Walter/Mende, Werner (Hg.): Melancholie in Forschung, Klinik und Behandlung, Stuttgart 1969
ders.: Nicht-traurig-sein-Können im Kern melancholischen Erlebens, in: Der Nervenarzt 32, 1961, S. 314ff.
Schulte, Walter (Hg.): Über das Wesen melancholischen Erlebens und die Möglichkeiten der Beeinflussung, Stuttgart 1965
Schulte, Walter/Tölle, Rainer: Psychiatrie, Berlin–Heidelberg–New York 1971
Schultz-Hencke, Harald: Der gehemmte Mensch, Stuttgart 1973[3]
Schumann, Friedrich Karl: Wort und Gestalt, Witten-Ruhr 1956
Schweizer, Eduard: Das Evangelium nach Matthäus, Göttingen 1973
Seifert, Theodor: Lebensperspektiven der Psychologie, Olten–Freiburg 1981
Seitz, Manfred: Die Predigt bei der Taufe, in: Calwer Predigthilfen, Taufe, Stuttgart 1976, S. 49ff.
ders.: Praxis des Glaubens. Gottesdienst, Seelsorge und Spiritualität, Göttingen 1978; darin besonders: Was ist Seelsorge – und wie geschieht sie durch Gemeindeglieder?, S. 73ff.; Überlegungen zu einer biblischen Theologie der Seelsorge, S. 84ff.; Exemplarische Seelsorge. Begriff, Aufgaben und Methode, S. 108ff.
Shaw, B.F.: Ein Vergleich von kognitiver und Verhaltenstherapie, in: Jong, R. de/Hoffmann, N./Linden, M.: Verhaltensmodifikation bei Depressionen, München–Wien–Baltimore 1980, S. 239ff.
Sievers, Ernst-F.: Bilder der Neurose, Bern–Stuttgart–Wien 1971

Sjöberg, Erik: Artikel πνευμα, in: Theologisches Wörterbuch zum Neuen Testament, hrsg. von G. Friedrich, Bd VI, S. 330ff., Stuttgart 1959

Spiegel, Yorick: Der Prozeß des Trauerns. Analyse und Beratung. München –Mainz 1973, Band I und Band II

Spiel, Walter: Depressive Zustandsbilder im Kindes- und Jugendalter, in: Schulte, W./Mende, W.: Melancholie in Forschung, Klinik und Behandlung, Stuttgart 1969, S. 208ff.

Spitz, René A.: Die Entstehung der ersten Objektbeziehung, Stuttgart 1973[3]

ders.: Nein und Ja. Die Ursprünge der menschlichen Kommunikation, Stuttgart 1970[2]

ders.: Vom Dialog, Stuttgart 1976

Stauder, K.H.: Über den Pensionierungsbankrott, in: Psyche IX, S. 481ff.

Steinmeyer, Eckard M.: Depression: Ätiologie, Diagnostik und Therapie, Stuttgart 1980

Steinwand, Eduard: Verkündigung? Seelsorge und gelebter Glaube, Göttingen 1964

Stengel, Erwin: Selbstmord und Selbstmordversuch, Frankfurt 1969

Stollberg, Dietrich: Therapeutische Seelsorge. Die amerikanische Seelsorgebewegung. Darstellung und Kritik. Mit einer Dokumentation, München 1969

Stork, Jochen: Suizidverhalten und Depression bei Adoleszenten, Paris 1972

Tacke, Helmut: Glaubenshilfe als Lebenshilfe, Neukirchen-Vluyn 1975

Tellenbach, Hubertus: Melancholie, 3. erw. Auflage, Berlin–Heidelberg–New York 1976

Thilo, Hans-Joachim: Beratende Seelsorge. Tiefenpsychologische Methodik. Dargestellt am Kasualgespräch, Göttingen 1971

Thomas, Klaus: Handbuch der Selbstmordverhütung, Psychopathologie, Psychologie und Religionspsychologie einschließlich der Eheberatung und Telefonseelsorge, Stuttgart 1964

Thurneysen, Eduard: Die Lehre von der Seelsorge, Zürich–Zollikon 1957

ders.: Rechtfertigung und Seelsorge, in: Zwischen den Zeiten 6, 1928, S. 197ff.

ders.: Seelsorge im Vollzug, Zürich 1968

Tournier, Paul: Echtes und falsches Schuldgefühl, Zürich–Stuttgart 1959

Trillhaas, Wolfgang: Der Dienst der Kirche am Menschen. Pastoraltheologie, 2. bearbeitete Auflage, München 1958

Uhsadel, Walter: Der depressive Mensch in theologischer Sicht, in: Wege zum Menschen 66, S. 307ff.

Vogelsang, Erich: Der angefochtene Christus bei Luther. Arbeiten zur Kirchengeschichte 21, Berlin u. Leipzig 1932

Weber-Gast, Ingrid: Weil du nicht geflohen bist vor meiner Angst, Mainz 1979[2]
Weizsäcker, Victor von: Arzt und Kranker, Bd I, Stuttgart 1949[3]
ders.: Begegnungen und Entscheidungen, Stuttgart 1951[2]
ders.: Der Gestaltkreis, Stuttgart 1968[4]
ders.: Diesseits und Jenseits der Medizin. Eine Einführung in die medizinische Anthropologie, Stuttgart 1951
ders.: Medizin und Seelsorge, in: Zwischen den Zeiten, 8. Jahrgang 1930, S. 120ff.
ders.: Pathosophie, Göttingen 1956[2]
Westermann, Claus: Tausend Jahre und ein Tag, Stuttgart 1962[4]
ders.: Heilung und Heil aus der Sicht des Alten Testaments, in: Wege zum Menschen, 27. Jg., Göttingen 1975, S. 1ff.
Wilke, H.J.: Die Bedeutung des Widerstandskonzeptes für die Behandlung Depressiver, in: Analytische Psychologie, Nr. 4, 1976, S. 286ff.
Woelber, Hans-Otto: Das Gewissen der Kirche. Abriß einer Theologie der Sorge um den Menschen, Göttingen 1963
Wolff, Hans-Walther: Anthropologie des Alten Testaments, München 1971[3]
Wyss, Dieter: Beziehung und Gestalt, Göttingen 1973
ders.: Die tiefenpsychologischen Schulen von den Anfängen bis zur Gegenwart, Entwicklung, Probleme, Krisen, 4. erw. Auflage, Göttingen 1972

Zetzel, Elisabeth R.: Die Fähigkeit zu emotionalem Wachstum, Stuttgart 1974
Zutt, J.: Über Daseinsordnungen, in: Der Nervenarzt 24, 1953, S. 177ff.